# 死生学 [1]

## 死生学とは何か

島薗 進・竹内整一——[編]

東京大学出版会

What is Death and Life Studies?
(Death and Life Studies 1)
Susumu SHIMAZONO and Seiichi TAKEUCHI, Editors
University of Tokyo Press, 2008
ISBN 978-4-13-014121-5

# 刊行にあたって

死生学は新しい学問である。それはまず医療と人文・社会系の知との接点で求められている。現代の病院は死にゆく人々のケアに多くの力を傾注せねばならないが、自然科学的アプローチによる近代医学の枠内ではその方法が十分には見いだせない。一九六〇年代から欧米ではホスピス運動が急速に広がり、死に直面した患者や家族のニーズに応えるための死生学の教育・研究が進められるようになっている。

生命倫理に関わる多くの問題が噴出してきたのも同時期である。臓器移植や体外受精や遺伝子診断が可能になり、これまではとても克服できなかった困難を超えて、人々の欲求を充たすことができる可能性が大幅に増大しつつある。だが、医療がその力を強めていく一方で、どこで医療の介入に限界線を引くのかという難しい問題に直面するようになってきた。このため医療臨床と医学研究の現場では日常的に死生観を踏まえた倫理的判断が問われるようになっている。

死生学が求められているのは、医療関係の現場からだけではない。教育現場でも死生観教育《デス・エデュケーション》への要望があり、子どもたちに「いのちの尊厳」について教えることを求める声がある。そもそも現代人は死に向き合うすべを見失って、途方に暮れているようにみえる。葬送儀礼や墓制も急速に変化しつつあり、市民はとまどっている。慰霊や追悼のあり方についても論争が生じている。

死者と生者の関わりのあり方は文化によって多様であったが、そのことを強く意識する時代ともなった。アジアの、とりわけ東アジアの伝統では、死と生は表裏一体の関係にあるととらえられてきた。死だけを切り離して考察するのではなく、生殖や誕生、病や老いといった人生の危機にどう向き合うかに関わる諸問題を考察するのも死生学の課題である。

死や生命の危機とどう向き合うかが死生学の取り組むべき課題のすべてであるわけでもない。死生学の基礎づけのためには、そもそも生命とは何かという生命観の問題、また、人間の生と死をどのように意味づけ理解するかという根本的な人間理解の問題を避けて通ることはできない。

とりあえずは現代の実践的な諸問題と関連づけながら、古今東西の哲学や宗教思想を検討し、新たな思考法を探究していくことになる。生命観や進化をめぐる現代の新たな科学的知見の哲学的、思想的な意味を問い直すのも重要な課題である。環境倫理をめぐる問題、人間の生命と動物や植物の生命の関係をめぐる問題、戦争や刑罰をめぐる実践哲学的問題などもその守備範囲の一部である。

日本では早くも一九〇四年に『死生観』という本が書かれ、ある意味では欧米諸国に先駆けて死生学研究が行われていた。西洋文化の影響を受けて、早くもこの時期に東洋人の死生観、日本人の死生観を強く意識するようになっていた。だが、今や世界各地で死生観を比較しあい、新たな状況に向き合うための模索が進んでいる。

こうした状況を踏まえ、東京大学の大学院人文社会系研究科（文学部）では、医学部・教育学部などの他部局と協力しながら、二〇〇二年より二一世紀ＣＯＥ「死生学の構築」プロジェクトを進めてきた。二〇〇七年から二〇一二年春まではグローバルＣＯＥ「死生学の展開と組織化」を進め、新たな学問領域の確立と若手研究者の育成を目指して、さらに強力な教育・研究体制の構築を目指している。

シリーズ『死生学』はこの二つのCOEのプロジェクトの取り組みのなかから生み出される。まずは基盤を広げることに主眼を置いている。医療現場や死に面した人々、死別の悲しみに耐える人々のケアの現場と密接に関わる「臨床死生学」の領域をつねに見すえている。人文学・社会科学と自然科学の橋渡しが必要になる分野だと自覚もしている。

だが、研究プロジェクトの展開の経緯を反映して、とりあえず「人文社会系」からのアプローチが基軸となる。古今東西の死生観の比較考察や歴史的・人類学的研究、ケアの実践の哲学的・社会学的考察、生死に関わる存在論的問題や倫理的問題の原理的考察に至るまでの広い諸問題を扱う「基礎死生学」の諸領域に触手を伸ばすことに力を入れている。

がっちりとしたまとまりをもった体系を示そうというのではない。包括的であるよりも、探索的であることを目指している。この試みを踏まえて、さらに広く深く死生学の掘り下げを進めていきたい。

諸方面で関連する問題に取り組んでおられる方々に、この新しい学問分野の豊かな未来を展望する内容を見いだしていただけることを切に願っている。死生学の発展に貢献すべく、今後、さらにどのような教育・研究の方向性が求められているのか、読者とともに考察・討議の輪を広げていきたい。

編集代表　島薗進・竹内整一・小佐野重利

死生学1　死生学とは何か／目次

# はじめに

島薗 進
竹内整一

この第1巻は、現代のアクチュアルな問題に取り組む学としての死生学につき、その課題は何かという問いに答えることを目指している。第I部はこれまでの死生学の展開に対する歴史的な反省を通して現代的な課題を示そうとする。また、第II部は現代社会の関心に応じ死に向き合う文化的リソースを掘り起こそうとする諸論考を収めている。

第I部では、欧米と日本という場が意識される。死生学（thanatology, death studies）がいちはやく発展し、日本にも大きな影響を与えたアメリカやイギリスの状況を概観しつつ、日本の死生学の展開の経緯と今後の課題について考察している。英語圏の死生学はホスピス運動がもっとも大きな動因となっている。近代科学や病院が取り扱いかねている「死にゆく者の看取り」という課題に応えるための学びである。加えて、「死別の悲嘆」をどのように受け止め和らげていくのかという問いが切実なものだった。一人の人が亡くなるとき、その人と家族ら周囲の人々に何ができるかという臨床的な問題意識が先行し、他の関心を凌駕していた。

だが、死生学の関心は医療現場の死生学のそれに限定されるわけではない。広く現代人が日々の生活のなかで死に向き合うすべを見失っているのではないかという問いは、欧米でも早くから投げかけられていた。死の準備教育（デス・エデュケーション）の必要が唱えられるのは死の臨床の関心を反映しているが、それを実践的課題として受け止めるのは教育現場の方々である。自殺についてその予防策を真剣に考えざるをえなくなっているのは、教育界と産業界の方々だろう。宗教界の方々にとって、死の臨床は身近なものである。だが、さらにもっと近しいのは葬送や追悼の文化かもしれない。近年はそこに墓葬関係業界が加わってきた。激しい社会の変化に翻弄され、死生をめぐる文化伝統がうまく機能しなくなっている現状がある。専門家や関係者による創意工夫が求められる所以だ。

しかし、これらは専門家の関心事であるだけではない。いずれも市民がそれぞれの生涯の大事な局面で取り組まざるをえなくなる課題である。死生学を求める声は専門家や臨床的課題、現場的課題に日々取り組む人々だけではなく、多くの市民が関心を抱く論題を含んでいる。死生学の形成には、「いのちの重み」が失われつつあるのではないかという市民の懸念が深く関わっている。児童虐待、インターネットや携帯電話で知り合った人々による自殺・心中、陰惨ないじめによる死、ホームレスの人々への襲撃といったニュースを通して、こうした懸念が杞憂ではないことがあらわになる。

死生学において生命倫理の問題が重きをなすのもこのことと関わっている。現代医療と先端生命科学の発展により、人間のいのちはますます科学技術の手に委ねられる側面を増している。そのとき、力を増していく科学技術を手にした人間は、それに釣り合うだけの「いのちの重み」の実感を持ち続けることができるのだろうか。脳死臓器移植の問題、安楽死（尊厳死）の問題、生殖補助医療の問題、ヒト胚利用や遺伝子操作などの問題は「いのちの重み」が問われるという点で死生学の核心的な問題に関わっている。

専門家だけではなく市民の問題として死生学をとらえるとき、死生学はどのようにして「いのちの重み」を保ち続けるのか、また、これまで「いのちの重み」はどのように保たれてきたのかという問いに広く取り組むものとなる。古今東西の死生観が問われるのは、死に面してとまどう現代人の欲求にもよっているが、「いのちの重み」が手のひらから漏れ落ちていくように感じている現代人の恐れに根ざしてもいる。諸文明、諸文化が培ってきた死生観や死生に関わる儀礼・表象を念入りに検討し直す作業は、このシリーズの第2巻以降でなされていくが、本巻でなされるようなより実践的な考察の背景ともなっている。

本巻第I部に収録されている五つの論考が死生学にアプローチする仕方はさまざまである。しかし、どの論考も死生学の成立と展開の経緯を振り返り、それが直面している課題をえぐり出そうとするものだ。本シリーズの第1巻第I部に期待されることは死生学の輪郭を鮮明に示すことであろう。もちろん暫定的な輪郭づけは試みられているが（第1章）、それが本巻を執筆するすべての著者に分け持たれているわけではない。死生学はまだ鮮明な輪郭をもつには至っていないのだから、そのように装うことにはあまり意義がない。ただ、将来現れてくる輪郭をぼんやりとではあれ予示することは可能だし、意義あることだろう。

第I部に限っていうと、全体として確かに「死生学とは何か」を問おうとしているが、丸い輪郭を描くというより、いくつか鋭角的な切り込みを入れることにより、問題をはらんだ死生学の像を浮かび上がらせることをねらっている。そのようにして、生活の諸場面から現代人の死生観に接近しようとする第II部にバトンを渡そうとしている。

「死の臨床と死生観」を扱った第II部は、東京大学大学院人文社会系研究科「死生学の構築」プロジェクトと「応用倫理教育プログラム」との共催で行ったふたつの市民公開シンポジウムを踏まえて、そこで出された問題を中心に構成されている。

ひとつは、二〇〇四年六月に開かれた「死の臨床と死生観」であり、パネリストは、広井良典氏（科学哲学）、森岡正博氏（生命学）、柳田邦男氏（作家）、若林一美氏（教育学）の四氏で、コーディネイター・司会は、本巻の編者である竹内が務めた。もうひとつは、二〇〇六年一二月に開かれた「死の臨床をささえるもの」であり、パネリストは、大井玄（終末期医療）、芹沢俊介（評論家）、田口ランディ（作家）の三氏と、島薗（宗教学）の四名で、コーディネイター・司会はこれも竹内が務めた。本巻では、前者のシンポジウムから広井氏、後者のシンポジウムから大井氏・芹沢氏・田口氏にご参加頂いている。

日本では、一九七七年に、病院で死ぬ人が自宅で死ぬ人を上まわって以来、今ではほとんどの人が病院で死を迎えている。それは、かつてない医療技術の享受を意味すると同時に、いわゆる「畳の上で死ぬ」ということが意味していた尋常な死を迎えることができなくなったという〝異常〟事態の到来をも意味している。むろんそれは、日本の特殊状況というのではなく、グローバルに繰り広げられてきている現代医療の問題点のひとつでもあるだろう。われわれは今あらたに「死生の問題」に向き合うことを求められるようになったということである。病院は病人を治療し、生の場に送り返すためにあらゆる手段をつくすが、死にゆく人々のケアの施設としてはほとんど何のリソースももってこなかった。そのことが気づかれ、やがて緩和医療もそれ自体として追求され、またホスピスなども発展するようになって、「死生のケア」の課題もそれ自体として取り組まれるようになってきたが、なおそれらの課題は、緒についたばかりという状況だろう。

とりわけ死生観というレベルで言えば、本巻でも広井氏が力説されているように、現在の日本社会は「死生観の空洞化」という状況に落ち込んでしまっているように見える。「死にたいように死なせてあげたい。ホスピスの医者としてはそう考えるのですがね。こういう死に方をしたいというイメージがない人ばかりなんです。生き方ばかりじゃ最後は役に立たないんですけれどね」（永六輔『大往生』）――。このような状況において、あらためて死生観や生命観・文明観などへの問い直しという大きな射程を意識して、現代において失われつつある物語性・神話性の意味や、死の「かなしみ」という感情の意味をも問いながら、死の臨床のさまざまな問題を考えてみようとしたのが、「死の臨床と死生観」シンポジウムであった。

本巻第II部では、広井氏が「死生観の空洞化」時代を踏まえて、とくに「時間」論に着目して、あらためて現代日本において忘れ去られた死生観をどう掘り起こしたらいいか、について論じている。また、竹内は、死後をも含めての「死の物語（死生観）」を、という広井氏の提言と、死を前に自分の生を完結させるという意味での「自分の死を創る」こと、その意味での「死の物語」を、という柳田氏の提言の間を繋ぐものは何か、を論じている。

人は、いやおうなく死に向い合わざるをえないが、死にゆく者、死なれる者、双方において、その「死の臨床をささえるもの」は何か、を問おうとしたのが、「死の臨床をささえるもの」シンポジウムであった。それは、「ささえる」という言葉のとり方によって、つまり、誰が誰を、どのように「ささえる」かによって、きわめて多義的に考えなければならない問題群であり、またそこには、そもそもが「ささえる」とは何か、という根本的な問いもふくまれていた。

本巻で芹沢氏は、こうした問いを「なぜ人は死に怯えるのか」と、いわば逆照射的に問い、それを世界から自分だけがいなくなるといった存在論的な孤独の覚醒ではないか、と論じている。また大井氏は、『自分の死』を死ぬとは」どういうことか、を問い、それを「アトム的自己」でなく「つながりの自己」として捉え返すことにおいて死への構えが違ってくることを、臨床医としての現場の経験を踏まえて論じている。また田口氏は、『死ぬ瞬間』などで高い評価を得ていたキュブラー・ロスが、晩年、死後への過激にスピリチュアルな言動や意固地なほどの自己表出を重ねて死んでいったことに、むしろ上述のような問いへの全人生をかけての答えがある、と再評価しようとしている。

全体テーマとしては「死の臨床をささえるもの」の方を採用したが、いうまでもなく問題は、そのまま「死の臨床と死生観」にも深く繋がっている。つまりは、死の臨床において、とくに「死生観」なるもののありようを中心に、その場を「ささえる」のは何か、ということを、今の段階で言えることを言ってみようとしたということであった。

本巻第I部と第II部はおおまかにいえば、「死生学とは何か」についての概観編と実践編のような分担になっている。それはまた、おおよそ分析的な考察と主体的実存的な考察とに対応している。本巻の構成は、死生学を学ぶ際、その両側面が欠かせないことを示すものともなっている。

# I

# 死生学とは何か

# 1章 死生学とは何か

## 日本での形成過程を顧みて

島薗　進

### 1　死生学の興隆

イギリスでシシリー・ソンダースが現代ホスピスを設立したのは一九六七年だが（ドゥブレイ、一九八九）、それは直ちに諸方面から注目を集め、死の看取りの実践が世界的な広がりをもって脚光を浴びるようになった。同じ時期にエリザベス・キュブラー・ロスは死にゆく人と語り合って、その孤独な心に迫り（『死ぬ瞬間』）、死にゆく者のケアのあり方に巨大な影響を及ぼした。英語圏ではそれ以前からさまざまな形で芽生えていた学的試みが求心力を得て拡充し、一九七〇年代に死学とか死の研究（Thanatology, Death Studies）などと訳すべき領域が急速に成長していった。

こうした試みの影響は、日本の医療やケアの現場にも次第に浸透していった。英語のThanatologyやDeath Studiesという語に対応する日本語として「死生学」という言葉が使われるようになったのは、一九七〇年代のことで、医療やケアの現場に密接に関わる新たな知の様態として登場してきた。死生学を学ぼうとするもっとも早い動きは、一九七七年に大阪で始められた「日本死の臨床研究会」であろう（岡安、二〇〇一）。それに先立って、淀川キリスト教病院の精神科医、柏木哲夫は、死にゆく者に対する独自の「チームアプローチ」を行っていた（柏木、一九七八）。これはホスピスケアにひじょうに近いものだったが、柏木自身はまだそのことを意識していなかった。日本で初めてホスピスが紹介されたのは、『朝日新聞』の一九七七年の記事によるもので、日本死の臨床研究会の発足とほぼ時を同じくする。

「日本死の臨床研究会」は一九八二年の第六回の集まりにはすでに五〇〇名近い医療関係者を集めるに至っていたという（柏木、一九八七）。八一年には浜松の聖隷三方原病院に日本初のホスピスが設立される。以後、ホスピスが必要だという認識は急速に広まっていく。もちろん、そこにはそうなるべき必然的な理由があった。医療の発達によって「畳の上」で死ぬ機会は急速に減っていった。だが一方、病院で死にゆく人々に対して、ケアをするすべを知らないという、近代医療の重大な欠陥が次第に露わになってきたのである。死に向き合うすべを知らない病院に絶望してホスピス医となった山崎章郎医師による『病院で死ぬということ』が大ヒットとなったのは一九九〇年のことであるが、病院での死の無惨さは、その頃には多くの人々の如実な体験となっていた。

看取る側の苦境の自覚も高まった。一九八〇年代には身近な家族が死に直面していたり、家族の死を経験した者たちの悲嘆に応じるケア（グリーフワーク）の場が求められるようになった。カトリックの神父でもあるアルフォンス・デーケン教授は、一九八二年に上智大学で「生と死を考えるセミナー」を開いたが、その聴講者が集うようになり、翌年、「生と死を考える会」が始められた（デーケン、一九九六）。この集いは大きな反響を呼び、一九九六年の段階で東京の会員は一五〇〇名を超え、全国三五カ所で同様の集いが開かれるようになっていた。並行して、各地でグリーフワークの集いがもたれるようになった。

デーケンは自らのライフワークを「死の準備教育」（デス・エデュケーション）であるという。人は子どもの時から死と向き合うしかたを学んでいくべきだとし、小学校から大学までそのような授業をカリキュラムに組み込もうとするものである。そして、「死の準備教育」を支える学問的な知の体系が「死生学」である。デーケンはドイツをモデルにこのような試みを広げようとしたが、一九九〇年代には日本でも「死の準備教育」や「死生学」に関わりが深い本がいくつも刊行されるようになった。

キリスト教色が強いホスピスやグリーフワークの広がりを追うように、仏教界はビハーラ（休息の場所、仏教系のホスピスを指す）の運動に乗り出すようになる。長岡西病院を拠点として田宮仁がビハーラの理念を提唱するのは一九八五年だが（田宮、二〇〇七）、それは直ちに仏教教団内に多くの賛同者を見いだした。東京の仏教情報センターの中に仏教ホスピスの会ができたのは一九八七年であり、デーケンの「生と死を考える会」と類似の「いのちのつどい」が行われるようになる。こうして九〇年代には、仏教が加わった多様なターミナル・ケアやグリーフワークの試みがなされるようになる。こうした動きを踏まえて、一九九三年に東洋英和女学院大学では大学院人間科学研究科に死生学のコースが開設され、九五年には日本臨床死生学会が結成され、その第一回大会が開かれている。

だが、死生学への関心は、以上のような臨床死生学への関心に限定されるものではない。同じ時期、日本では脳死・臓器移植をめぐる議論が活発に行われた。この問題は、一九七〇年代から論議されてきたのだが、本格的な議論がたたかわされたのは、八九年に設置されたいわゆる「脳死臨調」（臨時脳死及び臓器移植調査会）においてで、その九二年の答申に基づき、「臓器の移植に関する法律」が公布されたのが、九七年のことである。そこでは、死とは何かについて突っ込んだ議論が行われた。その背後には、親しい看取りの人々から切り離されて医師という専門家が管理し決定する死は本来の死ではないのではないか、という重い疑問が投げかけられていた。

脳死・臓器移植をめぐる議論にある種の深みを与えた作品の一つに、柳田邦男の『犠牲《サクリファイス》――わが息子・脳死の11日』（一九九五）があった。この作品はひきこもりの末に二五歳で自らのいのちを断った息子、洋二郎が、脳死状態で病院にとどまっていた間の作家の思いを語ったものである。洋二郎は悲しい人生の終焉を迎えながらも、自らの生の証として臓器移植を望んでいたので、作家は死に至る息子の心情に思いをこらすとともに、脳死問題への考察を深めようとし、重要な提言をも試みたのだった。それは「『二人称の死』の視点を」という言葉に要約されている。三人称の視点で死と向き合う医師の立場からではなく、かけがえのない他者の死と向き合う遺族らの視点から脳死とは何かを考えるべきだという主張だった。

こうして八〇年代、九〇年代（とくに後者）の日本では、生命倫理問題が死生学や死生観に関わる重要な問題として考察されることとなったが、これは欧米諸国ではあまり見られない現象だった。欧米では脳死による臓器移植が善であることを疑う声が小さかったからである。

八〇年代から九〇年代にかけて、日本では医療やケアの現場から死生観を問い直す動きが顕著に見られたが、やや目を広げて宗教的な文化の変容に注目すると、そこでも死や死生への関心が強まっていたことがわかる。臨死体験と輪廻転生への関心の高まりは、七〇年代以来、先進国を中心として起こった世界的な現象である。医師のレイモンド・ムーディが『かいまみた死後の世界』の原著を刊行したのは一九七五年だが、この書物に共鳴するのはオカルト的な関心をもつ人々だけではなかった。九一年三月の「NHKスペシャル・立花隆リポート臨死体験　人は死ぬとき何を見るのか」は視聴率一六・四パーセント（首都圏）の高率だった。臨死体験が意義深いと見なすことと輪廻転生をありうることと見なすことは連動している場合が多い。井上順孝らが日本の大学生を対象として九五年に行った調査（「現代大学生の宗教意識」『中外日報』一九九五年一〇月三一日号）では、臨死体験を信じる学生、二一・〇パーセント、ありうると答える学生、四八・一パーセント、輪廻転生を信じる学生、一五・三パーセント、ありうると答える学生、三六・八パーセントであった（島薗、一九九六、五―六頁）。

大衆娯楽文化においても死や死後の生といった話題はタブー視されるどころか、積極的に取り上げられるようになってきた。『アエラ』二〇〇三年八月一八―二五日号は、「一〇代死生観アンケート」の結果を載せている。一〇〇人のうち、三割が「死のうと思ったことがある」と答えたという。この記事は〇三年の前半だけで一一件、三二人が試みたというネット心中の流行に想を得ている。たくさんの高校生が集団自殺をする『自殺サークル』（園子温監督）は〇二年の作品だ。映画作品やマンガ作品に死をむやみに身近に引きつけようとするものが増えている。つねに死を覚悟して生きる剣客を描いた『バガボンド』（井上雄彦）は、〇三年までの四年間に一七巻までが単行本となったが、総売上数三〇〇〇万部を超えたという。

さらにまた、葬儀やお墓をめぐってこれまでのあり方でよいのかを問う試みが活発化する。すでに、圭室諦成《たまむろたいじょう》の『葬式仏教』は一九六三年に刊行されていたが、これは少数の専門家を読者とするものだった。一般視聴者・読者を対象とするものとしては、伊丹十三の最初の監督映画作品、『お葬式』（一九八四年）が画期的だろう。続いて、自然葬の推進を目指す「葬送の自由をすすめる会」が発足するのが九〇年、島田裕巳の著書『戒名――なぜ死後に名前を変えるのか』の刊行が九一年である。欧米でこの方面からの死生学の基礎的な業績と見なされている、フィリップ・アリエスの『死と歴史』（原著、一九七五年）は八三年、『死を前にした人間』（原著、一九七七年）は九〇年に、ジェフリー・ゴーラーの『死と悲しみの社会学』（原著、一九六五年）も八六年に訳書が刊行されている。アリエスやゴーラーの著作は歴史的、社会学的な研究を踏まえて、現代人が死をもてあましていること、現代人の生活が死の文化から疎隔されていることを示そうとしたものだった。

戦死者の慰霊の問題も長期にわたって死者をめぐる人々の関心を呼び覚ましてきた。靖国神社と国家の関係をどのようにすればよいかという問題については、第二次世界大戦後さまざまな方針が提起され、議論が重ねられてきた。だが、当初は日本に特殊なものと考えられてきたこの問題が、実は世界各地で見られる戦死者の追悼をめぐる政治問題の日本的な表れとしても理解できることが認識されるようになってきた。この点では、一九八〇年代以降に急速な進展があった（モッセ、二〇〇二、国際宗教研究所、二〇〇四、二〇〇六）。そこでそもそも死者の慰霊・追悼の文化にどのようなバラエティがあり、それらがどのような宗教的背景をもっているのか、また歴史上、とりわけ近代の戦争において戦死者の慰霊・追悼がどのようになされてきたかについての知識と比較検討がなされるようになってきた。近代国民国家をめぐる「記憶の場」を問う新たな歴史学の動向も、こうした知の展開に貢献してきている（ノラ、二〇〇二―二〇〇三）。

日本の死生学はここに例示したような諸領域から立ち上がってくる死への関心、あるいは死と関わる生への関心を吸収しながら形成されてきている。死生学がカバーしようとしている現象や問題は多岐にわたり、現象や問題にアプローチする方法もまことに多様である。すでに長い伝統をもつ学問分野と比べると、その輪郭は不鮮明で雑然たる集合体の印象を避けることはできないのは当然である。では、この新たな学問の対象と範囲をどのように輪郭づけていくことができるだろうか。今後、徐々に立ち現れてくるであろう死生学の姿を現段階で予見しておくこともあながち無駄ではないだろう。

## 2　死生学を促すもの

第1節では、現在の死生学の形成につながる一九七〇年代以降の日本の文化動向、学問動向のあらましを概観してきたが、この領域への知的関心がまったく新しいものではないのは言うまでもない。「死生観」という語は、一九〇四年に加藤咄堂《とつどう》が『死生観』という著書において用いて以来のものである。この書物は大きな反響があったようで、加藤は引き続き『増補死生観』（一九〇五）や『大死生観』（一九〇八）を刊行している。その後も死生観という語は時々思い起こされ、アジア・太平洋戦争期には出征する若者たちを励ます意図をもって、死生観に関わる書物がいくつも刊行された。

他方、柳田国男を祖とする日本民俗学は、その旗揚げの雑誌である『郷土研究』(一九一三年創刊)以来、日本人の霊魂観、他界観について多くの論述を積み重ねてきた。この領域に関わるフィールドワーク的な研究は、民俗学のみならず、文化人類学や宗教学でも分厚い蓄積をもっている。日本人の死生観についての著述は、文学研究、美術史研究、思想史研究において、また社会学や心理学において多彩な業績を生み出してきた。二〇世紀の全体を通して日本の人文学、社会科学のさまざまな領域で、死生に関わる文化や行動の研究は豊かに進められてきた。

では、今立ち上がろうとしている死生学は、こうした死、および死をめぐる生についての過去の諸研究とどのような関係にあるのだろうか。さまざまな分野で研究されてきた事柄を、「死」や「死生」というテーマで集約して、ひとまとまりのものとして学ぶ必要があると感じられるようになったのはなぜなのだろうか。

第一に、新しい死生学は臨床死生学を基軸としていることを確認しておきたい。現在の死生学に対する関心は、まずは死に臨む人々、また死別の悲しみに直面している人々へのケアに携わる人々から生じている。二〇〇五年一月一日現在で、緩和ケアを行っている医療施設は一四〇施設、二六四九病床である。近年は在宅ホスピス・在宅緩和ケアの発展が著しい。二〇〇七年には政府はがん対策推進基本計画の目標の達成時期の前倒しを行い、それに伴ってがんを診療する医師すべてが五年以内に緩和ケアの研修を修了すべく計画するという方針が示された。死別の悲しみに対処するグリーフワークへの関心も高い。このようなケアの実践に携わり、臨床死生学に関わる知を得ようとする人々はボランティアが多いが、専門家としては医師、看護師、ソーシャルワーカー、臨床心理士などである。

緩和ケア・ホスピスケアの拡充は、これまでひたすら人体の傷んだ箇所を治療することを目指してきた近代医療が、死にゆく人々の心のケア、スピリチュアル・ケアの領域へ足を踏み出したという点で意義深いものである。これは医療そのものの目標や意義の見直しを意味している。臨床死生学に関心をもつ人々が医師・看護師だけでなく、コメディカルのさまざまな職種に、さらには多くのボランティアに及んでいる事実は、「医療」の守備範囲の拡充をよく示している。

他面から見ると、人間の死生の全面にわたって、医学をはじめとする科学やケアの専門家が影響力を強めているということでもある。医療システムが人間生活への影響力を強めているという事態をイヴァン・イリッチにならって「医療化」と表現するとすれば（イリッチ、一九七九）、医療化の進展により死生に関わる実践や観念が患者自身のものから医療システムの側へ奪われてきたと感じられている。そこで、それをどのように患者の側に取り戻すか、あるいは患者の側が納得がいくものに変えていくかという関心が強まっているということでもある。

生命倫理問題が重要性を増してきたのは、市民の側の人権意識の高まりという事情もあるが、医療がその守備範囲を拡充してきたために医療の介入の限界をどう定めるか、多くの新たな問題が生じているという要因がより重いだろう。臓器移植や体外受精が可能になったこと、医療費をどのように配分するかという問題が緊要性を増していることなどにより、専門家も一般市民も死生に関わる価値判断と意志決定の問題に直面せざるを得なくなっているのだ。

第二に、これまで伝統的に受け入れられてきた死生に関わる儀礼や文化が市民にとって必ずしも馴染み深いものではなくなってきており、その意義をあらためて問い直し、時には死生に関わる新たな儀礼や文化を構築し直す必要が感じられているという事情がある。これは臨床死生学の課題が「死の臨床」やグリーフワークから、すぐに「死の準備教育」や死生学研究へと拡充していったことによく現れている。初等中等教育での「死の準備教育」に熱意を示した元上智大学教授のアルフォンス・デーケンは、早くから大学で死生学教育に取り組み、死の哲学や文学作品における死について講じてきた。

『死とどう向き合うか』（一九九六）では、デーケンは「死生学というのは、死にかかわりのあるテーマに対して学際的に取り組む学問です。現代の私たちは、たとえば哲学・医学・心理学・民俗学・文化人類学・宗教・芸術など、人類文化のあらゆる側面から、これにアプローチして行こうとしています」（一三頁）と述べ、フィリップ・アリエスの『死を前にした人間』を引いている。このように「臨床死生学」はすぐに広い「死生学」へと広がっていった。

死生の文化が現代人にとって疎遠なものになっていることに注目した先駆的な業績はイギリスの文化人類学者、ジェフリー・ゴーラーの『死と悲しみの社会学』(原著、一九六五年)である。一九〇五年生まれのゴーラーは自分が子どもの頃は、死の場面によく出会ったという。とりわけ第一次世界大戦当時、葬列に出会うことが少なくなかった。そうした時、こどもたちも皆その場で目をつぶって死者を見送る。遺族はしばらく喪服を着て、ふだんの生活とは異なる状態にあることを社会に明示していた。ところが一九六〇年代になるとだいぶ状況が変わっていた。

ゴーラーは一九六三年にアンケートを行って、イギリスの大人たちが近親の死について子どもたちにどのように話しているかを調査した。大人たちの答のなかには、どのように話したものかとまどっている様子を示すものが数多く見られた。

(1)「子どもたちには、おじいちゃんが死んだ、と話しました。それだけです。近頃の一〇代の子供たちは、そういったことには心を悩ませないのです」。

(2)「その年頃の、つまり一六歳より少し下の子供やグラマースクールを終えた子供に話すことは、ごく僅かしかありません」。

(3)「潮時を見て娘に話そうと思ったのですが、あまりに突然で、ショックも大きかったので、やめました。死体が家に置かれていたとき、娘はおびえはしませんでしたが、他方、過度の興味を抱いたりもしませんでした」。

(4)「私は説明しませんでした。子供たちは学校で習ったと思いますよ」。

(5)「子供たちには、私たちのやっていることに加わらせませんでした。そして聞かれない限りは、何も子供たちには話しませんでした」。

このように今では死の文化からの疎隔が進んでおり、死に向き合うすべを知らずにとまどう人がますます増えている。だからこそ、多くの人々にとって「死の準備教育」へのよびかけが時宜にかなったものと感じられるのだろう。死生学はそうした企ての基礎を提供するものとして求められている。

第三に、死生をめぐる根源的な感受性、すなわち「いのちの尊厳」とよばれるようなものへの感受性が弱っていると感じられているということがある。死生学や「死の準備教育」がぜひとも必要だと実感される背景には、若者や子どもが「いのちの尊厳」について確かな認識をもてるようになってほしいという願いがあったようだ。それは大人自身も身の回りで「いのちの尊厳」の認識が失われていると感じることが少なくないからでもあろう。

実際、日本で「死の準備教育」が始められると、すぐにこの呼称では適切ではないと感じる人々が増えてきたことは興味深い。「生と死の教育」とか「いのちの教育」という用語の方が適切であると考える人が少なくないのだ。この分野の先導者であり、「死生学」や「生と死の教育」の語を好んで用いてきているデーケンは、この間の事情を次のように述べている。

私たちはなぜ生きるのか、何のためにこの世に生まれてきたのかという問いかけは、人類が考えることを始めて以来の解けない謎のひとつであり、何千年もの昔から、古今東西の哲学や宗教の根本命題になっている。／生と死が表裏一体である以上、これを死にかかわりのあるテーマから、学際的に探究するのが死生学である。（中略）／死生学の語源をたどると、死はギリシア語でタナトスという。この死（タナトス）についての学問（ロゴス）という意味で、この研究分野をタナトロジー（thanatology）と称する。これを日本語で死学と訳す人もいるが、私は死について学ぶのは、そのまま死までの生き方を考えることだと思うので、死生学と翻訳して使っている。このごろは次第に定着してきたようだ。／この死生学の実践段階が、「死への準備教育」である。（中略）／これからは発想を転換して、死をタブー視するよりも、生の究極の到達点である死の日まで、自分に与えられた時間をいかに生きようかと考えて、積極的に歩み出すべきであろう。この観点に立つとき、「死への準備教育」（デス・エデュケーション）はそのまま、自分の死までの毎日を、よりよく生きるための「生への準備教育」（ライフ・エデュケーション）となり、生と死を深く見つめて生きる原点となろう（デーケン、二〇〇一、二一四頁）。

「生と死の教育」とか「いのちの教育」という言葉が用いられるようになった背景には、「生と死」が表裏一体であるということの認識（第3節参照）とともに、実際に「生と死」について意義ある教育を実践していくと、子どもが「いのち」について確かな経験をもち強い充実感を得るような授業が可能となるという実感がある。「死への準備教育」の導入とは別個に、独自に小学校で「性と死の学び」を実践してきた金森俊朗は、この間の事情を次のように述べている。

本来教育・学校は一人ひとりの今とこれからの存在を深め、生きることへの希望を生み出すものでなくてはならないであろう。しかし、現実の教育は消極的にか時には逆の機能すら果たしている。本来の機能を果たすために一〇年以上にわたって「性と死の学び」を核にした「いのち（存在）輝き」の教育を追求してきた。／その典型を自分ながらようやく創造できたのは、一九八九年である。それは、［小学校の——島薗注］三年生で妊娠している母親、出産後は母子を招いたり手紙の応答によって学んだ性の学習、翌年、その学びに感動した市民から紹介された進行性末期ガン患者を病院より招いての死の学び、さらに性と死の両者によって生まれた生への希求を自分らしく働き生きる市民から直接的に学ぶ教育である（金森、二〇〇〇、六八頁）。

死と表裏一体のものとしての生について学ぶということは、金森の場合、このような「いのち輝き」の教育として受けとめられ、実践されている。また、「子どもといのちの教育研究会」を組織してきた教育学者で臨床心理士の近藤卓は少し異なる角度から、「いのちの大切さは、どうすれば子どもに伝えられるのか」という問題を立てて、次のように述べている。

最近、子どもの起こす凶悪な事件や、いのちを粗末にする子どもの行動が大きなニュースになります。でも、私はそうしたことが気がかりになって、この本を書いたのではありません。大多数の子どもたちは、そうした事件や行動とは無縁のところにいます。／ただ、そんな中で多くの子どもたちが、自分に自信を持てずにいます。しかも、まわりの誰も気づかないまま、子どもたちは自分ひとりひとりでそうした自信のなさを抱え込んでいます。／そして、本来は生き生きとしていたはずの子どものいのちが、死んでしまうのです。でも、身近な親や家族や友だちとの、日々の小さなふれあいがあれば、子どもたちのいのちは救われます（近藤、二〇〇五、三―四頁）。

死生学が求められている背景には、ここで述べられているような生きがいの喪失感や心理的欠乏感の蔓延も作用していると思われる。「死の準備教育」によって実現すべきことと、「生と死の教育」や「いのちの教育」によって実現すべきことは密接に関連しているものと捉える人が少なくない。死生学がどこまでこうした要請に応えられるかどうかは別として、現代社会に「いのちの尊厳」についての根源的な問いがわだかまっていること、死生学はそのような意味での「いのちの尊厳」について考察するという課題を託されてもいることを意識しておいてよい。

## 3　臨床死生学と死生観の比較研究

実際に死生学が探究しようとする領域は、どのような領域だろうか。「死にゆく過程とその看取り」、「喪失と喪の仕事」、「葬送と慰霊・追悼」、「死者とともにあることの文化」、「死生観の歴史と比較」などは明らかにその範囲に入る。さらに生命倫理の問題のかなりの部分は死生学と重なりあってくる。尊厳死や脳死の定義、自殺に関わる諸問題は当然含まれてくるが、生殖・中絶・出産に関わる生命倫理問題なども死生観との関わりが深い。

生命倫理に関わる問題で基底的な価値観を表すのに用いられる「いのちの尊厳」（「人間の尊厳」とは区別され、個人の人格に限定されない生命の絆や交流の経験を通して実感される、かけがえのないいのち）という言葉で理解されるような事柄も、広い意味での死生学の守備範囲に含まれるだろう。生命観に関わりが深い環境倫理のような問題は生命倫理とは密接な関係があるが、そこまで死生学に含めると範囲が広すぎて茫漠としたものになってしまうかもしれない。生命現象のすべてが死生学の対象に入るわけではないが、死との関わりにおいて理解されるような生命観の局面、また「いのちの尊厳」に関わるような生命観の局面は、死生学の対象に含まれることになろう。

　このように理解される死生学の範囲は、欧米で理解されている死生学よりも広いものとなる。日本で考えられている死生学が欧米よりも広い範囲のものになるのは、何よりもまず、人類の死生観というものが多様で複雑であり、十分に比較研究に値するものだという認識が、日本では早くから分けもたれていたことによる。この点で、臨床死生学を牽引車とする一九六〇年代以降の死生学に先立って、日本ではすでに二〇世紀の初頭に死生観研究という形で、死生学の研究が芽生えていたことを思い出す必要があろう。

　一九〇四年に加藤咄堂が『死生観』を刊行し、「死生の問題は永久の疑団として吾人の前に横たはれり」と述べたとき、日本ではすでに「死生問題」が知識人が取り組むべき重要な論題であるという意識が育ちつつあった。その三年前の一九〇一年に、中江兆民は死を宣告されつつ『一年有半』『続一年有半』を著したが、そこでは「哲学」の立場に立脚しつつ唯物論に基づく死の観念が誇らかに説かれていた。「軀殻《くかく》」＝物質からなる身体こそが確かな実在であり、すべての実在の基礎である元素からなるが故に永遠のものである。精神は「軀殻」がある限りにおいてそこに宿るものにすぎず、まったく実在性をもたないという思想である。

　故に軀殻は本体で有る、精神は之れが働き即ち作用で有る、軀殻が死すれば精魂は即時に滅ぶるので有る、夫れは人類の為めに如何にも情け無き説では無いか、情け無くても真理ならば仕方が無いでは無いか、哲学の旨趣は方便的では無い、慰論的では無い、縦令《たとい》殺風景でも、剔出しでも、自己心中の推理力の厭足《えんそく》せぬ事は言はれぬでは無いか。／若し宗旨家及び宗旨に魅せられたる哲学者が、人類の利益を割出《わりだし》とした言論の如く、果て軀殻の中に、而かも軀殻と離れて、軀殻より独立して、所謂精神なる者が有つて、恰も人形遣《にんぎょうつかい》が人形を操る如く、之れが主宰と成つて、軀殻一日解離しても、即ち身《み》死しても、此精神は別に存するとすれば、軀殻中に在る間は、孰れの部位に座を占めつゝ有るか、心臓中に居るか、脳髄中に居るか、抑《そもそ》も胃腸中に居るか、是れ純然たる想像では無いか、此等臓腑は孰れも細胞より成立ちて居るからは、彼れ精神は幾千万億の細片と成つて此等《これら》細胞中に寓居しつゝ有るか（『続一年有半』第一章「総論」（一）「霊魂」）。

これは西洋から輸入された唯物論であるが、その基底には仏教や儒教の自然観や人間観が横たわっているようである。近代的なニヒリズムが忍び寄っているが、アジア的な循環的な死生観の新たな形態と捉えられないこともない。翌一九〇二年、東京大学で西洋哲学を学んで仏教の宗教哲学的叙述を試み、ついで浄土真宗教学の近代的脱皮のために力を尽くしていた清沢満之は、真宗の若い知識人の力を結集した『精神界』誌に「生死問題《しょうじ》」という言葉を用いた文章を記していた（表題は「生活問題」）。

生死の因縁を尽す能はす、而して死を排して生を求む。乃ち、衛生を論し、摂生を議し、衣服飲食、以て死すべきものを活かし得べしとなす。（中略）然れども、如何に生命を助長し得るとするも、生死問題の根本的解決に対しては、毫も効力なきものたるなり。而《しか》して、生死問題の根本的解決なき以上は、所謂国家問題社会問題に対して、決して効力ある能《あた》はざるべきなり。故に知るべし、衛生論や、摂生論や、衣服論や、飲食論やは、決して国家問題社会問題を解決する所以にあらざることを、／飲食余りあるも死なき能はさるなり。衣服余りあるも死なき能わさるなり。衛生の法如何に発達するも死なき能はさるなり。業風《ごうふう》一たび到り因縁茲《ここ》に熟するの時に当りては、百千の医療衛生、其術を施すに所なく、山海の飲食衣服、其養を致すに法なきなり。死の来るや、天然なり、必然なり、自然なり、吾人の如何ともする能さる所なり、国家社会の如何ともする能はさる所なり、吾人は快く此自然に従ふべきなり。国家社会も亦快く此自然に服すべきにあらずや、是れ生活問題の解決に要する所の第一義なり

(『清沢満之全集』第六巻、一一五―一一六頁)。

清沢の発言は、伝統的な仏教の「無常」の教説を引き継いでいるところがある。しかし、清沢はそれを仏教の教説として説くのではなく、特定宗教を超えた「生死問題」「生活問題」として説こうとしていた。

この文章が発表されて一年もたたぬ一九〇三年五月、第一高等学校学生、藤村操は日光華厳の滝に身を投げたが、その直前、傍らの樹木に「巌頭之感《がんとう》」という辞世の小文を掘り刻んでいた。それは青年学徒の気負いにあふれているとはいえ教養人らしい名文であり、広く世に知られるところとなった。

悠々たる哉《かな》天壌、遼々たる哉古今、五尺の小軀を以て此大をはからむとす。ホレーショの哲学竟《つい》に何等のオーソリチィーを価するものぞ。万有の真相は唯だ一言にして悉《つく》す、曰く、「不可解」。我この恨を懐いて煩悶、終《つい》に死を決するに至る。既に巌頭に立つに及んで、胸中何等の不安あるなし。始めて知る、大なる悲観は大なる楽観に一致するを。

ここでは近代的な自我の「煩悶」が基調をなしており、シェークスピアがそれを代表することになっているが、その背後には儒教もあり、仏教も道教も武士道の影響も入っているように見える。

加藤咄堂が『死生観』の叙述を構想したとき、このように「生死問題」「死生問題」はすでにある層の人々にとって深刻な問題として受けとめられていた。この問題に取り組むと、さまざまな立場があって容易に解決がつかないが、ともかく熟考に値する重要な問題であると考えられていた。欧米でもキリスト教と近代合理主義や唯物論、あるいはニヒリズムとの間の対立は深刻に意識されるようになっていただろう。ドストエフスキーの作品の影響はそれをよく物語っている。しかし、日本ではこの時期においてすでに単に宗教側とそうでない側の対立としてではなく、死に対してさまざまな異なった受け止め方があり、複雑な研究と反省的思考によって考察するに値することと考えられるようになっていた。

だからこそ加藤咄堂が宗教・科学・哲学を含め、古今東西の死生観を比較した書物を著すとすぐに大きな反響があり、それを受けて咄堂は続編を刊行するに至ったのだった。「死生問題」に対して多様な立場から多様な応答のしかたが可能であり、死生観という論題は精力と時間をかけた討究に値するという意識はその後も存続し、一九七〇年代以降の臨床死生学の導入の時期にも引き継がれたと思われる。

このように日本では死生学は広く古今東西の死生観の比較研究を踏まえたものとなるべきだと考えられたが、それは臨床死生学に力点を置いた欧米の死生学に対して、それとは異なる独自の性格を帯びさせることになった。死生学が当面する実践的な問題について、広く死生観の比較研究を踏まえて応答しようとすると、答を提示するまでに時間がかかってしまい、緊急の課題として求められている方針を指し示すのが容易ではないという問題が生じる。また、死生観を比較研究するといっても、多くの文化についてそのような研究の基盤が整っていないため、なお特定の文化から提示される視座に偏ってしまうことも避けがたい。大きな課題であるだけに適切に遂行することは容易ではない。たとえば脳死の妥当性や人工妊娠中絶の是非のような生命倫理問題について、文化の相違を踏まえた議論を行おうとすると、たいへん複雑な議論を進めなくてはならないことになる。

だが、すでに述べてきたように、死生学はそもそも人々の生活が死生の文化から疎隔され、現代人は死やいのちの危機に直面してとまどいを覚えることが多いという事実、あるいは生命倫理問題において特定文化の死生観への偏りを超えた対応が求められているという事実を踏まえて、形成されてきたものである。いつまでも死生観の比較研究という論題を避けているわけにはいかない。幸い日本の人文学は、宗教文化や思想の比較という主題に豊かな蓄積をもっている。日本の大学の文学部など文化研究の諸機関では、西洋の思想や宗教とともにアジアの諸宗教や諸思想を研究する伝統が長い時間を経て形成されてきている。死生観の比較研究という点では、欧米諸国に比べて日本やアジアの諸国は有利な蓄積をもっていると言えるだろう。

このことと関連するが、欧米で「死」だけを主題としてデス・スタディーズとよばれて発展してきたものが、東アジアでは「死生学」とか「生死学」というように、「死」と「生」をセットにして主題とすべきだと考えられてきたことは興味深い。これには儒教や道教や仏教の伝統が影響していることはまちがいがない。

「死生」は儒教の伝統で用いられてきた語であり、加藤咄堂が「死生観」の語を用いるについては、加藤の儒学や武士道の素養が作用したことは間違いないところである。『論語』には次の一節がある。

司馬牛憂えて曰わく、人皆な兄弟《けいてい》有り。我れ独り亡し。子夏曰わく、商之れを聞く。死生命有り。富貴天に在り。君子は敬して失う無く、人と与《まじ》わるに恭しくして礼有らば、四海の内、皆な兄弟也。君子何んぞ兄弟無きを患えんや（顔淵第十二）。

「死生」と「富貴」が対になっているが、いずれも天命に関わる事柄と見なされている。生きることは人間の力ではどうすることもできない天の恵や運命に関わることであり、死・喪失・欠乏が不可避に伴うものである。この一節はそのことをよく自覚して、他者との交わりを喜びとするように促している。死は生を限界づけるものであり、生に不可避的に伴うが故にこそ、それに囚われずに生の課題として克服していくべきものとして理解されている。

他方、「生死《しょうじ》」は仏教の根本概念の一つであり、輪廻転生を繰り返す人間のあり方、罪や煩悩に苦しみ続ける苦の存在としての人間のあり方を指している。生死の連鎖を脱することが涅槃であるが、後には煩悩即菩提・生死即涅槃というように煩悩に苦しむ現世的人間のあるがままのあり方のなかに悟りや救いの可能性を見ようとする見方も育ってくる。「生」と「死」が一体のものであるとする「生死一如」といった語も用いられるようになる。ともあれ、「生死」という語において、死は生が伴わざるをえない根源的な限界であり、生と切り離された特殊な領域のことなのではなく、生と死は表裏一体のものとして受けとめられている。

「死生」とか「生死」という表現は、さまざまな意味で死と生が表裏一体のものとしてあることを示している。「いのちの大切さ」とか「かけがえのないいのち」という言葉も、つねに死とともにあるからこそ尊い生命、死に脅かされているからこそ代替不可能である生命を示しているものと考えることができる。「いのちの尊厳」とは死によって決定的に失われてしまう、生のはかりしれない大切さやかけがえのなさを指すものである。生命倫理の問題とは、現代医療がそのような意味での「いのちの尊厳」に関わるような局面について取り組まざるをえない諸問題である（山崎、一九九五）。

死の経験とは自己や他者の死に面しながら生きる経験である。身近な他者の死は喪失の経験の最たるものだが、それに限らず人生に喪失の経験は満ちあふれている。人は母の乳房を失う経験から始まって、小さな死を経験し続けて最後の死へと向かっていく存在とも言えるだろう。生殖と誕生は死と対応関係にある事柄であり、そもそも生まれること、そして人生のプロセスの全体も死に向かうサイクルとして理解すべきことだろう。また、食物連鎖に見られるように、生きることは多くの生き物の死の上に成り立つことであり、人間同士もお互い同士が行使し合う暴力、つまりは殺の可能性から自由になれない。

さらにまた、生きていることは死者とともにあることでもある。一生の間に生者は多くの死者を見送るが、それだけでなく生きることは死者の経験が刻印されたさまざまな物事に見舞われ、受けとめ続けることでもある。慰霊や追悼ということに限らず、今の生は過去の人々の生、未来の人々の生との関わりにおいてこそ、意義をもって生きられるものである。たとえば伝統という言葉は、死者と生者の連帯ということを前提としてはいないか。

いのちと死について学び考えるということは、これらのことすべてを含んでいる。現代の欧米では、死とその周辺において生起してきた諸問題はデス・スタディーズの対象と理解され、アメリカで「死と死にゆくことと近しい人を失うこと」(death, dying and bereavement) と要約されたり、イギリスで「死と死にゆくことと死体を処理すること」(death, dying and disposal) と要約されたりする。だが、日本では、死と生が表裏一体のものとしてあるような生のあり方、また死と隣り合わせとしての生の危機的な状況に関わる諸問題、また「いのちの尊厳」が問われるような諸問題を「死生学」とよぶような伝統が形成されてきた。

これは欧米の死生学が意味するものを含み込みつつ、それよりも明らかに広い領域を指し示すものである。このような広い死生学の概念が日本で、また東アジアで今後、長期にわたって定着していくかどうか、また世界の他地域に共鳴者を見いだしていくかどうかは未知数だが、いずれにしろ日本の死生学形成の初期の段階でこのような傾向が顕著に現れたことは記憶にとどめておいてよいことだろう。

## 4 死生学と人文学の活性化

臨床死生学の周辺に限定されながら発達してきた欧米の死生学(デス・スタディーズ)に対して、二〇世紀初頭に芽生えた死生観研究の影響を受けながら、人文学の広い基礎と結びついて形成されつつある日本の死生学は、人文学の新たな時代に対応する動きとしても独自の意義をもっている。それは伝統的な学識の継承そのものに大きな意義が見出され、ときにそうした役割の保守的な維持に向かいがちな人文学が、新たな時代の市民のニーズに応じつつ、同時代の実践的な課題に積極的に向き合っていく方向性である。

この点では、死生学は二〇世紀の最後の四半世紀に目立つようになった、広い意味での臨床的な知に関わる新たな学問諸領域の形成と軌を一にしている。脳死・臓器移植問題や尊厳死問題を初めとして、すでに日本の死生学は生命倫理の諸問題を組み込みながら、ひいては応用倫理、実践哲学、公共哲学の諸問題ともからみあいながら展開してきている。死生学はまた死生に関わりつつ、宗教文化や美意識、価値意識など文化の相違に注目し、相互理解を深めていくことを目指すという点で、比較文明研究や宗教間対話、あるいは文明間の対話の試みにも相通じるところがある。活発な国際交流を志向することで、死生学のこうした側面も一定の成果を生み出しつつある。

それはまた、グローバル化が進む時代において文化研究がどのように進むべきかについて、一つの好例を提供するものともなるだろう。これまで相互に交わることが少なかった諸伝統がより直接的に出会う機会が増えており、死生という題材をめぐって切り結ぶ可能性が見えるようになってきた。かつての人文学のなかに、特定の文化伝統を自明のものとして受けとめる傾向があったとすると、死生学においてはそうした前提が崩されていかざるをえないだろう。伝統からの疎隔を踏まえ、異文化の視点に十分に配慮しつつ、あらためて文化伝統の今日的意味を問おうとする態度が必要とされる。しかも人文学の伝統を超えて、自然科学や社会科学・行動科学とのより積極的な交流が求められている。

死生学形成の運動は、こうした刺激によって現代人文学の活性化に寄与する可能性をにらんでもいる。社会の諸方面から、また自然科学や社会科学の諸分野から、死生学に取り組む人文学にそうした期待がかけられていると言ってよいだろう。今後、死生学が内にはらんでいる可能性を十分に伸ばしていくことができるかどうか、日本の人文学の実力が試されている。

**文献**

アリエス、フィリップ、一九九〇、『死を前にした人間』(成瀬駒男訳)みすず書房(原著一九七七年)。
デーケン、アルフォンス、一九九六、『死とどう向き合うか』日本放送出版協会。

デーケン、アルフォンス、二〇〇一、『生と死の教育』岩波書店。

ドゥブレイ、シャーリー、一九八九、『シシリー・ソンダース』（若林一美ほか訳）日本看護協会出版部（原著一九八四年）。

ゴーラー、ジェフリー、一九八六、『死と悲しみの社会学』（宇都宮輝夫訳）ヨルダン社（原著一九六五年）。

イリッチ、イヴァン、一九七九、『脱病院化社会――医療の限界』（金子嗣郎訳）晶文社（原著一九七六年）。

金森俊朗、二〇〇〇、「私たちは奇跡的存在――小学校三年生と共に創る性と死＝いのち・生の学び」『現代のエスプリ394　生と死から学ぶいのちの教育』二〇〇〇年五月、至文堂。

柏木哲夫、一九七八、『死にゆく人々のケア――末期患者へのチームアプローチ』医学書院。

柏木哲夫、一九八七、『生と死を支える――ホスピス・ケアの実践』朝日新聞社（初版一九八三年）。

加藤咄堂、一九〇四、『死生観』井冽堂。

国際宗教研究所編、二〇〇四、『新しい追悼施設は必要か』ぺりかん社。

国際宗教研究所編、二〇〇六、『現代宗教二〇〇六』東京堂出版。

近藤卓、二〇〇五、『「いのち」の大切さがわかる子に』ＰＨＰ研究所。

キュブラー・ロス、エリザベス、一九七一、『死ぬ瞬間』（川口正吉訳）読売新聞社（原著一九六九年）。

ムーディ、レイモンド、一九七五、『かいまみた死後の世界』（中山善之訳）評論社（原著一九七五年）。

モッセ、ジョージ、二〇〇二、『英霊――創られた世界大戦の記憶』（宮武実知子訳）柏書房（原著一九九〇年）。

ノラ、ピエール、二〇〇二―二〇〇三、『記憶の場――フランス国民意識の文化＝社会史』（全三巻・谷川稔監訳）岩波書店（原著一九九七年）。

岡安大仁、二〇〇一、『ターミナルケアの原点』人間と歴史社。

大谷大学編、二〇〇三、『清沢満之全集』（第六巻）岩波書店。

島田裕巳、一九九一、『戒名――なぜ死後に名前を変えるのか』法藏館。

島薗進、一九九六、『精神世界のゆくえ』東京堂出版（新版、秋山書店二〇〇七年）。

島薗進、二〇〇三ａ、「死生学試論（一）」『死生学研究』二〇〇三年春号、東京大学大学院人文社会系研究科。

島薗進、二〇〇三ｂ、「死生学試論（二）――加藤咄堂と死生観の論述」『死生学研究』二〇〇三年秋号、東京大学大学院人文社会系研究科。

島薗進、二〇〇四、「死生観の現在」藤井正雄編『仏教再生への道すじ』勉誠出版。

島薗進、二〇〇五、「現代家族と宗教教育」「天理教とキリスト教の対話Ⅱ」組織委員会編『天理国際シンポジウム２００２　教育・家族・宗教――天理教とキリスト教の対話Ⅱ』天理大学出版部。

圭室諦成、一九六三、『葬式仏教』大法輪閣。

田宮仁、二〇〇七、『「ビハーラ」の提唱と展開』学文社。

山崎章郎、一九九〇、『病院で死ぬということ』主婦の友社。

山崎広光、一九九五、『〈いのち〉論のエチカ――生と死についての23講』北樹出版。

柳田邦男、一九九五、『犠牲《サクリファイス》――わが息子・脳死の11日』文藝春秋。

# 2章 死生学と生命倫理

## 「よい死」をめぐる言説を中心に

安藤　泰至

「死生学」も「生命倫理」も一つの学問領域としてはせいぜいここ三〇年から四〇年ぐらいの歴史しかもたない比較的新しい知の様式である。もちろん、生命倫理あるいは生命倫理学（英語ではともに bioethics）という語が内包する領域については今日世界的にある程度共通した理解や枠組みが存在するのに対し、死生学については英語の thanatology（直訳すれば「死学」）という語の訳語として導入されたという経緯はあれ、death studies, death education などの語も用いられており、その領域がはっきりとは定まっているわけではない。それを生死学と訳す場合は、医療、福祉、心理、教育などのヒューマンケア専門職によるケアやサポートを中心に「生」に重点が置かれて死が考えられるのに対し、死生学と訳す場合は哲学や宗教学の観点から「死」に重点をおいて現在の生き方を考えようとするという傾向（河野・平山、二〇〇〇）はたしかに見られるが、これも固定した区別ではない。

さて、死生学と生命倫理という二つの領域には多分に重なり合うテーマが含まれていることは言うまでもない。生命倫理には、主として医療やヘルスケアの臨床現場における意思決定のようなミクロな次元でのそれと、先端医療技術の臨床的応用そのものの是非や、医療資源の配分に関する社会的決定のようなマクロな次元でのそれの両方が含まれるが、前者のうち、特に人間の死に直接関係する実践的問題領域（ターミナルケア、ホスピスケア、グリーフケア、デスエデュケーションなど）については死生学とかなり重なる部分が多いし、本章においてとりあげる安楽死や脳死臓器移植問題のように、ターミナルケアやグリーフケアのあり方と密接に関係し、実際の臨床的過程への省察と切り離しては論じることのできない生命倫理の問題領域もある。

本章では、まず生命倫理あるいは生命倫理学（バイオエシックス）という営みと従来の意味での死生学という営みが共通の歴史的、社会的背景をもっていることを確認した上で、両者における関心の方向の違いを指摘し、両者がある種の相補的な関係にあることを示す（第1節）。その上で、生命倫理と死生学の課題が重なっている二つの問題、すなわち安楽死をめぐる議論（第2節）と脳死臓器移植をめぐる議論（第3節）を例にしつつ、それらを論じる際に、死生学と生命倫理の両方に見られる「よい死」という観念やその周りに築かれる言説の問題点に焦点を当てて論じる。最後に、従来の生命倫理と死生学が、今日において、それらの営みを要請してきた根本的な文化的・社会的課題に立ち向かうには不十分であることを示し、両者が根本的な問いに再度自らを開くことを通して、従来のそれぞれを批判的に乗り越えるとともに、この死生学シリーズで構想されるような「新しい死生学」の両輪として発展していく可能性を探ってみたい（第4節）。

## 1 自分の生死からの疎外——共通した背景

今日の生命倫理（学）という言葉のもとになったバイオエシックス（bioethics）は一九六〇年代から一九七〇年代にかけてアメリカで成立した新しい知の領域である。レネー・フォックスの言葉を借りれば「知的なハプニングであるだけでなく、社会的にも文化的にも一つのハプニングであった」バイオエシックスは一つの新しい学問分野であるとともに、一種の社会運動、市民運動としての側面をもっていた（Fox, 1990）。他ならぬアメリカでバイオエシックスが誕生した原因としては、当時のアメリカ社会に固有な事情（米本、一九八八）も存在するものの、それがあらゆる先進国に普及し、今日かくも多くの研究が行われるとともに、（程度の差はあれ）制度化が進みつつある背景には、共通したものがある。

それは主として、医学および医療の側における変化と医療サービスの受け手としての国民・市民の側の意識の変化に基づいている。一九五〇年代以来、先進国における医学や医療の主たるターゲットは、感染症を中心とする急性疾患や栄養不良が原因となる疾患から、今日「生活習慣病」と呼ばれているような慢性疾患（ガンなどの悪性新生物、糖尿病、肝臓や心臓血管系の後天性疾患）および先天的、遺伝的な疾患に移行してきた。前者においては、医学研究によって病気の原因となるもの（細菌等）を発見し、それを叩くための医薬を開発したり、公衆衛生的観点から国民の栄養状態や衛生的環境を向上させることによって、劇的な改善が可能である。いわば、そこでは医療行為は基本的に良いものであり、人々により多くの幸福をもたらす（不幸から解放する）ものだ、と単純に言うことができた。それに対して、後者のような慢性疾患はその根本の原因を取り除くことによって根治することは困難であり、医療はせいぜいその病気の進行を遅らせたり、その病気が他の致命的な病気につながるのを防いだり、その病気がもたらすさまざまな苦痛を緩和したり、障害を軽くしたりすることができるにすぎない（病気そのものの治癒や単なる生命の延長ではなく、患者の生活の質（Quality of Life）の向上、ということが医療の主たる目的として意識され始めたのはこうした事情による）。さらに、二つの事情がここに加わる。一つは、医療における研究指向の増大および患者への侵襲度の高い医療技術の増大、もう一つは医師 - 患者関係の変化である。増え続ける医科学研究費、生命科学的基礎研究の進展およびその臨床応用との密接なリンクは医学の進歩によって人類の幸福により大きな貢献をする道を開いた一方で、いわゆる先端的な医療においては「人体実験」的要素が増大し、「治療」と「実験」との間の線引きは非常に困難になってくる。たしかに医学の進歩は、長い目で見れば人類の幸福につながる可能性が多いとはいえ、研究や実験への志向を強くもった臨床の場での医療行為は、目の前の個々の患者にはほとんど利益をもたらさないか、あるいは害をもたらす可能性が非常に強いものとなる（現代においては新種の手術や抗ガン剤治療のように、身体への侵襲度の高い医療技術がますます増大している）。このことは、医師－患者関係の変化によっても後押しされる。大学病院のような医学研究を一つの柱とする医療機関に典型的に現れているように、患者及びその家族が属するコミュニティとの直接的、人間的関係をもたない現代の医師たちは、たとえいくら最先端の医学的知識や技術（それもあくまでそれぞれの狭い専門分野に関してだけのことだが）をもっていたとしても、必ずしも「目の前の患者にとって最善の医療（治療）」を提供してくれると期待できる存在ではなくなっているからである。

このように、先進国では一般の人々にとって「医療」のもつ意味が変化してきており、そのために「一体、誰のための医療なのか」ということが根本的に問い直されるようになってきたのである。他方、社会における人権意識の高まりは、「患者の権利運動」という形で従来の医療における意思決定のあり方への異議申し立てへとつながっていった。そこでは、後にバイオエシックスにおいて「患者の自己決定権」と「インフォームド・コンセント（熟知した上での同意）」という理念が二本柱になるように、現代医療における患者の不利益は、まず患者が「情報弱者」であることに起因する、という観点が中心に据えられた。たとえば、自分の病気がどのような病気か、それに対して現在どのような治療法があり、それぞれの治療法をとった場合の利点とリスク（副作用など）はどのようなものか、といったことを患者が知らなければ、自分自身の人生や生活における主要な関心に基づいて最善の治療法を選択したり、今後の人生の計画を立てたりすることができなくなる。その意味で、患者の権利運動としてのバイオエシックスの根本には、「生活者」として患者が、医師その他の医療専門職による一方的な「生活領域の侵害」や「（人生における）主体性の剝奪」に対して、自らの生活領域や主体性を守るという一種の防衛としての側面が強かったと言える。この「自己決定権」という考え方が、英米圏を中心とするバイオエシックスの主流においてその後、「人生はすべて自分のものだ」とか「自分が決定できるのだ」といった強い意味に転化していく（こうした「強い自己決定」概念に対しては多くの批判がある）ことはたしかだとしても、その元来の文脈においては、むしろこうした「弱い自己決定」、すなわち不当な形で自分自身の人生から疎外され、人生の主人公たり得ていない人々が自分の人生を自分自身に取り戻す、という防衛的な意味をもったものであったことは、しっかり認識しておく必要がある（患者の権利運動が、黒人・女性・障害者・少数民族・同性愛者などの社会的弱者（被差別者やマイノリティ）の権利運動としての公民権運動の流れに位置していたことを忘れてはならない）。

現代の医療システムやそこにおける専門家支配が、私たちを自分自身の人生から疎外し、それゆえに私たちが主体的に取り組むべき死生の課題から隔てられる、といった事態についての認識とそうした現代社会への批判は、「死生学」と呼ばれる営みの原動力にもなった。「死」がタブー化され、病院や医療専門職の人々によって囲い込まれるにつれ、死にゆく人々が自分自身の死（一人称の死）における主人公の座からすべり落ちるだけではなく、（とりわけガンのような慢性的に進行する病気による死の場合はかなりの長期にわたって）その人の死を看取る家族もまた、当人との濃密なコミュニケーションを断たれ、最期の時をともに過ごし、死のプロセスに十全に参与すること（二人称の死）を阻まれてしまう。さらに、そのような形で死にゆく人とそれを看取る人々との間にさまざまな意味での隙間が生じてしまうことによって、人がどうやって死んでいくのか、ということを次世代の人々が経験的、実感的に学ぶことが難しくなり、それは死の隔離やタブー化をますます進めることになる（大家族や地域社会などの伝統的共同体の崩壊もこうした動きを加速化する）。ホスピス運動やデスエデュケーションといった、死生学において中心をなしてきた実践は、こうした状況への反省から、「死」をもう一度私たちのものとして、私たち自身がきちんと向き合える（向き合うべき）課題として、私たちの手に取り戻そうという目的をもったものであった。

このように、現代社会において生命倫理（学）（バイオエシックス）と死生学の両者が興ってきた背景には共通する部分が多い。先にふれたように、人間の死に直接関係する実践的問題領域においては実際に両者の営みが重なっているところも少なくない。しかし、そうした重なり合う領域においても、両者の関心の方向性にはやや違った側面があることもたしかである。それは大まかに言えば、以下の二点にまとめられるだろう。一つは、死生学においては自分自身がどのような態度で死に向き合うかという実存的、一人称的問題と、家族や親しい人の死をいかに看取り、どのようにそれを受けとめていくかという二人称的問題に焦点が当てられることが多い[1]のに対し、生命倫理においては、死の判定（脳死は人の死か否か?）や新しい医療技術（たとえば脳死者や心停止後の死者からの臓器移植）の是非とそれをめぐる社会的規制のあり方、意図的に死をもたらしたり、それを結果的に引き起こしたりすること（広義の「安楽死」行為）の是非といった、死をめぐる医療システムの中で生じてきた倫理的問題についての議論が主である。生命倫理が死に関係した特定の行為についての道徳的判断やそれが社会に与えるマクロな影響を問題にするのに対し、死生学は人々が実際に体験する個々の死のプロセスにより添ったミクロな次元での主体的態度や意思決定を問題にすると言い換えることもできよう。第二に、死生学においては、たとえば葬儀や埋葬、服喪、法事などの死者儀礼といった、死や死者をめぐる共同の作法にも大きな関心が寄せられ、そこに見られる文化的、宗教的な差異に注目が集まっている。

このことは、近代西洋的、その中でもとりわけアメリカ白人中産階級の価値観や世界観がかなり前面に出てきたこれまでの生命倫理学（バイオエシックス）に対して、死生学がよりグローバルな観点をもっていることを示している。とはいえ、「死生学」という新しい知が要請された背景には、こうした文化的、宗教的伝統の衰退、そうした共同の作法を支える伝統的共同体の崩壊という現実があったわけで、こうした「死の作法」への注目は、実際にそれがどの程度意識されているかどうかはともかく、むしろそれを新しい形で再建すること、それによって新しい「死の文化」を築いていくという展望の中でなされていると言うことができるだろう。死についての教育（デスエデュケーション）が死生学の大きな柱になっているのもそのためである。

さて、こうした方向性の違いこそあれ、とりわけ死をめぐる臨床やケアの現場では生命倫理的な課題と死生学的な課題は何重にも交叉し、重なり合っている。生命倫理（学）と死生学が興ってきた共通の文化、社会的背景は、両者の営みがお互いを補い合いつつその目的を達成するための共通の実践的基盤を与える一方で、両者に共通した弱点あるいは危険を呼び起こす。以下、両者の営みがともに深く関わっている安楽死と脳死臓器移植という二つの問題における議論や言説を対象に、生命倫理（学）と死生学に共通に見られる「よい死」という観念ないしイメージと、それを基にした言説の問題点について論じることにしたい。

## 2 安楽死をめぐる議論における「よい死」

先に述べたように、二〇世紀における医学や医療の発展は、その恩恵の裏面で「個人が自己自身で、また家族らの親しい人たちとともにこそいのちに向き合うべきところに、医療が入り込んで死生の真実から人々を引き離してしまうという事態」（島薗、二〇〇三）をもたらした。生命倫理や死生学という新しい知のあり方はともに、そうした医療の介入によって私たちが自らの死生の現実から疎外されているという事態を批判するという面をもっていた。それらは、生と死の医療化そのものに批判の目を向けるかどうかはともかく、少なくとも生死をめぐる意志決定やそのプロセスが一方的に医師を中心とした医療専門職の側からコントロールされることに対して異議を唱えることによって、「死生の現実や死生の問いをもう一度自分たちのものとして取り戻そう」という要求に動かされてきたと言えるだろう。こうした従来の生命倫理や死生学において、「自己決定」や「自己決定権」という概念が重視されてきたことは、上記のような背景を考えればすんなり理解できる。

さて、安楽死をめぐる生命倫理の議論において、とりわけこうした「自己決定」という概念がもつ二面性が問題となってきた。一方で、積極的安楽死（医師が患者に致死薬を注射して死なせること）、あるいは医師による自殺幇助（医師が致死薬を患者に処方し、患者が自らそれを飲んで自殺すること）といった直接に患者を死に至らしめる行為をも是認し、正当化する人々は、しばしば「死の自己決定権」や「尊厳死」という概念に訴えることによって、それらが（そうした行為に反対する人々においても同じように重視されている）「患者の権利」や「生（および死）の尊厳」の延長線上にあるものだということを強調しようとした。

これに対して、そのような直接に患者を死に至らしめる形での「安楽死」に反対する論者たちは、「自己決定」という概念が、患者自らが「死ぬ」という決定を下すという意味での「死の自己決定」へと横滑りしていくことを批判してきた。本来、「自己決定」とは何よりも「生の自己決定」あるいは「生き方の自己決定」であり、ある人の生の可能性をいかに広げるか、あるいは本人にとっての「よい生」を実現する上での選択肢がいかに適切に与えられるかが問題になってきたからである（小松、一九九八、立岩、二〇〇〇）。もちろん、近い将来における死が避けられないと予想されるような状況において、死に至るまでの時間をどのように生きるか、という意志決定を指して「死の自己決定」という言葉が用いられる場合もあるが、こうした自己決定はあくまで「生（生き方）の自己決定」なのである。それに対し、「死ぬ」という決定を含んだ「死の自己決定」概念はこうした従来の「自己決定」概念から逸脱し、多分にそれと対立する側面をもっていること、自己決定といいつつも、ケアやサポートを必要とする困難な状況に対処する社会的コストを免除する働きをもっていることによって、結果的に全体主義的な生死の管理につながっていく危険性が指摘されてきた（「自己決定」という語こそ使われていないものの、すでに「死の自己決定」に近い内容が謳われていたナチスの安楽死法案が引き合いに出されることも多い）。また、「尊厳死」概念についても、本来の意味での「尊厳ある死」は、「尊厳ある生」の延長上に、すなわち「尊厳を守り、苦痛を取り除く医療」の延長線上に実現されるものであるのに対し、患者自らが「死を選ぶ」ということも含めて「尊厳死」概念を主張する人々にあっては、「尊厳なき生」の代わりに「尊厳ある死」を(「死ぬ」ことによって尊厳を守る)、というある種のねじれが生じていることが指摘されている(鶴田、一九九六)。この指摘は以下の考察にとって重要である。

「尊厳(ある)死」という言葉を用いると、そこでいう尊厳とは何か、あるいは尊厳というのはどこに宿るのか、というやっかいな問題が生じるので、[2]ここではそれに近く、より日常的な響きのする「よい死」という言葉を用いて議論を進めたい。さて、よく知られているようにこの「よい死」という言葉は、今日の「安楽死」という言葉のもとになったギリシャ語(eu-thanasia)の意味である。この言葉はもともとは「安らかな死」、日本人が伝統的に用いてきた言葉でいうと「大往生」のようなものを指す語として用いられてきた。それが今日のように、「激しい苦痛あるいは機械的な延命のために安らかには死ねないような状況のもとで、意図的に死をもたらしたり、それを早めたりする行為」を指して用いられるようになるのは、主として二〇世紀になってからのことである(こうした意味での eu-thanasia という語の初出は一八七二年だと言われている)。

さて、このことに関連して思い起こされるのは、ヨーロッパにおける「死」の歴史についての大著を著したフィリップ・アリエスの次のような文章である。

昔の死は、人が死にゆく人物を演じる——しばしば喜劇的な——悲劇であった。今日の死は、人が自分の死ぬことを知らない人物を演じる——常に悲劇的な——喜劇である(Ariès, 1975, 訳書二一五頁)。

ここでアリエスが「昔の死」という言葉でイメージしているのは、もともとの意味での「よい死(eu-thanasia)」というものに近いであろう。死を迎える場所は長年暮らした自分の家であり、そこで家族や近隣の人々に看取られながら、人は亡くなっていく。ここで「死にゆく人物を演じる」という言葉が使われているように、そういった死は儀礼としての意味を濃厚に帯びていた。死にゆく人物は、まさに「人が死ぬときにはこうやって死んでゆくものなのだ」ということを次世代の人々に伝える模範としての働きをしていたのである。そこには、死後の世界についての共通の宗教的信念や（肉体の死後を含めた）死のプロセスをめぐる共同の儀礼が存在し、それらが死あるいは死という現実がもたらす破壊性を「囲い込み」、死の恐怖から人々を保護する役割を果たしていたと言える。そうした伝統宗教や伝統的共同体が崩壊しつつある現代において、人々がいわば「裸のまま」自らの死に直面せざるを得なくなった状況が、アリエスの言う「今日の死」に当たる。人々は、病院の中で、見知らぬ医療専門職の人たちと数々の延命装置に囲まれて死を迎える。死について語ることはタブーとされ、自らが死に近づきつつあることには薄々気づいているものの、それを知らないふりをしながら、人々はその意味を問うこともできないまま、孤独な死を死んでいかざるを得ないのである。

もちろん、既に述べたように、こうした状況への反省がその後のホスピス運動や今日のターミナルケアの興隆につながったことは言うまでもない。従来、死生学と呼ばれてきた知の営みもそうした流れの上にある。それらはみな、なんらかの形で「よい死」を迎えるための、「よい死」を私たちの手に取り戻すための試みであると言うことができる。しかし、そうした現代の運動や実践の中で思い描かれる「よい死」は、アリエスが「昔の死」という言葉でイメージしたものとは相当異なっている。少なくともそこには、かつてのような死にゆく人とそれを看取る人々に共有される宗教的信念もなければ、看取る側の人々に「（時が来れば）自分もこのようにして死んでいくのだ」という安心感を覚えさせる共同化された死の作法の伝達もない。このように共同化された「よい死」のモデルが存在しない中で、人々はどのような死を「よい死」としてイメージするのかと問えば、それは何らかの「悪い死」のネガのようなものとして、というほかはないであろう。いかに価値観が多様化した現代であっても、少なくとも「悪い死」についてはかなり共通のイメージが存在する。苦痛に満ちた死、必要以上に人工的に引き延ばされた死、孤独な死、本人にとっても家族にとっても「その人らしくない」死、遺された家族を後悔と罪悪感で一杯にする死。それゆえ、「よい死」はこうした避けるべき「悪い死」と対照的なものとして描かれることになる。できる限りの苦痛緩和がなされた死、過度な延命措置をしないで迎える死、家族や心ある医療およびケアの専門家に暖かく看取られた死、その人らしい死、遺された家族に満足感を与える（少なくとも後悔や罪悪感が少ない）ような死。

ここで注意しなければならないことがある。それは、このような「悪い死」のイメージは、正確に言えば「悪い生」のイメージだということである。「生の向こう側（来世・他界）」や「人間を超えた存在」からの視線を内包していた伝統宗教やそれを中心に形成された死生の文化が伝えていた死生観の支えを失った現代人にとって、「よい死」というのは死にゆく本人であれ、その周りの人々、あるいは社会というところからではあれ、あくまで特定の生者の観点から見た「よい死」とならざるを得ない。生者の観点から「死」そのものは見えないがゆえに、結局それは何らかの形で「死」に面した時の「悪い生」のイメージのネガのようなものとしてしか表象しようがなくなっているのである。そのように考えれば、鶴田が指摘しているようなねじれ、すなわち「悪い生（尊厳なき生）」の代わりに「よい死（尊厳ある死）」を、というねじれは、現代における「よい死」という観念そのものの中に内在している、と言っても過言ではないだろう。

積極的安楽死や医師による自殺幇助の是非に関する生命倫理の議論において、たとえば、人を殺す（kill）ことと死ぬにまかせる（allow to die）ことに倫理的な差があるかどうか、といった形式的な倫理学的議論のみによってその是非を判断することの不毛さについてはたびたび指摘されてきた。もちろん、積極的安楽死や自殺幇助の是非をうんぬんする前に、人々を「死にたい」という気持ちにさせないような緩和医療やターミナルケアの充実が先決であるという主張も、それだけをとってみればもっともであるし、人間の死という繊細かつタフな問題に取り組むのに、臨床におけるミクロな次元に寄り添う死生学的アプローチが有効であることもたしかである。しかしながら、そういったことをすべて認めた上でなお、一見積極的安楽死や自殺幇助の是非については少なくとも判断を保留しているように見える（従来の）死生学の中に、「よい死」という観念を介して、生命倫理（学）における「死の自己決定権」の主張と同様の危険性が内在しているということに注意しておくべきだろう。その危険性とは、本人にとっての「よい死」、「自分らしい死」を標榜しながら、結果的には生の質による選別や排除、（主として経済的動機に基づく）社会・国家による生死の管理に加担してしまうということである。このことは、次節で論じる脳死臓器移植についての議論をみれば、よりはっきりするだろう。

## 3　脳死臓器移植をめぐる議論における「よい死」

脳死臓器移植をめぐる日本の議論が世界的に見て特異なものであったことについては、今日、生命倫理に関わる国外の研究者にもよく知られている。そこで「脳死は人の死か否か」ということをもって繰り広げられた議論は、一種の政治的妥協の結果としてではあれ、脳死を一律的には人の死と見なさない、世界に類をみない臓器移植法（脳死臓器移植の推進派からは「臓器移植禁止法」に近いと揶揄されるような法）の制定にかなりの影響を及ぼした。そうした議論の中で、脳死を人の死とは見なさない立場が一定の支持を得たことが、法的なレベルでの脳死臓器移植への消極的姿勢につながったと言うことができる。そこで、脳死を人の死と見なさない立場の根拠となったさまざまな言説の特徴を、森岡正博は「脳死への関係性指向アプローチ」としてまとめている（森岡、二〇〇一）。西洋のバイオエシックスでは、たとえば脳死状態に陥った人には意識もなく、もはやパーソン（人格をもった存在）ではないから、生存権はない（生物学的な意味での生命を奪っても道徳的に許容できる）といった議論が堂々となされたのに対し、日本では、脳死状態にある人の身体的状態や能力だけに着目するのではなく、その人を看取る家族との間に生じるいのちといのちの交流といった次元にまで着目して、脳死状態の人にあってもけっして「いのち」の働きが途絶えているわけではない、といった議論が脳死臓器移植をめぐる反対派や慎重派によって展開された。

島薗進は、脳死をめぐる日本の議論に「死生観の奥深い次元への熟考が含まれていた」こと、それが「脳死をめぐる生命倫理の議論を『いのち』の問題として、すなわち死生をめぐる意味や文化の問題として問い直していく姿勢をもっていた」ことを指摘しているが、その意味で日本の脳死臓器移植議論は、生命倫理の問題において死生学が注目するようなミクロな次元での生死のプロセスに焦点が当てられ、(島薗の言葉を使えば)「いのち」と向き合う姿勢から生命倫理問題が論じられた例ということになるだろう(島薗、二〇〇三)。

しかしながら、脳死の人とその人を看取る家族の関係性に焦点を当て、脳死を単に身体的に蘇生不能になる臨界点としてではなく、家族の心の動きを含めたプロセスとしてとらえるというこうした姿勢そのものは、何も日本に特殊なものではない。大半の州で脳死を一律に人の死とする法律が存在し、日本に比べればはるかに多くの脳死臓器移植が行われてきたアメリカにおいても、臨床現場における脳死の人やその家族のケアにおいては同じような視線を見出すことができる。アン・モンゴヴェンが病院チャプレンの人たちへのインタビュー調査をもとにした論考で述べているように、臓器移植のドナー家族に対するチャプレンたちのアプローチは、臓器が多く調達されることや臓器提供がスムーズに行われることを目的として活動するOPO(臓器調達機構)のスタッフたちのそれとは多くの面で対照的である。チャプレンたちは、臓器提供という結果ではなく、臓器提供(あるいは拒否)に至るまでのプロセスを重視し、それが家族たちの悲嘆過程(grief process)をいかに促進させるか(妨害しないか)、それによって家族たちがその人の死をいかに受容できるかということに焦点を当ててサポートを行おうとする。多くのチャプレンは臓器提供そのものが善いことであるということを疑っていないように見えるが、にもかかわらず、彼らは臓器提供を切り出したり、それについて考えさせることと、家族の心情への配慮との間に緊張、葛藤があることを常に意識しており、むしろその緊張、葛藤を引き受けることの内に自分たちの役割を見出している (Mongoven, 2000)。

このようなチャプレンたちの姿勢は、日本の脳死臓器移植議論における慎重派の態度と大差ないように思える。日本の場合に特徴的なのは、そうした (人々の関係性を含んだ) 生死のプロセスへのミクロなレベルの凝視が、脳死が人の死であるか否かとか、脳死臓器移植の是非といった生命倫理問題における議論に持ち込まれ、そこで人々が脳死臓器移植という新しい医療技術に対して抱く何かうさんくさいという感情をより論理的な言説に接合する働きをしたことにある。その意味では、先の島薗の言葉の通り、日本の脳死臓器移植議論は死生学的な視野のもとで生命倫理問題が論じられた例と言うことができよう。ただし、ここで注意しなければならないのは、関係性やプロセスへの着目それ自体が、必ずしも脳死臓器移植に対する消極的姿勢に結びつくわけではないということである。むしろ、それは逆に臓器提供によって家族の悲嘆過程が促進され、死の受容がより容易になるといった例を強調したり、あるいは「いのちの贈り物」や「いのちのリレー」といった形で「亡くなった人のいのちが何ものかに受け継がれていく」という面を一種のキャッチフレーズとして用いることで、脳死臓器移植を積極的に肯定したり、美化したりする姿勢につながる場合もある (安藤、二〇〇二)。たとえば、アルフォンス・デーケン (一九九六) のいうような「死生学」がはじめから臓器提供を善とし、それを勧めるような規範性をもっていたことは、デーケン自身がカトリックの神父であるということだけによるものではないだろう。すなわち、ここでも安楽死について前節で見たのと同じ「よい死」という観念が大きくかかわっている。突然の脳死というような事態にあっても、そこで死の看取りのプロセスが十全に行われること、それによって家族がより死を受容でき、後悔や罪悪感が減ること、それを「よい死」として目標にすえることそれ自体は、より長期的なターミナルケアの場合と同様である。しかし、ここでもまた「悪い生」のイメージ (たとえば脳死状態のまま、機械的、人工的に生かされている、といったイメージ) を媒介にして、そうした「悪い生」の代わりに「よい死」を、というねじれが入り込んでこざるを得ない。

もちろん、積極的安楽死のような場合とは異なって、脳死状態からの臓器提供についてはそれが生前の本人の意思に基づくものであっても、「死を選ぶ」とまでは言えないであろう。脳死状態になること自体は自然のプロセスであり、脳死を人の死とは認めない人々であれ、それを人の死と認め、臓器を提供する人は「自ら死を選んでいるのだ」とまでは言わないであろう。しかしながら、ここにはやはり共通の危険性が存在する。すなわち、「悪い生」の代わりに「よい死」を、という言説が社会的、国家的なレベルでの生死の管理に与してしまうという危険である。すなわち、(臓器を提供する) 本人にとっての、そしてその家族にとっての「よい死」が強調されることによって、臓器移植という医療がもつ「人間の生の道具化・手段化」という側面が覆い隠されてしまうのである。拙論『先端医療をめぐる議論のあり方』(安藤、二〇〇七b) において詳しく論じたように、臓器移植 (脳死臓器移植だけでなく、心停止後移植および生体移植を含む) という医療には、本質的に人間の生の質を値踏み、選別するという要素がつきまとっている。脳死の人の身体的な意味での「生活の質」はたしかに限りなくゼロに近いと言えるだろうが、その最期の生の時間における家族の人々との「いのち」の交流といった側面をも含めるならば、けっして「生の質」が空疎なわけではなく、むしろそこでは長期的な病いの末に亡くなっていく人々とその家族の間で過ごされる長い時間が極度に凝縮されたような、きわめて濃密な時間が生きられているとも言える。いかに家族の心情への配慮がなされようとも、そうした脳死の人を「潜在的なドナー」と見るような視線は、こうした看取りのプロセスに何らかの傷をつけざるを得ないのである。

以上のようなことを考えるならば、臓器提供についてもそれを「自己決定」であればよいというような考え方の中には、積極的安楽死や自殺幇助を肯定する「死の自己決定権」の言説と同様の危うさが含まれていると言えよう。少なくとも「生命」「生活」「人生」といった意味での生に関しては、臓器提供は「(本人の) 生の可能性を拡大する」

という選択ではあり得ない。しかし、ここにはより微妙な問題もある。その人の身体的な存在を超えて受け継がれていくような「いのち」という側面を考えた場合、たとえば本人が生前から臓器提供によって苦しむ人を助けたいという強い意思をもっており、その本人の思いを何とか実現しようと家族が臓器提供を積極的に要望し、その人のいのちがそうやって他人の中で生き続けているという確信をもつ、というような例にあっては、それが「いのちの可能性を拡げる」選択であったと言えなくはないからである。しかし、そのように結果として生じる（かもしれない）生の可能性の拡大があり得ることと、臓器移植医療における生の道具化や手段化という要素を隠蔽し、「いのちの贈り物」や「いのちのリレー」といったキャッチフレーズによって臓器移植を美化し、肯定することとの間には大きな差がある。

とりわけ問題なのは、従来の死生学や（これまで主流であった）自由主義的バイオエシックス（生命倫理学）が、現代の医療技術の本質への問いを欠いているために、それが生死の医療化を通して私たちを本来の死生の問いから引き離しているあり方を深く問うことができていないことである。

## 4 新しい死生学の方へ

今日において、「自己決定」「自律」を中心とする従来の生命倫理学（バイオエシックス）のあり方はさまざまな観点から批判されている。第一に、そうしたバイオエシックスは近代西洋、とりわけアメリカ白人中産階級の個人主義的世界観、価値観を前提としたものであり、普遍的なものではない、という批判がある。一方で、こうした批判は、アメリカを中心とする英語圏のバイオエシックスの内部でも、広い意味でのコミュニタリアニズム（共同体主義・倫理の基礎にはなんらかの共同体に支えられた共通の価値が不可欠であり、個人を形成する共同体抜きに個人の自由はありえないとする立場）を唱える人々から寄せられている。自己決定や自律を中心とする個人主義的、自由主義的な倫理は、価値観が多元化する社会においてはそうした共通の基盤を求めることが不可能であるがゆえに、結局は「個人の自己決定にまかせる他はない」という形で、一見多様性を尊重しているように見えつつ、そうした態度そのものがある特定の世界観や価値観に基づくものにすぎないこと、そしてそれがさまざまな生命倫理問題に適切な指標を与えられないことが問題とされる（Gaylin and Jennings, 2003）。他方、アメリカの大病院における外国人患者の増大など、一国内の医療現場においても多文化的状況が避けられない今日において、患者の自己決定権やインフォームド・コンセントに代表されるような西洋的バイオエシックスの限界を指摘する声も高まっている（Coward and Ratanakul, 1999）。さらに、医療の現場における意思決定に関わる生命倫理のみならず、先端技術の社会的受容をめぐるマクロな生命倫理の領域においても同じ動きが見られる。新しい医療技術や生命科学技術について国際的な規制の必要性が高まっている今日において、各々の文化における伝統的世界観や宗教の差異を十分に尊重しながら、多国間の同意に向けての国際的議論の核となるグローバルな生命倫理が求められているからである（島薗、二〇〇五）。

　さらに、これまでの生命倫理（学）が、「価値観の多様性の尊重」の名のもとに、いわば価値観や世界観の棚上げを行ってきたのではないか、そのため「生とは何か、死とは何か」といった生命倫理問題の根幹に位置する本質的な問いから目をそむけてきたのではないか、といった批判が、主として宗教的な立場に立つ論者によってなされている。そのことは、現代の医療技術がもつ「生活世界の収奪」や「生と死の医療化」への批判的観点を弱体化させ、結果的に先端医療技術を推進、受容し、社会に軟着陸させる方向へと生命倫理学の役割を矮小化してきたのではないかという批判である（安藤、二〇〇七ａ）。

　こうした状況は、各々の宗教文化や、そこにおける生死の作法に着目する死生学的な観点がより密接な形で生命倫理の議論に接続されることを要請しているように思える。しかしながら、従来の死生学にその任を果たすことが可能だろうか。本章の結論は「否」である。先の二つの節で明らかにしたように、死生の実存的な次元を問う死生学もまた、現代の状況の中では「よい死」という観念に含まれる危険性と無縁ではいられない。しかも従来の死生学、とりわけケアの専門家を中心に唱道されるような死生学（「生死学」と訳されることも多い）には、生命倫理（学）に比べて、生と死をめぐる言説のポリティクスに対する批判的意識に欠ける傾向が強く見られる分、そうした危険はより大きいかもしれない。(3) また、伝統的な宗教文化における死生観や死生の作法の差異に着目することはたしかに生命倫理の問題への視野を広げるだろうが、単にそれだけに終わるならば、ある種の「文化本質主義」（異なった社会における慣習や規範の差異を、それぞれの独自で一貫性をもった閉鎖的な「文化」の違いによるものとしてとらえる態度）の罠に陥る危険性が高い。英米圏を中心とした西洋的生命倫理に「アジア的生命倫理」や「日本的生命倫理」を単に対置する場合と同じように、そうした姿勢はややもすれば文化相対主義的な態度に結びつき、異なった「文化」の間での対話を不可能にするだけでなく、そこに通底する現代社会に特有な普遍的問題を隠蔽することになりかねない。

他方で、人間の生と死における広い意味での宗教的ないしスピリチュアルな次元に注目することも従来の世俗的生命倫理の視野を拡大するであろうが、それが単に既存の宗教伝統の立場からのみ、その世界観を受け容れる人にしか通用しない言葉をもってなされるならば、宗教的生命倫理と世俗的生命倫理の間の溝をますます深め、両者の「対話不可能性」が強調されるだけに終わる可能性が高い。今後の死生学や生命倫理に必要なのは、そうした深みをもった死生への問いを、特定の宗教的観念をできるだけ持ち出さずに言語化していく作業である。それはそうした問いを封じ込めるかのような形で進展しつつある現代の医療技術の本質（安藤、二〇〇三）そのものを批判的に問う姿勢をもつこと、単に医療技術の盲目的発展に歯止めをかけるというよりは、それぞれの文化的伝統に深く影響されつつも、現代における普遍的な死生の危機の中で生きる生活者としての私たちの意識に見合った、新しい医療技術や科学技術のあり方を構想していくこと（安藤、二〇〇七ａ）とも一体である。世俗化された現代社会において、一見伝統的な死生の文化を失ったかに見える私たちにおいても、死生の危機において各人が発するいのちへの気づきの言葉の中には、宗教的あるいはスピリチュアルな次元へのまなざしが生き続けている。こうした気づきをより普遍的な言葉に練り上げていくことは、単なる生者の観点に矮小化されない「よい死」「よい生」を展望し、従来の宗教文化の中に含まれていた智恵を受け継ぐことのできる新しい死生の文化を築いていくことにつながっていくのではないか。そこにおいて、伝統宗教をはじめとする世界の諸宗教もまた、新しい課題を前にその伝統的な教えやそこに含まれていた智恵を再解釈し、従来の「信者」よりも広い層の人々に訴えかけることのできる言葉を練り上げていくことで、自ら変わっていかなければならないのではないか。(4)

従来の死生学と生命倫理の双方を批判的に乗り越え、「新しい死生の文化」の構築への道を切り開くような新しい死生学がそこから形成されてくることを願って稿を閉じたい。

**註**

（1）医療・福祉・教育などにおけるケアの専門家がそれをサポートする場合においても、こうした一人称的、二人称的視点を重視して行われる。

（2）拙論（安藤、二〇〇一）においては、生を表す日本語の複数の語（生命・生活・人生・いのち）における意味の違いに着目することにより、「生の尊厳」というあいまいな概念の整理、再解釈を試みた。

（3）大谷いづみ（二〇〇五）は、生と死の教育のバックボーンの一つである死生学的なデスエデュケーションについて、それが「いのちあるものはいずれ死を迎えること、すなわち『天命を知る』という、これまで宗教や習俗が果たしてきた往生術の教育的機能の新たな展開という側面を色濃くもっているだけに、『クォリティ・オブ・ライフ』なる概念が生きる価値のない生命を想定させてしまう、という、生命倫理学が当初からもっていた危惧については、非常に無防備である」と指摘している。

（4） 島薗（二〇〇三）が指摘しているように、「ホスピスや（従来の：筆者補足）『死生学』の運動自身」が「伝統宗教の失地回復の方策」という側面をもっと見ることもできなくはなく、「現代社会において死生をめぐる文化は希薄化、断片化していくというだけではなく、新たに構成し直そうとするさまざまな試みをも含む大きな再編成の過程にある」と言えよう。

**文献**

安藤泰至、二〇〇一、「人間の生における『尊厳』概念の再考」『医学哲学・医学倫理』第一九号、一六―三〇頁。

安藤泰至、二〇〇二、「臓器提供とはいかなる行為か？――その本当のコスト」『生命倫理』一三号、一六一―一六七頁。

安藤泰至、二〇〇三、「現代の医療とスピリチュアリティ――生の全体性への志向と生の断片化への流れとのはざまで」国際宗教研究所編『現代宗教２００３』東京堂出版、七三―八九頁。

安藤泰至、二〇〇七ａ、「生命倫理の問題における宗教の位置」渡邊直樹編『宗教と現代がわかる本』平凡社、一二六―一二九頁。

安藤泰至、二〇〇七ｂ、「『先端医療』をめぐる議論のあり方――選択と選別のロジックを中心に」佐藤光編『生命の産業――バイオテクノロジーの経済倫理学』ナカニシヤ出版、二五一―三〇二頁。

Ariès, P., 1975, *Essais sur l'histoire de la mort en Occident du moyen âge à nos jours*, Éditions du Seuil（フィリップ・アリエス、一九八三、『死と歴史――西欧中世から現代へ』（伊藤晃・成瀬駒男訳）みすず書房）。

Coward, H. and P. Ratanakul, 1999, *A Cross-Cultural Dialogue on Health Care Ethics*, Wilfrid Laurier University Press.（デーケン、アルフォンス、一九九六、『死とどう向き合うか』日本放送出版協会。

Fox, R., 1990, "The Evolution of American Bioethics, A Sociological Perspective," George Weisz, ed., *Social Science Perspective on Medical Ethics*, University of Pennsylvania Press, pp. 201-217（「アメリカにおけるバイオエシックスの『進化』――社会学の視座から」（田中智彦訳）（上）『みすず』二〇〇〇年七月号、二一―一〇頁、（下）二〇〇〇年八月号、五八―七四頁）。

Gaylin, W. and B. Jennings, 2003, *The Perversion of Autonomy, coercion and constraints in a liberal society*, Georgetown University Press.

河野友信・平山正実編、二〇〇〇、『臨床死生学事典』日本評論社。

小松美彦、一九九八、「『死の自己決定権』を考える」山口研一郎編『操られる生と死』小学館、一一〇—一五二頁。

Mongoven, A., 2000, "Giving in Grief: Perspectives of Hospital Chaplains on Organ Donation," D. Smith, ed., *Caring Well: Religon, Narrative, and Health Care Ethics*, John Knox, pp. 170–197.

森岡正博、二〇〇一、『生命学に何ができるか——脳死・フェミニズム・優生思想』勁草書房。

大谷いづみ、二〇〇五、「生と死の語り方——『生と死の教育』を組み替えるために」川本隆史編『ケアの社会倫理学』有斐閣、三三三—三六一頁。

島薗進、二〇〇三、「死生学試論（一）」『死生学研究』二〇〇三年春号、一二—三五頁。

島薗進、二〇〇五、「生命の価値と宗教文化」『死生学研究』二〇〇五年春号、八—二九頁。

立岩真也、二〇〇〇、『弱くある自由へ——自己決定・介護・生死の技術』青土社。

鶴田博之、一九九六、「死ぬ権利の陥穽——『安楽死・尊厳死』のすり替え論議」『イマーゴ』一九九六年九月号、青土社、二〇二—二一一頁。

米本昌平、一九八八、『先端医療革命』中公新書。

# 3章 生権力と死をめぐる言説

大谷いづみ

## 1 はじめに

近年、「尊厳死」をめぐる議論がメディアを賑わせ、教育分野では「死を学ぶ教育」が注目されている。終末期医療をめぐる医療者と患者・家族の緊張は、時に「事件」となって世間に伝えられ、その「解決」が緩急であるようにも思われる。その「解決」に法やガイドラインの制定が求められ、さらに、医療従事者への、そしていつか患者・家族となる市井の人への早期の教育として、生命倫理教育や「死への準備」教育が期待される。死にまさる肉体の苦痛は緩和医療の発達によってその多くを除去し得ても、死を前にした実存的苦悩は取り除けないから、それゆえにスピリチュアル・ケアが注目され、癒しにも似た「いのちの教育」が期待されている。

人は死を免れないのだから、「よく生きること」「尊厳ある生」の末期《まつご》の「よき死」「尊厳ある死」を希うのは当然としても、生と死の「間」には、「死をみつめて生の大切さを知る」という「死を学ぶ教育」でしばしば語られる言葉では尽くせぬ距離があり、そこには老いや病や障害や、「普通」の人々との「異なり」があって、それが時に死を希うほどの生き難《がた》さ、生きづらささえも感じさせる。その生き難さは、老いからも病からも障害からも遠い、ごく

「普通」の人々の、子どもたちの生き難さともつらなる。それゆえ、「いのちの教育」は、子どもの自殺や殺人という「現実」への処方箋を期待されもする。しかし、問題の「解決」が緩急とされるからこそ、その「解決」が、どのような「解決」を意味してしまうか、そこにいかなる「力」が作動しているか、作動しうるか、今一度考えてみてもよいだろう。

本稿は、「尊厳死」が「安楽死」と切り分けられてきた日本の「安楽死・尊厳死」論の歴史を概観し、そこに作動する生権力に輪郭を与える試みである。

## 2 「安楽死」から「尊厳死」へ

日本の「安楽死」論は刑法分野を中心に戦前から存在するが、この語が世間に広まったのは、一九四九年に起きた成吉善事件[1]に際して、これを「安楽死」であるがゆえに尊属殺人にあたらずとして弁護側が無罪を訴えたことに始まる。一九六二年には、名古屋高裁安楽死六要件で有名になった山内事件[2]で再び「安楽死」論が活発化したが、同時期にベルギーで起きた、母親によるサリドマイド新生児殺害が「安楽死」であるとして陪審員による無罪評決を得た事件を機に、法学雑誌、一般紙/誌を問わず、心身障害児/者の殺害が「安楽死」と結びつけて論じられるようになった。前後して、「安楽死」を論ずる際に、ドイツの刑法学者カール・エンギッシュの安楽死五分類[3]を引く形で、「価値なき生命の毀滅」論と、ユダヤ人の殺害に先立って遂行された精神障害児/者、難病者を対象としたナチスの「安楽死」計画が言及されるようになった。

これに対して、「尊厳死」なる語は、一九七六年四月一日、遷延性意識障害（ＰＶＳ、俗に「植物状態」と呼ばれる）からの人工呼吸器撤去の可否が争われた米国のカレン・アン・クインラン事件ニュージャージー州最高裁判決を報じる朝日新聞によって初めて使用された。同紙はその後積極的にこの新語を用いたもののその用法は必ずしも確立されておらず、同年設立された日本安楽死協会（現、日本尊厳死協会）とその設立者である太田典礼はこの語にはむしろ批判的であった。他紙が「尊厳死」の語を使用することは、一九八三年三月二一日、アメリカ大統領委員会「生命維持治療を中断すること」に関する報告書の発表にあたって各紙が一斉にこれを「『尊厳死』容認」の大見出しで報道するまでは稀であった。他方、「尊厳死」の語は、一九七六年七月には法学雑誌で、同年一二月には刑法教科書で「安楽死」と弁別されて使用され、その含意は曖昧で多様性を持ちながら、また、その拡張性が懸念されながらも、一九七〇年代末には教科書類や入門書を中心に法分野に定着していった。記述にあたって、「死苦の緩和」と「原則としての本人の真摯な嘱託」を「安楽死」容認の要件とした山内事件判決に照らした場合、カレン・クインラン事件が象徴するＰＶＳの人工呼吸器の撤去は本人の苦痛も意思も確認できないがゆえに「安楽死」とは異なる問題であることが強調され、「尊厳死」という新しい語と概念が導入されたのである。他方で、それが本人の意思に拠らないでもたらされる死であることの問題性により、議論は、「本人の意思」の事前指示や代諾といった制度の要請へと推移した。

日本で安楽死法制化を医師の立場から初めて主張して日本安楽死協会を設立し牽引した太田典礼は、法制化においては一見穏当な「本人の意思に基づく延命治療の拒否」の保障を求めたに留まったが、その安楽死思想は「社会の負担」となる「半人間」の排除を含意するものであった（大谷、二〇〇五c）。また、太田典礼と日本安楽死協会が当時好んで用いた「品位ある死」は、いわゆる消極的安楽死だけでなく、時に積極的安楽死も自殺の自由をも包摂するものであり、それは太田が参考人招致された一九七九年の国会答弁においても明らかであった。

一九七〇年代末から一九八三年末の「末期医療の特別措置法案」の国会請願と審議未了廃案に至る安楽死法制化運動に対して、重度脳性マヒ者の団体である「青い芝の会」を中心とする異議申し立て運動、松田道雄、水上勉ら文化人を中心とする「安楽死法制化を阻止する会」による反対運動が展開された。法制化運動の旺盛な啓蒙・出版活動に比し、反対運動の活動は後に語られるほどに活発であったわけではなく、文化人と障害者運動の間に明確な共闘の痕跡も見出せないが、両者ともに安楽死法制化運動が内包する「社会に負担となる生命の排除」を喝破し、その挫折に影響を与えたことは確かである。太田典礼と日本安楽死協会の提案した法案が老人・難病者・心身障害者を社会の負担となる存在としてその排除を含意したものであることは、太田をはじめ、他の同協会幹部の発言からもうかがえ、それゆえに、一九七〇年代の法制化運動はその旺盛な活動に比してさしたる賛同者を得ることもなかった。

日本安楽死協会は、慈悲殺を推進する団体であるとのイメージを払拭するため、ナチスを想起させる「安楽死」とは別様の会名をかねてから模索していた（日本尊厳死協会編、一九八四）が、一九八三年三月、件の米国大統領委員会報告書を各紙が『「尊厳死」容認』と報じた翌日から国会の場などで「尊厳死」の語が立法・行政双方で用いられたのをみて、日本尊厳死協会への会名改称に踏み切った。自らの安楽死運動を科学的ヒューマニズムに基づく人権運動と見なし、宗教性を帯びた「尊厳死」なる語を忌避していた太田にとって、それはあくまで「運動」のための戦略であった（太田、一九八四）が、その挫折は、「自分らしい、人間らしい、尊厳ある死」という新しい語りを得ることによって、安楽死思想を、より洗練されより拡張性をもった尊厳死思想へと変容させ、ここに「慈悲」と「自律」が交錯して接合する「尊厳死」言説が誕生したのである。(4)

## 3 「尊厳死」思想の含意するもの

太田典礼による「安楽死」法制化運動が展開され、日本安楽死協会が設立された一九七〇年代は、和田心臓移植の栄光と挫折というセンセーショナルな形で「脳死」が報道され、それとともに「植物状態」が「脳死」と必ずしも明確に切り分けられることなく「植物人間」という言葉で人口に膾炙した時期である。同時に、有吉佐和子の『恍惚の人』がベストセラーになり、翌年松山善三脚本、森繁久弥主演で映画化された。今にいう「認知症」だが、「呆け老人」以上に「恍惚の人」との名づけは衝撃的にその存在を可視化した。それは、胎児性水俣病、サリドマイド禍によって重度心身障害児／者の存在が可視化された一九六〇年代につづくできごとであった。そのかたわらで、六〇年代末に日本の人口が一億人を超え、一九七二年に第二回アジア人口会議が東京で開催され、人口爆発とともに「人口の老化」が話題に上っていた。「尊厳死」言説誕生の転換点となったカレン・アン・クインラン事件はそんな渦中に起きたのである。

カレン・クインランは、PVSにはむしろまれな、人工呼吸器を必要とする事例である。ふっくらとした頬に時に笑みを見せさえする映像が繰り返し流された二〇〇五年のテリ・シャイボとは異なり、事故後のカレンの姿は一切公表されなかったが、三〇キロほどに体重を落とし四肢を胎児のようにまるめて硬直させた様子は伝えられた。写真のなかで長い髪をひたい中央で分けくっきりとしたまなざしを斜め前に向けた二一歳の女性が、変わり果てた姿で人工呼吸器をつけて生存し、その姿は見られることのないままに「眠り姫」のごとく表象された。ニュージャージー州最高裁の結果、人工呼吸器撤去の可否は法定後見人に復帰した両親と倫理委員会の裁定にゆだねられ、カレンは「死を回避することのできないはずの生命」を「人工的に」保持していた、「無益で特別な治療」である人工呼吸器を外された。

「安楽死」が認められたことを、「尊厳死」と表現した朝日新聞を含めて、メディアのほとんどは当惑げに報じた。しかし、それ以上に当惑したのは、カレンが人工呼吸器をはずされた後も生存し続けたことである。人工呼吸器の撤去という作為の行為は「殺すことではなく、死ぬにまかせること」であったはずなのに、カレンは自発呼吸を取り戻し、今や自力で生存しているのであった。それは当惑というよりも、あるいは驚愕であったかもしれない。裁判後、米国で制作されたTVドラマはまもなく日本でも放映されたが、週刊誌に掲載されたそのワンシーンからは、カレンが「眠り姫」の如く描かれた様子がうかがえる。カレンは、しかし両手を祈るように胸で組んで昏々と眠り続ける「眠り姫」ではなかった。目を覚まして渋面をつくる様子もまた伝えられた。カレンは人工呼吸器を外されてから九年後、一九八五年六月にその生涯を終えた。

カレンに意識はないから本人に苦痛はなく、その死は安楽死とは異なって、家族の安楽のためであると朝日新聞は「尊厳死」の特徴を切り分け、その希望は本人のものではなく家族の希望なのだから家族の負担が軽減されなければならないと、「尊厳死」の問題を明言した。その年の七月、刑法学者の福田雅章は早くも「チューブによる流動食の供与の是非」と「医師‐患者（家族）間」における「医療の主体」が今後の問題になることを指摘した（福田、一九七六）。のちのナンシー・クルーザン事件、そしてテリ・シャイボ事件の予言である。いずれもPVSの栄養と水分の補給停止をめぐって、クルーザン事件は連邦最高裁で争われ、テリ・シャイボ事件ではブッシュ大統領の介入を得て政争の観さえ呈した。

カレン・アン・クインランにも、ナンシー・クルーザンにも、テリ・シャイボにも、リビング・ウィルは無かった。しかし不思議なことに、「本人の意思」が問題になるたびに、それを証言する知人・友人が現れた。それが知人・友人の証言でしかないことが指摘されるたびに、それは「リビング・ウィル」やら「持続的権限委任状」といった事前指示書や、「成年後見」といったシステムを編み出し強化することにつながっていった。しかしそれが本当に、生命維持装置を外すにあたっての「本人の意思」なのか、という疑問には、当初から答えられないままである。答えられることのないままに、「本人の死を選ぶ権利」を保障するためのシステムが整備されようとしている。

## 4 「ありうべきでない生」の「解除」という語り

「無益で特別な治療」によって、「ありうべきでない生」を生存していたカレンが、判決ののち、自発呼吸を取り戻してなお生きている。鼻孔に栄養チューブをつけ、導尿カテーテルにつながれ、「意味なく」頭部や曲がった手足を動かして。床ずれに座骨をのぞかせて。決して人目に触れることなく、しかし可視化されたその姿は、人々に何をもたらしたか。

それは、多くの「普通」の人々にとってこれまで考えも想像もしなかった「ああはなりたくない」姿が、突如、立ち現れてしまうことであった。『恍惚の人』の描写に衝撃を受けていた当時の人々に、たとえそんなことになるのは遠い先のことであっても、ある日一瞬の事故で卒中で、「ああはなりたくない」姿で「寝たきり」になってしまう自分の姿が立ち現れてしまうことであった。そしてまた、その一瞬まで溌剌としていた家族が、変わり果てた姿で、「ああはなりたくない」「見るに忍びない」姿で、立ち現れてしまうことでもあった。以下、クインラン事件が日本の「安楽死・尊厳死」論に及ぼした影響を、一九七〇年代の安楽死法制化をめぐって対立した太田典礼と松田道雄を比較して検討する。(5)

松田道雄は、カレン・クインランのなかに人々が「ああはなりたくない」姿、「見るに忍びない」姿を見、「だから医師が治療を打ち切って死なせてもよい」という慈悲にもとづいた語りのなかに、心身障害者や難病者を死に導く「安楽他殺」の匂いを嗅ぎ取った。だからこそ、「死の自己決定」権や老人の自殺権という点では一致していたはずの畏友、太田典礼と、激しく対立することも辞さなかった。しかし、親しい知人が卒中に倒れ「植物状態」のまま数年がすぎ、自らの老いと衰えを自覚するなかで、「ああなってしまう自らの姿」が、しだいに「わがこと」として立ち現れたということはなかっただろうか。そして、妻の介護と自らの死を眼前にして、ついに自らの「威厳ある死」のための自律にもとづく自死の幇助の制度化・法制化を提案するにいたった。のみならず、それを「わがこと」に限定しながらも、「威厳ある死」のための縊死や干死を「わがこと」として自律的に選ぶことの公言を憚らなかった。

太田典礼が一九六三年、最初に提示した「安楽死合法化」は、あくまで死にまさる苦痛を慈悲によって取り除いた結果の「医療致死」であった（太田、一九六三）。そこでは本人の意思は必ずしも問題にならず、除去すべき苦痛も「肉体的苦痛」に限定されてはいなかったが、一九七二年になされた再提案には、六三年初提案には否定されていた延命のための治療の停止、すなわち消極的安楽死が加えられ、苦痛緩和のための処置を主目的としながらも、その軸足は、クインラン事件を前後してしだいに「生者の意思」、すなわち自律にもとづく消極的安楽死へと変化していった。同時に、太田が主張する「老人の自殺」にはそのあとに常に「推奨」が続いていて、彼の主張する「安楽死」には「安楽他殺」の匂いが離れなかった。太田が示した老人問題（の解決）はまた、他の「半人間」（の解決）をも包摂していた。

松田は「安楽他殺」には断乎反対した。他者をその生命の質によって序列化し、なかんずく、質の低い生命に死を強制するなど、考えられなかった。それゆえ、最期に彼は、「重い障害のある人の安楽死のことではない」と、断り書きまでしたのだ。彼はあくまで「わが老い」と病と障害とを分節化したつもりだった。だが、それはなしえたのか。否。それは、「わがことのみ」に限定することによって、「威厳ある死」の希求が言外に「半人間」を排除してしまうことを棚上げしたに過ぎなかった。「自分らしい、人間らしい、尊厳ある死」という語りは、松田がかつて指摘した「自力で自殺できない人の自殺の権利と委託殺人の犯罪性を調和」すること（松田、一九七二）によって、言外に「半人間」の「安楽自殺」と「安楽他殺」を「本人の意思」と「家族の同意」のもとに社会的に認知して調和することにつらなっていこうとしているのではないか。

長い安楽死法制化運動の歴史のなかで、また、ナチス時代のT４「安楽死」計画による心身障害者の組織的虐殺の経験を経て、「任意性＝自発性」を強調することの重要性に気づき始めた英米の安楽死運動では、「本人の意思」を事前に指示する「リビング・ウィル」の普及と「尊厳をもって死ぬ権利」というスローガンが運動方針として採択された。死にゆく過程の選択の自由と任意性を重視することに「人間の尊厳（human dignity）」を見出だし、そこから「尊厳をもって死ぬ権利」が導き出される道筋、その権利を保障する「任意的安楽死法」あるいは「尊厳死法」と名づけられた安楽死法は、「自殺にもっとも近い間柄」「法律の援助を得た自殺」といった性格のものになると一九六〇年代から米英の安楽死法制化運動を丹念に訳出してきた刑法学者、宮野彬は評した（宮野、一九七五）。クインラン事件の判決でいっとき「消極的安楽死」に運動方針を転じた米国の安楽死運動は、カリフォルニア州を皮切りに、「ありうべきでない生物学的生」を解除する「自然死法」を相次いで制定させたのち、医師幇助自殺を可能にするオレゴン尊厳死法となって結実した。

## 5 意図せざる役割・否応なき対応

太田典礼が「半人間」の「見苦しい」「品位ない」「生物学的生命」を排して用いた「品位ある死」という語りは、松田道雄の「みじめな生物学的生」を拒否した「威厳ある死」への希求と呼応し、やがて、「自分らしい、人間らしい、尊厳ある死」という装いに変化した。そのような変化のなかで、人々の共感を得た。改称して二年を経てもわずか二〇〇〇名にも満たなかった日本尊厳死協会の会員数は、現在一二万人を超えて「死の権利協会世界連合」の二三カ国の加盟団体のなかでも首位を誇るという。

米国では「自らの意思で、死を選ぶ権利」と明言された運動、「自殺の権利」と主張された運動が、日本では「自分らしい、人間らしい、尊厳ある死」を求める運動であると語られている。朝日新聞が当初、「尊厳死」の語を用いたとき、それは確かに「家族の決定」であり「家族の安楽」のためであり、それが「安楽死」との決定的なちがいであると明言されていたにもかかわらず、そして、そのことの位相は、今もなお変わっていないにもかかわらず、いつのまにか「自分らしい、人間らしい、尊厳ある死」を自分が選ぶという「尊厳死」言説に変容した。

朝日新聞は、一九七六年四月一日、「a right to die with dignity」を「尊厳死」と訳して「安楽死」と切り分けた。それはなぜなのか。宮野彬は「概念を輸入しただけ」と当時をふり返る（福本、二〇〇二）。しかし、宮野自身、確かに当時、安楽死とは別の新しい概念と新しい用語の創出を欲し（宮野、一九七六）、他の法学者たちもそれに続いた。それはなぜなのか。

私は、「安楽死」、とりわけ非自発的積極的安楽死が法的に許容されたようにみえることを認め難かったからなのだと考える。第三者が、まして医師が、ある行為をなすことによって人を死にいたらしめること、人工呼吸器を外せば死ぬことがわかっていて、それを外すことが、たとえ慈悲に基づくものであっても法的に認められたという事実、しかも家族の要請によって法的に認められたという事実を報じることに、ためらいがあったからではないかと推測する。

しかし同時に、クインラン事件には、否定しきれない「何か」があった。その「何か」とは、「カレンのような状態で生き続けること」の忌避である。「あのような姿」を「見るに忍びない」と思い、「ああはなりたくない」とどこかで思った。看護・介護の負担にも思いは至った。かといって、たとえ家族であってもその生命の終結が「他者の意思」によって決定されることの問題性は明白であった。

しかし、それが「あり得べきでない生を生かされ続けること」の「解除」であるならば、「人間としての尊厳」を守ることであるならば、どうにか許容できた。その決定のどこかに「本人の意思」が関わっていれば、認めることができた。かといって、本人の意思にもとづいて「自殺する権利」を主張すること、その法的な許容を認めることもまた、回避したかった。

こうして、朝日新聞は「尊厳死」なる語をメディアへ導入し、意図せざる、意識せざる役割を果たすことになった。クインラン事件という新しい事態に直面した法学者たちは否応なき対応を迫られ、それに続いた。それはやがて「自分らしい、人間らしい、尊厳ある死」という語りによって「安楽死には反対だが尊厳死には賛成」という「尊厳死」言説の誕生をうながした。人々の共感をえるには、「自分らしさ」と「尊厳」がなければならなかった。

しかしなぜ、「死ぬ権利」が「尊厳死」に変容したのか。なぜ、「a right to die with dignity」から「a right」はこぼれ落ちていったのか。

そこでは「安楽死」にまとわりついて離れない「安楽他殺」の匂い、「安楽自殺」の匂いは消去される。「安楽死」の持つ他殺性が消去される。「安楽他殺」を否定するための「安楽自殺」の匂いも消去される。「安楽自殺」に他者を巻き込むことを「権利」と称することに潜むエゴイズムさえも消去される。

当時用いられた「尊厳死」は、発祥の地米国風にいえば、(尊厳を持つべく) 自己決定にもとづいて自然に死ぬ権利であった。クインラン判決ののち、カリフォルニア州「自然死法」を皮切りに全米で制定されていった生命維持治療の差し控え・中止を許容する法律のいくつかは「自然死」法と名づけられた。しかし、なぜか日本で「自然死」という語は定着しなかった。「自然死」ほどに「あたりまえ」ではだめで、「権利」などというものではふさわしくなかった。「世俗的」ではあっても、そこに何か人間を超えた匂いが必要だった。もちろん、自己決定にもとづいて作為的に医療行為を拒否した結果の死が、「自然な死」であるか否かは、「自己決定」の文脈依存性と「擬制」性も含めて議論されるべきことであり、「自然」という曖昧な概念に人々がいかなる含意を込めているかは、その都度精査されねばならないことである。そしてそのことは、日本の一新聞が導入し、法学界が定着させ、日本安楽死協会が戦略的に選び取り、日本社会が受容したかに思われる、すなわち、日本社会が選好した「尊厳ある死」とは何ものであるか、その内実においても同様なはずである。

## 6 「新しい社会運動」のなかで

一九八三年の後、一九八八年ころを境に日本尊厳死協会は、急速に会員数を伸ばし始める。協会は、その理由として、一九八八年から一九八九年にかけて夥しく報道された、昭和天皇末期報道と、それに続く一九九〇年のライシャワー元駐日大使の「尊厳死」を挙げる（成田編、一九九六）。たしかにそれは大きな影響を与えたであろう。一九八八年九月の吐血後、新聞各紙は連日、昭和天皇の容態と処遇を伝え続けた。それは、「ああはなりたくない生」を見えないまま表象したカレン・アン・クインラン事件の再来であった。「延命治療」を自らの意思で拒否して死を迎えたライシャワー元駐日大使の姿は、鮮やかな対比であった。しかし、私はそれとはまた別の位相を見る。

日本尊厳死協会の会員数の激増は、女性会員の占める割合の急増と軌を一にする。急速に会員数を伸ばしはじめた一九八八年、協会の第一二回年次大会は「女の尊厳死」をテーマに行われた。このころから女性会員の占める割合が倍増し、現在では三分の一を占める。発足後一九八〇年代なかばまで男性高齢知識人の運動であった安楽死運動は、八〇年代後半からは女性会員を中心とする「市民運動」の側面を強めていくのである。そこに「自分らしく生きる」ことを希求した七〇年代リブを経て「自分らしく死ぬ」ことを見据えた女たち、すなわち、新しい社会運動としての尊厳死運動の位相を見出だすことは可能であろう。しかし、家庭内においても家庭外においても、介護・看護の担い手であった／ある女性会員の増加、松田道雄が労苦を認識しつつその処方箋を示さぬままにケアの充実を説いた、その担い手たる女性会員の増加に、はたして「自分らしく生きる」新しい社会運動のうねりの、肯定のみを見出だせるかは、疑問である。そこにある「自分らしさ」とは何ものなのか。死に向かうことで守り抜こうとする「自分らしさ」とは何ものなのか。

それは、「自分らしい、人間らしい、尊厳ある死」が措定する「自分らしさ」の存立基盤を問うことである。「見苦しい、ぶざまな、みじめな生物学的生」を生きる自らを、死に廃棄して守ろうとする「自分らしさ」の存立基盤とは何かを問うことである。自らを死に廃棄することでしか守り抜けない「自分らしさ」の存立基盤とは何かを問うことである。

それは「見苦しい、ぶざまな、みじめな生物学的生」を「ああはなりたくない」「半人間」として排除することによって堅持される「自分らしさ」なのだろうか。では、「ああはなりたくない」「半人間」として自らの存在を排除された「見苦しい、ぶざまな、みじめな生物学的生」を生きる、老人、難病者、重度心身障害者その人にとっての「自分らしさ」とは何なのか。

むろん、現在の日本にハダマー(6)があるわけではない。だが、T４を正当化するために一九四一年のドイツで制作された映画、『Ich klage an（私は訴える）』を見たT４小児安楽死の責任者、ハンス・ヘーフェルマンは、そのメッセージによって「この映画の設定と同じ病の病人に不安を与えるのではないか」との疑問を抱いたという（Klee, 1983＝一九九九）。同じ疑問を、現在夥しく制作され続ける「安楽死・尊厳死」を問いかける映画評――たとえば『海を飛ぶ夢』や『ミリオンダラー・ベイビー』のような――に見出だすことは稀である。六〇余年を経たその変化に、「安楽死・尊厳死」論の射程の、いかなる変容を見るべきだろうか。

## 7 「慈悲によってもたらされる死」から「自己決定（自律）によって選ばれる死」へ

戦前からの産児調節運動、性科学、安楽死運動と、太田典礼がその生涯になした諸活動には、「自分らしい生と性と死」を希求する現在の指向の先駆を見ることができる。「人口の老化」と負担の増える医療費の問題化に、老人や心身障害者の存在と安楽死とホスピスを結びつけ、リビング・ウィルによる世間への啓蒙の実践と、若者への死の教育と患者教育の必要性を説いたことも算えられよう。

太田の死から二〇年。今、日本では死の教育が注目され、一九八〇年代初頭の創生期とは異なって、必ずしも宗教に依らない公的なホスピス病棟、緩和ケア病棟の整備がめざされている。太田の安楽死運動は一九八三年の「末期医療の特別措置法」国会請願審議未了廃案、一九八四年の法人化申請却下と、その時点ではいずれも確かに潰えた。しかし彼がめざしたものは、その失敗によって「尊厳死」へと編み変えられ、一九七〇年代に彼と激しく対立した松田道雄が希求した「威厳ある死」をも取り込み、よりソフトに、より洗練された形で現在、立ち現れている。

松田道雄は「安楽な死」を求めながらも、「安楽死」という言葉に人々が引き込まれることを憂えた。安楽死協会に入りさえすれば「安楽な死」を迎えられると思ってしまうことを憂えた。それが老人や難病者や重度障害者に「生きていてはいけない」という抑圧を生み出すことを憂えた。しかし、自らの「威厳ある死」を求めた松田は「尊厳・死」の語がもつポリティクスに対しては終始無防備であった。なぜか。

権力によって生死を左右された戦前戦中の体験を経て、あるいはソビエト連邦の実情を早くから知ったがゆえのマルクシズムへの失望をも経て、松田道雄は権力による生死の強制を絶対的に拒否するがゆえに、デモクラシーはフィクションだと、ニヒリスティックに認識しつつ、フィクションだからこそそのデモクラシーを守り通さねばならないとする信念のゆえに、いかなる人にも、心身障害者にたいしても、「威厳ある死」を選ぶ自由を認めねばならないという結論を理論理性で導き出した。それはなぜなのか。心身障害者が当時おかれていた過酷な状況を多少は知りつつ、なぜ、そのような乱暴ともいえる論理に帰結し得たのか。

松田道雄にとって、心身障害者は医師として相対する、あくまで客体であったからだと私は思う。理論理性でその「死の自己決定」たる主体を認めたとしても、それはあくまで理論理性によるものであった。「威厳ある死」を希求する美意識のなかで、重度の心身障害者もおかれているような、「みじめな生物学的生」が、「わがこと」として降りかかるのは、耐えがたいことであった。だから、心身衰えゆく老いたる「わがこと」としての「自殺権」を、自己決定に基づく死を選ぶ権利を、かれはいっときたりと手放さなかった。それはまさに、「自分らしく、人間らしく、尊厳をもって死ぬ」ための権利である。

松田道雄は、小児科医として、先天性・後天性の心身障害を負ったわが子を持つ親の労苦とそれを受容した親の姿、心身障害児の姿を身近に見知ってはいたから、また『しののめ』誌を通じて重度脳性マヒ者との交流もあり、当時のかれらのおかれた過酷な状況を多少は知ってもいたから、まずは福祉の充実が先決なのだと訴えた。「末期医療の特別措置法」が、医師と家族の意向で、あるいは本人の「抑鬱状態」のなかで、弱い立場にある人々が死へと誘われることの危険性に警告を発した。町医者をやめて物書きに徹した後も医師としての立ち位置から発言し続けた松田にとって、患者が生命の質によってランクづけられ、「みじめな生」しか許されない生命を死に導くことは、医師である彼の存立基盤を突き崩すものであったはずである。しかし同時に、戦中派デモクラットである松田は、「生の強制」もまた拒んだ。老いて「生を強制されること」を拒んだ松田は、たとえ医師であろうと、「過剰な」医療によって他者に「生を強制」することは、こんどは、戦中派デモクラットとしてデモクラシーというフィクションを守り抜こうとする自分自身の存立基盤を突き崩すことであったはずである。

充実した福祉制度が実現し当人が抑鬱状態を脱してなお、みずから「死を選ぶ権利」の実現を欲するのならば、論理的にそれを否定することはできなくなる。だから、本人が自らの自己決定において、清明な精神において、それを望むのであれば、そこに矛盾はなくなる。難病者、障害者自身が自らの「意思」で自律的に望むのならば、つじつまは合う。奇妙なことに、松田の著作のなかに、精神病者、精神遅滞に関する叙述はほとんど見出だせない。そして、松田の論理構成は、「生命の神聖性」をドグマであると言下に廃して自己決定権を謳う一部の生命倫理学者とさして変わらない。

こうして、太田典礼の「品位ある死」は、松田道雄の「威厳ある死」を取り込み、「自分らしい、人間らしい、尊厳ある死」という「尊厳死」言説に回収することで、その背後に「半人間」に対する慈悲に基づく死への排除、「半人間」自身による自律に基づく死への廃棄を可能にする語りをえた。その語りのゆえに、『海を飛ぶ夢』のラモン、『ミリオンダラー・ベイビー』のマギーは手厚い介護を受けながら自ら死を切望する。近しい人の愛と慈悲によって彼／女にもたらされた死に、人々は「尊厳」を見出だし、嘆息とともにその理由を頷首する。映画中、ラモンに「生命の神聖性」を説く『海……』の神父はいかにも戯画化されて描かれ、マギーへの慈悲の死を考えるフランキー・ダンに、実行する者が陥る深い闇を諭す『ミリオン……』の神父の言葉は、いかにも弱々しい。

六〇余年前の記録をいま一度振り返る。T４の責任者のひとりヘーフェルマンは、殺害の正当化のためのプロパガンダ映画向けに七〇人の精神遅滞児を「特別にすばらしい映画材料を提供するであろう」と記述するかたわらで、自己意識の喪失を恐れて慈悲による死を願った『Ich klage an』の主人公アンナの姿に、同じ病にある人々の動揺を懸念した。現在の『海を飛ぶ夢』の映画評では、四肢麻痺者であるラモンの「尊厳ある幇助自殺」の肯定（と称揚）に宗教者もつらなった。六〇余年の彼我の変化の中に、「みじめな生物学的生」に対して「尊厳」を掛け金に立ち現れる承認の政治、自他の承認をめぐる幾重にも交錯した生権力の装置が発動している(7)。それは、自らが自らの意思によって自らの存在を「生きるに値しない」と同定し、自らを死に廃棄することによって自らを承認し、同時に他から承認を得ようとする語りであり、自他の「承認」を求めずにいられない人間存在の、親密圏・公共圏を貫いて「生・老・病・死」に立ち現れるポリティクスである。そこに、『半人間』が自ら死を選択することの、他者と社会にとっての（時に自己にとってさえの）都合よさ」が存在すること、その「都合よさ」を自覚するにせよ無自覚にせよ、愛と慈悲をもって承認し称揚（しようと）する他者と社会が存在することはいうまでもない。そこに、「われらは愛と正義を求めない」と宣言した「青い芝の会」の声を聞こうとする者、異形の体をカメラの前にさらして、「われらは問題の解決を求めない」と宣言した『さようなら、ＣＰ』の映像を見ようとする者は稀である。

## 8　拡張する言説

排除される／自らを排除する「半人間」は、老人、難病者、重度障害者だけではない。二〇〇六年二月に報告された日本医師会第Ⅸ次生命倫理懇談会『「ふたたび終末期医療について」の報告』は、「人間は生まれて以来、進学、就職、結婚に際し、いずれも自分自身の選択で決断してきたが、死を迎える場合にだけ、自分が関与できないのは不自然というべきである」として「尊厳死」の権利を謳う。そうだろうか。

確かにいまや、進学に際して、就職に際して、結婚に際して、あからさまな差別や抑圧が見える形で存在してはいないのだろう。しかし、何を選んでもよいと「自分らしい」選択をまかされながらも、それが本当に何を選んでもよいわけではないこと、見えるコードはないが、見えないコードが張り巡らされていることを、今の若者たち、子どもたちは本能的に知っている。何を選んでもよいと表向き言われれば、その「何」を選んだ自分自身にあらゆる責任が、本来問われるべきではない責任までもがふりかかってくることを、若者たち、子どもたちは知っている。「自分探し」と「やり甲斐」「生き甲斐」が安価な労働力に転用されている若者たち、失われた一〇年のロスト・ジェネレーションの現状が、それを無言で物語る。年間三万人に及ぶ自殺者がそこにつらなる。

「半人間」は、「よき市民」で構成される「よき社会」から「よき市民」として「よき死」によって自らを放擲することを期待されようとしている。生真面目で不器用で、ささやかな正義感も持ち合わせている若者たちが、時に引きこもり、時に爆発してその列につらなっている。日々選択を迫られる「自分らしさ」の希求のなかで、凍り付いたように息をつめている子どもたち、若者たちがつらなっている。「自分らしく、人間らしく、尊厳をもって」生きている確信がもてず、確信の持てない生に倦んで、厭いて、死に吸い込まれていってしまうような若者たちがつらなっている。そこには、自分らしく生きる道を探しあぐねてゆきついた遠い中東の戦地で無惨な死を遂げ、その愚かさを非難された、日本の一人の若者の姿もかさなる。

太田典礼も松田道雄も、「老人の自殺」権を主張したが、若者のそれはいっときの衝動だとして退けた。退けつつ、太田は、若者への死の教育の必要性を説いた。二〇年後の現在、「死を見つめて生命の大切さを考える」ための「死の教育」のスローガンが謳われる。それは子どもたち、若者たちへの自殺予防なのだと謳われる。「生と死の教育」を受けて「死ね」という回数が減ったと、その効果が「実証」される。そんな統計で実証される「生死の教育」が、生き抜くための言葉を真に必要としている子どもたち、若者たちに届くのだろうか。死に急いでいるとも思えるような子どもたち、若者たち――それは、「自ら」だけではなく、他者をも巻き込んで死に急ぐような子どもたちでもある――に届くだろうか。

私にはとうていそうは思えない。九割の痛みを緩和ケアで和らげることはできても、生きる意味の喪失に悩む実存的な苦悩《スピリチュアル・ペイン》を取り除くことはできない。終末期の実存的苦悩への対処を担うスピリチュアル・ケアがそこで何を期待され、何を手放してしまうことになるのかは、その労苦に敬意を表しつつも、「無益な治療」「無駄な延命」とひとくくりに語られる医療処置との政治的経済的対比とともに、慎重に、かつ批判的に解析されるべきである。そしてもちろん、生きる意味の喪失に苦しむのは、末期《まつご》にある人々だけではない。現在の、時に安直ともいえるスピリチュアル・ブームはそれを裏書きする。

「見苦しい、みじめな、生物学的生」に怯えて自らの存在を肯定できない人々に、「自分らしい、人間らしい、尊厳ある死」に自らを放擲して存在証明を果たそうとする語りが用意されようとしている。「生きる意味」の喪失、「自分らしく生きる」ことの強迫観念に苦しむ人々に、「自分らしく、人間らしく、尊厳をもって死ぬ」道行きが用意されようとしている。

誰がそれを語っているのだろうか。その語りを用意する「あなた／わたし」は何ものなのか。それは、「安楽死・尊厳死」を謳う人々のあいだで、一度として問われてこなかった問いである。

**註**

(1) 一九四九年五月三一日、脳溢血で全身不随の在日朝鮮人であり、帰国の望みを絶たれた母親の懇願で、息子が青酸カリの溶液を飲ませて殺害した事件。

(2) 一九六一年八月二七日、脳溢血で数年来病床にあり、全身不随で激痛に苦しむ父の懇願により、息子が有機燐殺虫剤を牛乳にまぜ、事情を知らない母の手を介して飲ませ死に至らしめた事件。

(3) ヒトラー政権下ドイツにおけるナチスT４「安楽死」計画が裁かれたニュルンベルク裁判のさなか、刑法学者のカール・エンギッシュは「安楽死」概念を以下の四（五）類型に分類・整理した（Engisch, 1948＝一九九七、六一―七〇頁）。

① 純粋安楽死…瀕死の患者に苦痛緩和処置を行ったが、何らの生命短縮も確認し得ない場合。

② 間接的安楽死…苦痛緩和処置によって副次的な結果として生命短縮がもたらされる場合。

③ 直接的安楽死…苦痛除去のための直接的手段として生命短縮が用いられる場合。

③―1　不作為による安楽死…苦痛除去・生命短縮が単なる不作為によってなされる場合＝生命延長処置の差し控え。

③―2　死の惹起を見込んで積極的な行為を行う場合…自殺幇助および積極的な手段によって生命の短縮を実現する場合。

④ 生きるに値しない生命の抹殺。

類型①は治療行為の範疇とされ、類型④は病者への同情というよりは社会的適応の観点から行われることからエンギッシュによっても「安楽死」とするにはあたらないと見なされる。残る三類型（②、③―1、③―2）が、現在、間接的安楽死、消極的安楽死、積極的安楽死として、法分野のみならず、多様な領域において広く使用されているが、ここでは、③―1のいわゆる消極的安楽死が生命延長処置の不開始のみで、その中断を含んでいないことに注目しておきたい。なお、エンギッシュの類型分類そのものの有効性については、議論をすすめるための暫定的・便宜的な使用にすぎず、筆者がその分類を有効であると認めるものではない。
(4) ここに梗概を記した「尊厳死」言説誕生の経緯は立命館大学大学院先端総合学術研究科の博士学位論文としてまとめられており、近く勁草書房より公刊される(大谷、二〇〇八c)。
(5) 太田典礼の安楽死法制化の主張の変遷については、大谷(二〇〇三)で、その安楽死思想については大谷(二〇〇五c)で述べた。また、松田道雄の「死の自己決定」権については、大谷(二〇〇六)を参照されたい。
(6) ナチス・ドイツ下で実行されたT4、いわゆる「安楽死」計画の舞台となったドイツ、ヘッセン州の精神病院。ガス殺の原型となった地下室が今も残る。
(7)「尊厳ある死」をめぐる承認の問題について、小泉義之・松原洋子のインタビューによる大谷(二〇〇五b)で映画『ガタカ』を糸口にその突端を述べた。フーコーの「死の中へと廃棄する(rejeter dans la mort)」生-権力論を「死ぬにまかせる(laisser mourir)」と表現しなおして再論した論考に、市野川(二〇〇七)。

## 文献

Engisch, Karl von, 1948, *Euthanasie und Vernichtung lebensunwerten Lebens in strafrechtlicher Beleuchtung*, Kreuz-Verlag(カール・エンギッシュ、一九九七、「刑法的観点から見た安楽死と生存無価値な生命の毀滅」(丸山雅夫(要約)訳『資料・生命倫理と法Ⅱ 安楽死・尊厳死・末期医療』信山社、六一―七〇頁)。

福田雅章、一九七六、「安楽死と医療の倫理」『書斎の窓』二五四、一八―二二頁。

福本博文、二〇〇二、『リビング・ウィルと尊厳死』集英社。

市野川容孝、二〇〇七、「生-権力再論――餓死という殺害」『現代思想』三五(一一)、七八―九九頁。

Klee, Ernst, 1983, »*Euthanasie*« *im NS-Staat: Die* »*Vernichtung lebensunwerten Lebens*« S. Fischer(エルンスト・クレー、一九九九、『第三帝国と安楽死――生きるに価しない生命の抹殺』(松下正明監訳)批評社)。

松田道雄、一九七二、「安楽死で問題になる点」『しののめ』七五、一五―一六頁。

宮野彬、一九七五、「アメリカの任意的安楽死法案について」『明治学院論叢・法学研究』一五、一二三―七二頁。

宮野彬、一九七六、『安楽死――人間に〝死ぬ権利〟はあるか』日本経済新聞社。

成田薫編、一九九六、『年表が語る協会20年の歩み』日本尊厳死協会。

日本尊厳死協会編、一九八四、『安楽死論集　第8集』人間の科学社。

太田典礼、一九六三、「安楽死の新しい解釈とその合法化」『思想の科学』一七、七二―八〇頁。

太田典礼、一九八四、「第八集に寄せて」日本尊厳死協会編『安楽死論集　第8集』人間の科学社、五―一六頁。

大谷いづみ、二〇〇三、「『いのちの教育』に隠されてしまうこと――『尊厳死』言説をめぐって」『現代思想』三一（一三）、一八〇―一九七頁（→二〇〇五a、『いのちの教育』に隠されてしまうこと――『尊厳死』言説をめぐって」松原洋子・小泉義之編、九一―一二七頁）。

大谷いづみ、二〇〇五b、「『問い』を育む――『生と死』の授業から」松原洋子・小泉義之編『生命の臨界――争点としての生命』人文書院、一二八―一五五頁。

大谷いづみ、二〇〇五c、「太田典礼小論――安楽死思想の彼岸と此岸」『死生学研究』五、九九―一二二頁。

大谷いづみ、二〇〇六、「『市民的自由』としての死の選択――松田道雄の『死の自己決定』論」『思想』九八一、一〇一―一一八頁。

大谷いづみ、二〇〇八a、「安楽な死、尊厳ある死――の遙か手前で」『現代思想』三六（二）、一七四―一八三頁。

大谷いづみ、二〇〇八b、「生きる権利・死ぬ権利――だけでなく」上野千鶴子ほか編『ケア　その思想と実践1　ケアという思想』岩波書店、一九五―二一〇頁。

大谷いづみ、二〇〇八c、『尊厳死言説の誕生（仮）』勁草書房、近刊。

# 4章 アメリカの死生観教育

## その歴史と意義

カール・ベッカー

### 1 序——死生観教育の歴史的背景

アメリカにおける死の研究の創始者としてはハーマン・ファイフル（Herman Feifel）をあげるのが順当だろう。一九五九年に出版された『死の意味』（*The Meaning of Death*）という本は注目を浴び、少しずつではあるが共感者を呼び集めた。またイギリスでは、その翌年にボールビー（John Bowlby）が悲嘆の研究でデビューし、コリン・マレー・パーカス（C. M. Parkes）も六〇年代後半から未亡人の悲嘆経過に関する草分け的な研究をしている。大学教育ではロバート・フルトン（Robert Fulton, 1965）がミネソタ大学で、全米初の「死生学教育プログラム」を開発した。ミネソタ出身の弟子は、今もその分野で第一線の活躍を続けている。同じ六〇年代には、グロールマン（Earl Grollman, 1967）が子供に対する死の話し方を提唱したが、定着するのにはさらに一〇年ほどかかった。

当時の欧州にないアメリカ独特の事情が、アメリカを「死の先端研究国」へと押しやった。言い換えると、アメリカの初期の死の研究は誇示的消費主義、医療における唯物論主義、連続する帝国的侵略戦争などに対するアンチテーゼとも言えよう。一九六三年に、ミットフォード（Jessica Mitford）の『アメリカの死の作法』が、大きなセンセーションを巻き起こした。彼女は、カリフォルニアをはじめとするアメリカの上流階級が富裕な資産を棺・墓石・葬儀にかけていること、またそれを狙い、葬儀業界が一般市民にまで「死の商売」をしていた現象を暴露して、「自然葬」への市民運動の道を切り開いたのである。またそれを受けて、アーネスト・ベッカー (Ernest Becker) が『死の拒否』(1973) でノンフィクション文学のピュリッツァー賞を受賞するに至った。同書は、死を黙殺し、隠蔽するために、現代の消費者やビジネスマンは無数の「不死を狙うプロジェクト」(immortality project) を拵え、お金稼ぎや趣味などで、自分は究極的に死に至る存在であるということを必死に忘れようとしていると指摘している。

当時のアメリカは、ベトナムで第二次世界大戦後最大の外地戦争を営んでいた。アメリカの南北戦争や世界大戦ほどの死者は出なかったものの、テレビのニュースなどで、史上初めて戦争がライブで報道されるようになった。敵に対する空襲や、アメリカ軍の血まみれの戦死者を、視聴者が毎日居間や食卓で見せられたのである。万単位の戦死者を出したベトナム戦争は、それまでになかった形でアメリカ人に死の意識を焼き付けた。そしてベトナム戦争の反戦を唱えたカウンターカルチャーの若者が、当初より戦争を企ててきた軍産複合体と、その経済優先主義の両者に反対し、ドラッグ、瞑想、新宗教など、いわゆるニューエイジ運動も起こしたのである。

そこへ、クック郡立病院やシカゴ大学で長年研究していたエリサベス・キュブラー＝ロス (Elisabeth Kubler-Ross, 1969) という医学博士が登場する。キュブラー＝ロスは死ぬ間際の末期患者の話を大量に傾聴したうえで、「死ぬ瞬間シリーズ」において彼らの心理について衝撃的な報告を行った。さらに、彼女は人が死んでも「あの世」は経験できるという可能性を示唆するに至った。ほぼ同時期、世界史の大家であったトインビー博士 (Arnold Toynbee) ら (1976) が、「死後の存続」は単なる神話ではなく、証明可能な領域であろうとすら提唱するに至る。興味深いことには、これらの発言はキリスト教と無関係な学問的世界を背景にして生じており、その結果、「死後の世界は信仰のみの対象である」と考えるキリスト教の神学者の敵意を買った。それらの論争はテレビや『タイム』、『ライフ』のような全国雑誌で取り上げられ、注目を浴びた。

こうして死や死生観に関する研究と教育は急速に進んでいった。例えば、クラーク大学でキャステンバウム（Robert Kastenbaum）が一九七〇年代に *Omega*（終わり）という専門雑誌を出し、一九七七年になると、フロリダ大学のワス（Hannelore Wass）が *Death Education*（現在の *Death Studies*）、ミネソタ大学のフルトンが *Illness, Crisis & Loss*、コネチカット大学のリング（Kenneth Ring）が *Anabiosis*（現在の *International Journal for Near Death Studies*）等の刊行を始める。同じく七〇年代に、名門イエール大学のカース（James Carse）、メリーランド大学のレビトン（Daniel Leviton）、南イリノイ大学のコア（Charles Corr）、ニューロシェル大学のドカ（Kenneth Doka）、西オンタリオ大学のモーガン（John Morgan）等が、死の教育の模範的なカリキュラムを発表・実践し、全国的な運動にも及んだのである。

一九七〇年代にはすでに中学校から大学に至るまで、一〇〇〇種類もの死生観教育プログラムが実行されていたとされる。ある調査によると、大学だけでも九三八ほどのコースがあったともいう（Crase, 1989）。現在は、その数は多少減っているように思われるが、それは死に対する研究や興味が衰えたからではなく、従来の社会学、心理学、哲学、教育学などの中に吸収合併され、さらに教養の一部と認められ、独立コースとして目立たなくなっているからでもある。結局は、社会現象としての死者との接し方や葬り方、経済現象としての死と人生の物の見方、そして宗教にとらわれない「死と死後の解釈」は、もはや個人的な思い込みの問題ではなく、社会が認めた研究領域へと拡大してきたのである。

以下では、アメリカの死生観教育を分かり易く整理するために、おおむね三種類に類別する。すなわち、（1）学校における死生観教育、（2）高等教育や学問における死生観教育、（3）医療従事者のための死生観教育である。それらを紹介する過程で、様々な問題点と解決策、利点と注意点を見ることができるのである。

## 2 アメリカの学校における死生観教育

### 死に関する教育を導入する背景や目的

**死生観教育の四側面**　三〇年ほど前から学校における死生観教育を強く提案してきたデニス・クラスは、学校における死生観教育の目標を四種類に分けて説明している（Klass, 1979）。すなわち知識的、感情・情緒的、行動的、価値観的側面である。

死生観教育の知識的目標としては、保健体育で学ぶ事故防止や健康維持の延長線上で、アルコール・タバコ・ドラッグ・エイズ・ポストハーベスト発癌性物質の危険性、また、水泳や交通事故に関する安全ルール、あるいは人工呼吸や心臓マッサージに関する基礎知識と共に、死の「身近さ」を知ることをあげる。つまり、病死や事故死に至るまでの様々な要因が現代人の日常生活の身近な所に存在しているため、知識としてそれをよく理解すること、例えば飲酒運転や飲酒水泳を避ける等の教育が必要不可欠なわけである。

死生観教育の感情・情緒的目標は簡単そうで難しいものである。まず、今日の生徒・学生は、他者の死を見たり、聞いたり、知ったりした場合、どのような感情を抱くのが正常なのか異常なのかを、教えねばならない場合がある。彼等はテレビやゲームで、「悪者の死」のイメージに対して、一種の優越感や「喜び」さえ覚えることがあり得るが、しかし本物の死は、痛みと悲しみ、悔恨を伴うものである。また、死にたいと思う人の気持ちを把握して、自殺をいかに予防できるか、あるいは死ぬ直前の末期患者や、死なれた時の遺族等の気持ちをどのように聴いて、何を表現すればよいのか。今の生徒・学生は教育されなければ自らこうした問題に応答できるものではない。

皮肉なことには、現代の都会人は「ありのまま、自然に」死ねない状況にある。我々は、保険・医療・葬儀などの「消費者」と同時に「決定者」とならざるを得ない立場に置かれている。しかし、現代人の多くは、保険の選び方、インフォームド・コンセントによる医療の選択、遺言の書き方、尊厳死や脳死・臓器提供、葬儀や墓地の選択と購入法などほとんど教わらないまま、いざとなると戸惑ったり、心の傷をうけたり、裁判になったりする。だから死に対するこの方面の教育も不可欠になっている。行動的な死生観教育とは、すなわち、死を事前に意識したうえで、保険・医療・葬儀などに関する行動を取らねばならない領域に関するものである。

価値観に関する教育は、学校で一番触れにくく、後回しにされやすいが、避けて通れない。民主主義の国に住む現代人は、つねに「倫理判断」や「価値観の表現」を問われる。限られた資源・財源をもって、医療・福祉を優先するか、軍事を優先するか、教育を優先するか。仮に医療・福祉を優先する場合でも、その中で何を優先し、何を後回しにするかが問われる。例えば未熟児の育成、末期患者の延命治療、重度障害者の支援、痴呆症患者の介護等々はできれば行いたい。だが、全てを満足に支える資源は存在しない。では、どのような発想や定式を採用すれば市民の納得（とりわけ身内の納得）を得られるだろうか。伝統的社会では優先順位は自ずから決められ、慣習的に習熟していることだったかもしれない。ところが、何事にも制限や限界を認めたがらない現代人は、優先順位の付け方の教育を受けなければ、自らの納得ゆく生き方もできない結果となってしまう。「死生観教育」は決して死だけに関わるものではなく、生の限界を意識した本当の生き方教育、優先順位教育、ひいては倫理教育にも及ぶはずである。

**若者の死因と「死に出会う」頻度**　アメリカ政府国勢調査によると、毎年一〇〇〇人以上の高校生が亡くなるという。最悪のスラム街では毎年複数の生徒が薬物、事故、喧嘩などで亡くなるかもしれないが、高級住宅地帯や農業地帯の高校でも、生徒が自家用車を運転する傾向が高いだけに、死亡交通事故が多い。一〇代のアメリカ人の第一・第二死因は、事故と自殺であるが、それは日本でも共通する傾向である（Corr, 1995）。事故死や自殺は、予測困難なためにショッキングな出来事であり、生きのこる周囲の人々にとっても心の課題を残す。学校の中でこそ、自殺や事故死などを避けるための教育が必要になってくる。万が一予期せぬ不幸が訪れた場合、全体に大きな影響を及ぼすショックをいかに受け、皆で守り合い・支え合えるかということに関する精神・心理的な準備の教育が望まれるのである(Stevenson, 1995)。

若者の死との出会いは同年代のクラスメートの死だけではない。祖父母、伯父母、親、教師、兄弟、ペット、そして憧れのアイドルなどの死も経験する。アメリカでは、高校卒業までに、四〇名のクラスのうち、一人から二人の生徒が既に親と死別している。さらに、死そのものとまで言えなくても、家族崩壊や離婚などで片親に会えなくなり、大きな喪失体験をする生徒が年々増えており、多くの子供が個人的・内面的な悲嘆を経験する。「自分で決めなさい、自分でやりなさい、自分で考えなさい」という個人主義のアメリカでは、悲嘆が重くて辛くなればなるほど人には相談を持ちかけてはいけないと考える傾向がある。それだけに学校が子供の悩みや悲嘆を聞き出し、話し合えるような場づくりに取り組む必要がある。

さらに、テレビやゲームを毎日何時間も視聴し楽しんでいる子供は、バーチャルな「死」を沢山見ている。小学校を卒業するまでに、一般の子供は八〇〇〇程の殺人・戦死・餓死などの映像を見せられている(Metzgar and Zick, 1996)。これらのイメージの多くはかなりの歪曲を含み、死について誤った印象を子供に与えている。親の世代よりも子供の方が多くの死のイメージを見て、常時、死について考える機会を経験していると考えてよい。

### 発育過程と死の理解

**幼稚園から小学校**　死が、生きている状態とは違うということは三歳の幼児でも分かるようである。低学年の小学生でさえ死に関する好奇心を持ち、死に関して自分の思いや直感を話し合う場を欲する(Hopkins, 2002, p. 42)。だが幼稚園児くらいの年齢では、死は不可逆ではなく、睡眠と同様一時的なことのように思う傾向にある。テレビと現実の見分けが付かない子供も少なくない。やがて、周囲の人の死が自分の言動や考えのせいであると解釈する傾向が現れる。死者が蘇らず、死は避けられず、二度と帰らぬ人がいると分かると、子供は深い悲嘆と罪悪感を感じ、その子供の深層心理に受けた傷が何年後でも再発することがある。他者の死は自分のせいで起こるわけではないことを、幼いときから理解させておく必要がある。

子供は大人の目や反応を大変気にするので、確信が無い時、言動をつつしむことがある。親戚の死などを経験した子供は悲しみを表情や言葉に出さない傾向にあるが、その無表情な子供を見た大人は子供が死を理解していないと誤解する場合がある。実際は子供は死の影響を大変受けやすいばかりでなく、死について深く考え、悩み、悲しむ感情は、大人の感情とさほどの違いがない。だが、それらの感情を隠そうとして自閉的に引きこもる傾向にある（Silverman and Worden, 1992; Wass, 1997)。ペット・ロスの研究では、大人より子供の方がペットの死に対して深い悲嘆を覚え、密かに長く悲しむという報告もある（Jarolmen, 1998)。

他方、テレビ、ビデオゲーム、マスメディアが与える歪曲した死のイメージを正すためにも、死生観教育が必要になってきている（Wass, 1995)。無論、効果的な展開のためには、生徒の理解能力と発達段階に合わせる工夫が不可欠である。例えば、スミランスキーは四歳から八歳までの園児・小学生を対象にした「死の理解調査法」を開発している。その年齢の子供を相手に死に関するプログラムを一カ月間、毎週二回ほどの三〇分授業を行った学校の生徒をスミランスキー調査法で調べると、死に関する生徒の理解はかなり正されるという（Schonfeld and Kappelman, 1990; Stevenson, 1995)。別の研究では、四人に三人ほどの割合で死に関する子供の理解が有意に改善された(Edgar and Howard-Hamilton, 1994)。

**中学校・高校**　中学生・高校生になると、園児や小学生よりは感情を言語化できると期待されるが、タブー視される死に関しては、相談せず処理できずに抱えこんでいるティーンエイジャーが多い。英語では、「未解決悲嘆」や「困難で複雑な悲嘆」（unresolved grief, complicated grief）という専門用語で、病理的にまで転じてしまう悲嘆の抱え方を認識し表現している。この「未解決悲嘆」や「困難で複雑な悲嘆」は、注意欠陥障害のみならず、自殺や殺人にまで繋がるとされており、他人の死に基づく「未解決悲嘆」は、自殺の大きな引き金の一つとして注目を浴びている。暴力行為により逮捕された容疑者を調査すると、若い時に親に死なれている確率は、同年齢の一般人と比べて実に五倍もの高率に至っている（Stevenson and Stevenson, 1996）。

死別によって、学校の成績や人間関係が悪化することが多いにもかかわらず、教師がその原因に気付かなかったり、対応に迷ったりすることも少なくない。生徒はそれまで積極的に参加した活動に消極的になり、部活を辞めたりする。普段「そんな子供ではなかったはず」の子供でも、死別によって、言動が急変してしまう。例えば、くどく質問を繰り返す子供、嘘や噂をむやみに広げる子供、侮辱・冒瀆・わいせつなどを言い出したりする子供が増える原因となる。場合によっては、それらの行為・表現が、死別経験から数年も経って初めて現れることもある。教師が死に関する訓練を受け、事前に死別経験をもつ子供を認識していれば、適切な指導ができるようになるのである。

思春期は、「自分とは、人間とは、人間関係とは」という問いが本格化し、人格形成のための大事な時期である。近親に死なれた体験が消化不良のままほうっておかれてしまうと、交際相手に死なれた場合の悲嘆を恐れて、人間関係を怖がったり拒んだりするティーンエイジャーも現れたり、逆に交際相手も「どうせ亡くなる」という屁理屈で、次々と相手を替えて乱暴狼藉に及ぶティーンエイジャーもいる。家族や生育環境などの様々な要因によって、死別の悲嘆は、一つだけの障害に絞って予測できるものではない。少なくとも、大人は事前に話し合える雰囲気の土壌を作り、所作行動の乱れに気付くことができれば、病気や犯罪の悪循環を避け、治癒的インターベンションが可能になる（Wass, 1997）。

若い時期からの死生観教育によって、死のような切実で深刻な精神問題を表現し分かち合える能力を徐々に身につけられるのである。つまり死に関する情報を一方的に伝えるだけではなく、教室で死のような問題を話し合える雰囲気作りは、子供の精神的理解を豊かに備えさせ、将来何らかの形で必ず遭遇するであろう死をはじめとする悲劇に耐えるだけの力を生み出すのである（Hopkins, 2002; Sandstrom, 1999; Westmoreland, 1996）。

**まとめ——死生観教育の必要性と効果**　死生観教育は死や死別という人生の大事な課題を取り上げることによって、逸脱行為や精神的な病を予防できる。ワクチンの予防注射は重くて危険な病原菌を適宜に軽度、子供に与えることによって、本物の病気に対する免疫力をつける。不完全な比喩ではあるが、死生観教育も、重くて危険な精神異常に及ぶ死別・喪失体験を、適切でごく軽い程度、子供に与えることによって、本物の死別に出会った場合、それに対応するだけの心構えと相談能力を用意できるのである。死に対して鈍感になることなく、その重さを理解・受容してもらうがゆえに、近親者に死なれても、順調な立ち直りが可能になるのである。あるいは、保健体育という授業の比喩で考えると、健康を守るための体力、バランスの取れた食生活、溺死防止法の水泳まで、様々な授業や練習を通して、生徒は健康な生き方と安全な生活を教わる。死生観教育という授業では、精神的打撃から自己を守るための精神力、バランスの取れたテレビの見方、そして死別という悲しみに溺れないための悲嘆理解法を教え、健康な考え方と健全な悲嘆への対処法を教える。

### なぜ公教育で死生観教育が必要か

以上、死生観教育の必要性や価値について論じたものの、さらなる疑問が残る。すなわち、本来は死生観教育にあたるものは、学校で教える類の教育ではなく、お寺でも各家庭でも教えられてきたはずである。そうであるならば、一般の学校で教える理由とはいかなるものなのか？　学校は現時点でも教える科目が多く、新しいカリキュラム導入に対する抵抗が予想される。あえて学校で死生観教育を導入する理由について考える必要がある。

あえて言うならば、教育の意義のほとんどは、将来のための「準備」であると言えよう。的確な情報収集と円滑な人間関係を可能にするため国語を学び、家計・商売・買物などに使う前提で数学を学び、旅行・貿易・研究などに使うであろう前提で外国語を学ぶのである。しかし何よりも確実で心に刻まれる体験は、人との死別である。一〇〇％確実にやってくる死に対して、学校で取り立てて何の教育も行われなかったのは、かつてはその体験的教育は家庭や地域社会に必ず存在していたからである。しかし以上でみてきたような社会変容により、現在では在宅で家族親族の死を看取る機会が皆無になっているため、死に対する準備教育の大事な役割について学校で施されない限り、人生の為の基本的な準備すらできないことになる。

死生観教育は、確かに宗教が伝統的にかかわってきた領域に近いのかもしれない。それは、宗教も生き方と死に方を考え、提供してきたからである。だからと言って、死生観教育が決して宗教的とは限らない。むしろ、人類の多くの文化・文明・哲学というべき智恵から多くのヒントや観点を取り入れながら、宗教に偏らない形の死生観教育は可能であるばかりでなく、望まれているように思われる（Stevenson, 1995）。

無論、教室における教師のみならず、カウンセラーや指導員、他のスタッフでも、価値観や死生観を育てる可能性を持っていると考えられる。しかし、担任教員が生徒と一番時間を共有し、生徒からの信頼を得て、一貫性あるカリキュラムを提供できる最適な立場に置かれている。また、大学教員、宗教家、カウンセラーなどよりは、学校の教師（特にホームルーム担任等）の方が、生徒の人格、事情、家庭構造までより把握しており、指導できる立場にある（Reid and Dixon, 1999; Wass, 1995）。場合によっては、親でさえ知らない子供の特性や悩みごと等を、教師が知っていることも少なくないし、生徒同士のトラブルなどの環境的要因を、朝から夕方まで親よりも詳細に見るチャンスが多い。そして必要に応じて、教員が親と連携を取り、連絡を取り合う協力体制により、どちらか片方だけでは守れない生徒を守れることもある（Thornton and Krajewski, 1993）。

## 3 高等教育の世界における死生観教育

### 死生観教育に対する学校教師側の逡巡

以上で見てきたように、死生観教育は健全な精神を作るのみならず、健全な人間関係や、信頼できる教師生徒関係をも促進するものである。これらの成果が報告されているにもかかわらず、死生観教育に対する抵抗が見られるのはなぜであろうか。北米では死生観教育が着実に進んでいるとはいえ、まだ七―八割もの公立学校は死生観教育を導入しないか、あるいは導入しているとしても、一―二週間程度のものであったり、危機が生じてからであったりするのは、なぜであろうか。

まず死生観教育に対する抵抗の理由としては、教師自身がそのような教育を受けていないことから生まれる準備不足が挙げられている（Reid and Dixon, 1999）。また、死から連想される不安や、悲嘆を抱える人に対して、どう話してよいか分からないという違和感や不安も挙げられよう（Cullinan, 1990; Mahon, Goldberg, and Washington, 1999）。しかし大人の教員なら、死生観教育の訓練を少しでも受ければ、すぐに死別の影響、副作用、対応策などを理解するであろう。このような技法を学ぶためには、長期訓練でなくても、大学教育におけるコースワークでも有効で、現役教師なら、集中合宿などでも十分に有効と考えられる。

また死生観教育に反対する理由の一つとしては、「死が子供にとって耐えられない重荷になるかもしれないので、無理矢理そんな重いテーマを考えなくてもよいのでは」という意見もあろう。若い生徒を「死から守ってあげたい」

という気持ちと、生徒は死を理解できないであろうという誤解がその主な原因と推測される。実は、生徒を守りたくても、生徒は既に無数のバーチャル（偽物）の死をメディアやゲームで見てしまっている。本格的に子供を「守ろう」と思うのであれば、死を黙殺するのではなく、本当の死に伴う苦悩や悲嘆などのことを理解させ、子供に勇気や感受性を付けてあげて初めて、思わぬ死別のダメージから確実に子供を守れるのかもしれない（Mahon, Goldberg, and Washington, 1999, Wass, 1995)。

むしろ死の教育の中で、助けるべき子供の喪失体験や未解決な誤解を優しく聞き出すことによって、慰めたり癒したりすることが可能になるのである。未解決悲嘆が生み出す様々な精神問題を予防するためにも、教員は生徒の喪失や死別に気付き、それに対する理解を備える必要がある。教師自身に自信がなければ、数々の情報資源やサポート・グループが市町村やインターネット上でも活躍しているので、教師自身の知識と心の準備は案外補強できる情況である。少なくとも、生徒の喪失体験や悲嘆を軽視しては、後々までその心の傷が変形して問題となり現れる確率が高いので、子供が信頼して話せる相手になることがまず先決であると言わざるを得ない（Hopkins, 2002; Jarolmen, 1998)。

逆に、尊敬される大人を代表するはずの教師でさえも、死をタブー視し、話してはいけないという暗黙のメッセージを伝えてしまっているのでは、話すべき時でも生徒は話そうとしない。一般科目の授業以上に、子供はこのような暗黙のルールを敏感に覚える。このメッセージを受ける子供のほとんどは、死について話したくても親には話せず、同級生や学友にも話せないという（Wass, Raup, and Sisler, 1989)。死の話はタブーではなく、むしろ誰にとっても人生の極めて大事な一部である、という姿勢の教育があって初めて聞くべき話が素直に現れるようになる。死を自由に話せる環境ができることにより、短期的にも長期的にも子供の有効なコーピング・スキルが生まれ育つのである(Schachter, 1991)。親しみを持たれ話し相手となる担当教員がいても、死生観教育のようなきっかけがない限り、子供の方から進んで大人に死に関する悩みごとを明かすことはない（Mahon, Goldberg, and Washington, 1999）。

## アメリカの教育界における死生観教育

調査によると、死生観教育は、アメリカの二割程度の学校で実行されている。少数派とはいえ、絶対数としては、何万もの学校にのぼるわけである。それ以外に一割は無関心だが、残る七割近くの、まだ実行していない学校の教員は、死生観教育を行う価値を高く認めている。ただし、死生観教育の勉強や予習を経験している教員は二割にも満たないし、大学時代に死生観教育に触れた学校教師は、わずか二—三%と推測されている。また、同じ調査から、死生観教育を教えろと言われたら、すぐできるであろうと答えた教員は二割ほどで、逆にその基礎すら習っていないので、五割もの教員はできる自信は無いと答えている。ただし、教員全員が死生観教育を行う必要は全くないので、その自信のある一部の教員を上手に配置することも有効かもしれない（Reid and Dixon, 1999, Kruel, 1999）。

確かに、他の科目にはない、デリケートで話し難い側面が死生観教育には内在する。それを認識し、上手に扱うためには、例えばＡＤＥＣ（米国死生観教育・カウンセリング協会）がガイドラインと認定資格まで発行しているが、それらを目指して参考にすることで、多数の基本的な疑問を突破できるようになる。現在では、北米においては、必要な教材やビデオなどが数々できているので、導入は二〇年前より行いやすくなっている。インターネット上のカリキュラムや学習サイトも多く、特別な項目としてカリキュラムに取り入れなくても、他の学習の一部として、あるいはそれらと並べて、死生観教育系統のものが、教育全体に自然に、不可分に統合されてきているケースも増えている。ある学校は保健体育、ある学校は国語や作文、ある学校は倫理社会、ある学校はパソコンでの調べ学習の自由課題など、様々な形で取り組まれるようになってきているのである（Wass, 1995）。

## 大学の教養教育における死生観教育

普通の大学の死生観教育は、社会や心理、倫理などにウェイトを置くコースが多いようである。一九八〇年代には、一〇〇〇ほどの大学で死生観関係の教育がされていたという報告もある（Durlak, 1994）が、その後、何割かは他の分野の下に吸収されたようである。ときには「Death and Dying」や「Grief and Bereavement」と名乗る授業もあるし、何割かの場合、「現代社会学」「心理学講読」「生命倫理」など、講義名だけではわからなくとも、内容や教材まで見れば、死生観教育が中心になっていることがわかるものもある。

代表的な大学教材としては、レミング（Michael Leming）とディッケンソン（George Dickenson）の *Understanding Dying, Death, and Bereavement* やデスペルガー（Lynne Ann DeSpelder）とストリックランド（Albert Lee Strickland）の *The Last Dance* があげられる。レミングとディケンソンは長年にわたり、話題性に富む死に関する興味深い新聞切抜情報誌を毎年のように発行し続けた。最近その情報自体もほとんど電子化したため、www.stolaf.edu/people/leming の Death Web というウェブサイトや、sociology.wadsworth.com という出版社のホームページ等で、何千もの資料や練習問題を紹介している。それに対して、McGraw-Hill Higher Education 出版社の『ラスト・ダンス』は、三〇〇ページに及ぶ学生用のアクティビティ・ワークブックを刊行し、また教員用に試験やクイズを半自動的に作れる好評なCD－ROMを添付している。

アメリカの大学のセメスター（学期）は、普通一四－一五週間の間、授業を週三時間ほど開催している（通常、同じ科目は毎週二－三回ほど一－二時間ずつ開かれる）。それに合わせて、いずれの教科書も毎週一章というペースで進められるよう、普段、一三－一四章ほどに分けられている。それらのトピックを取り上げると、大学の代表的な死生観教育の流れが見えてくる。順序やページ数は微妙に異なっても、主なテーマは以下のようにまとめられる。

（1）現代社会における死の捉え方の変遷、その歴史とメディアのイメージ
（2）死に関する社会学、心理学、哲学、教育学などにおける研究史
（3）死・葬送儀礼・死後の世界等の多様な宗教や異文化による理解・解釈
（4）医療化した死と、その患者、家族、医療従事者の立場・役割・問題点
（5）がん、アルツハイマー病、エイズ等の不可逆な重病の告知と受容、介護と看取り
（6）病院や医療制度における死の無力感・敗北感、公共政策と公私の諸費用負担
（7）植物人間と脳死、臓器移植、死ぬ権利、尊厳死や安楽死に関する法律や手続
（8）生命保険、葬祭業者・葬送儀礼、遺体処理の法律や手続、礼儀作法、慣習
（9）事前代理決定権、遺言と相続税、解剖と献体、などの法律や手続
（10）自殺の理由と原因、予測と予防、人生の有意義感とコミュニケーション
（11）胎児・新生児・子供などを失う大人が経験する死別の悲嘆、理解、受容
（12）親や親戚、友達等を失う子供が経験する死別の喪失感、悲嘆、理解、受容
（13）予期せぬ殺人や事故死・突然死に対する悲嘆、理解、受容とその支援

また死自体に関するこれらのテーマ以外に、資料の入手法とそれらの信憑性の吟味や批評の仕方、死に関する研究プロジェクトや調査法、学生一人一人の経験や思いを記録・客観視するような日記や訓練法も提唱されている。これらの教科書は写真、一コマ漫画、実例や実践可能なアドバイスなどに富んで、何回も再編されるうちに、かなり洗練された分かり易い内容になってきている。たとえこれらの代表的な教科書を使用していないとしても、多くの死生観

に関わる授業においては同様なテーマが中心となっている。

これらの事例から分かるように、大学の死生観教育は社会学や心理学に重点を置き、社会学や心理学の授業の一科目として教えられる場合も少なくない。時には宗教学、人類学、倫理哲学、教育学などの中で配置されることもある。多くの大学は全カリキュラムの中でこのような一科目くらいは設けているものの、死生学を一つの専門領域にまで上げている大学は少ない。

例外的には、死生学の学士号を出したり、修士課程を設けたりすることで、大学の特徴を看板に出すところもある。例えば全国死生観教育資料室を設けているボストンのマウント・アイダ大学やメリーランド州のフッド大学、西オンタリオ大学のキングズ・カレッジなどが死生学（Thanatology）の学士号や修士号を提供している。カリフォルニアのワールド大学は、通信教育とオンライン教育でも死生学（Thanatology）のプログラムを提供している。そのようなプログラムの中では、上記のテーマはそれぞれ一科目ずつまで取り上げられており、さらに老人学、緩和医療、カウンセリングや臨床心理学に関する科目も加え、論文研究まで指導するわけである。

また全米のマスコミにより、注目を浴びる死生観教育の授業もあるが、それはテーマが有意義だからか、教員のカリスマ性によるのか、意見の分かれるところである。例えばＡＤＥＣやＩＷＧの会長、メンフィス大学のロバート・ニーマイヤー（Robert Neimeyer）教授や、*Omega* 誌の編集長を務めるケネス・ドカ（Kenneth Doka）教授、Dougy Center のドナ・シュールマン（Donna Schuurman）氏等は、日本の学会や大学にも招聘され、講演やワークショップを開いてきている。優れた理論発展や研究業績のみならず、いずれも大変エネルギッシュで魅力的な人格の持ち主のため、彼らの授業やワークショップの人気は、死生観教育のニーズの高さだけでなく、彼らの個人的な能力にもよるのかもしれない。

事故、暴力、犯罪、自殺などによる子供の死が増える中、学校・大学・専門学校教育だけでは、死生観教育は充分とは到底言えない状況であるが、グリーフ・カウンセリングという専門職も最近さらに注目を浴びてきている。北米ではＡＤＥＣ（Association for Death Education and Counseling＝死生観教育と死別に関するカウンセリング協会）が、専門家の認定資格制度まで実行している。大学で臨床心理士やパストラル・カウンセラー（牧師が行う信者へのカウンセリング）等の資格を得たうえ、さらに大学院、通信教育、ワークショップなどの単位と、充分なケース・ワーク（臨床例）を経験した候補者は、認定試験を受け、認定資格を得られるのである。治癒歴の有る専門家は死生観カウンセリングのような資格を獲得し、それを看板にすると、ますますその専門性を高められ、また遺族のニーズに応えられるという。治療費を払ってでも社会復帰をしたいので、学校などで死生観教育を受けるチャンスがなく、死別から立ち直れない親や未亡人等がその救いの手を探し求めるわけである。病院や精神科医までかからなくとも、死に関するカウンセリングを要求する者も少なくないため、心理士やカウンセラー、チャプレンなどの職業を目指し、大学で勉強する学生層も現れるようになった。

## 4 医療従事者のための死生観教育

### 医学における死生観教育の歴史的背景

葬祭業者を除いては看護師ほど死を目の当たりにする職業は無いであろう。小児科病棟でさえ、乳児の突然死から様々な幼児期の病気や事故まで、子供の死はたびたび見られる現象である。救急医療室（ＩＣＵ）や末期病棟（ＰＣＵ）等では、患者の死は毎日のようなものとなる。精神的自己防衛のため、自分と患者との間に絶えず一定の距離を置くと、最善の医療・看護を尽くしているとは言い難くなってくる。患者には冷たく感じられ、家族からも不評を受けかねない。しかし、看護師は患者のために誠心誠意努めれば努めるほど、患者が死ぬたびごとに大きな精神的な絶望感・空虚感・疲労を味わう。これが繰り返されると、真面目な人ほど、医師は敗北感を受け、看護師は燃え尽き症候群に倒れてしまう。このジレンマに対して、医療教育機関（医学部や看護学科）で死生観教育プログラムが多く登場しているわけである。

患者の回復が期待できないのに延命治療を提供し続ける医療に対して、カレン・クインランの例をはじめ、数々の延命に関する裁判が起こされた。更にオランダやスイスをはじめ、オレゴン州や豪州の一部で（医師の支援や処方による）積極的安楽死が現れ、絶えず論争を起こしている。死をめぐる医事訴訟が増える一方で、一般市民もリビング・ウィル（尊厳死宣言）や臓器提供に対して新たな関心と疑問をもつようになってきている。もっとも、一般人に自己決定権を与えているのに、その周辺の知識や理解は全く育てていないので、市民全員に対する教育が急務とも言えよう。

しかし、末期患者の希望が明確であるか否かにかかわらず、その付き添いと責任を背負うのはほとんど医療従事者である。したがって、死に関する最低限の教育は、看護学科の不可欠な一部と思われる。ただし、死を生物学的に分析し、法的な手続きをきちんと教えられても、医療従事者の精神的な負担はそれで軽減されるわけではない。つまり、看護学科の死生観教育は、患者を癒すためのみならず、医療従事者の倫理的なジレンマや精神的な負担を癒すためでもあるべきである。

六〇年代の「死に関する教育運動」は、哲学や戦争からではなく、ホスピスや看護方面から始まったのである。六〇年代にシシリー・ソーンダーズ女史が取り組んだ英国初の現代ホスピス運動とホスピス設立は医療における死生観教育の始まりと言えるかもしれない。患者の延命のみに機械的に努めるよりは、死期の生活の質（ＱＯＬ）を優先し、「その人らしい死期」が目標となった。そのために終末期患者や遺族への接し方について、看護師の勉強がほぼゼロの状態から始まった。一九七一年から、ベノリエル女史が初めて看護師教育の中で正式な死生観教育プログラムを導入し、一九八一年まで、同氏の「医療従事者の為の死生観教育」(Death Education for the Health Professional)が、注目される一種の模範となった。ベノリエルによると、患者の末期を介護し、死を看取り、それについて悩むのは医師よりは看護師の方である (Benoliel, 1982)。それまでの看護教育は救急医療における救命や延命を中心に、患者の身体ばかりに焦点を当て精神面を無視してきたと指摘された。その後も、全人的・包括的医学教育を開発したのは、医師よりも看護師であった。看護学が患者の全人的・包括的ケアを強調すればするほどに、看護師自身が精神的なケアを必要としているという現状が明らかになった (Epstein *et al.*, 1976)。

同じ頃から、イェール大学のマンデルは、看護師は高水準の技術を持っているのに、精神・心理面の教育は全く不足していることを指摘していた。末期病棟や痴呆症病棟では患者が少しずつ衰退し、少しずつ人間らしくなくなり、少しずつ死んでいく過程を見ることが看護師にとっては特に辛い。毎日それらを相手にしている看護師は、無力感に陥り、絶望する傾向にあった。衰えて死んでゆく患者のために、何もできないだけに、罪悪感、嫌悪感、不満と怒りさえ感じるようになってくる。そのような状況に対処するため、各国においてパリアチブ・ケア (緩和看護) というテーマの専門雑誌が盛んに発行されるようになっていった (Mandell *et al.*, 1980)。

### 医学教育の中の死生観教育

では、死生観教育はどれくらい広く医学系教育に取り入れられているのであろうか。ディケンソンが長年繰り返し全米の医学部、看護学部、薬学部における死生観教育に関する調査と分析を行っている。アメリカ全国には、看護学科三九六件、医学部一二六件、歯科や薬科が一三一件、社会福祉学科は四三八件ほどあるが、それらの学部長、学科長などの責任者等からディケンソン等は八五%ほどの回答率を得た。死生観に関する教育を導入し始めた時期は一九七五年度あたりからであった。「死生観教育は全体の中に統合され、独立したコースとして教えていない」という回答が多かった。ただし医学系では、独立した死生観教育関係の授業を持っているのが一割程度であるのに対して、社会福祉系の教育では、大学院の四割ものプログラムが死生観教育関連の授業を提供しているという。また、九〇年代の時点では死生観教育を実行していない大学の半分ほどが、今後前向きに実行に漕ぎつけたいと答えている。

死生観教育を担当する教師の多くは、医学部所属の教員や精神科医であったが、外部から遺族ケアに関わるカウンセラーや牧師・神父等を呼び、リレー講義を行う形式もある。傾向としては、医学部では医師、看護学部では看護師、福祉学部では福祉士という具合で、同学系の教員が圧倒的に多いが、中にはチャプレン（神学聖職者）、精神科医や臨床心理士が教えるケースも少なくない。そして一方通行の講義よりは、ビデオ教示、研修、見学、フィールド演習なども導入していると答える大学が多い（Dickenson, Sumner, and Frederick, 1992）。六割もの医学部が三時間以上の死生観教育を行っているという報告もある（Mermann, Gunn, and Dickenson, 1991）。

これらの結果を吟味し疑問を投げかけたのは、ベーラー大のホラマン夫妻である。同じ一二六件の医学部に対して、学部長ではなく、数年前に卒業したそれぞれの医学部の同窓会長に連絡を取り、学生時代の記憶や印象を中心に死生観教育について問い直したのである。回答者の二八％ほどが、自分の母校には、六名から二〇名までの小さな独立した死生観教育の選択専門科目が存在していることを知っていたが、提供する大学でも受ける医学部生は少数派だったという。死生観教育は「三時間以上、教養授業の中に統合されている」という学部長等の見解に対して、七割の卒業生は「三時間以下」であったと言う。内容としては、シシリー・ソーンダーズの業績、キュブラー＝ロスの理論、そしてエベリー・ワイスマンの教材が共通に覚えられている様子であったが、それらの研究を深めて分析や批評などまで至っていないところが多かった。またそのような教育は役に立っているか、ということに関する質問事項に対しては、三時間以下のものはそれほど役に立たず、逆に六―八時間と、時間が長く掛けられるほど、満足度や達成感が高いことが統計的に判明した（Holleman and Holleman, 1994）。私立では、イェール大学、公立では南イリノイ大学などが模範的なプログラムを模索していたが、多くの学生はそのプログラムの存在を知っていても、受けていない様子である。最近では、全ての医学部新入生に末期患者の付き添いを必須にするというハーバード大学医学部による実験的な試みも注目を浴びている。

以上の統計をまとめてみると、多くの医学部長等から医学部同窓会長等までが、「死生観教育は行っている、行った方がよい、多いほどよい」というように答えているものの、実際には深く教えるプログラムは少なく、また専門的に死生観教育を受ける医学生は一部に過ぎない様子が窺える。つまり死生観教育の重要性が広く認められ、求められている割には、医学部における実行は十分とは言い難い現状が浮き彫りになる。

**医学教育における死生観教育の内容と教授法**

死生観教育の方法や内容も医学部と看護学部では、多大な差異が見られるという。カナダやイギリスの看護学部では、講義形式よりは、ケース・スタディ（症例分析）、映画やテレビ番組、ロールプレイ、見学、体験談の記録と反省などに基づき、ディスカッション形式に長時間をかける様子である。

中心的なテーマとしては、

（1）家族と患者の精神とコミュニケーション
（2）喪失感と悲嘆の対応と治癒
（3）死に対する不安やスピリチュアル・ペイン
（4）ホスピスと看護師の役割や責任等

（5）死の間際にまつわる決定権の倫理的問題

また倫理問題部門では、

（6）末期患者の意志表示の問題

（7）尊厳死と消極的安楽死、疼痛緩和のセデーションと積極的安楽死

（8）フューティリティ（無駄な医療）と自殺

（9）中絶堕胎や人工的生殖技術等

のテーマが中心的であった（整理のため、数字は筆者加筆）。看護師の責務範囲から厳密な言葉遣いまで、具体的に取り上げられていた。数多くの科目が具体的に挙げられているだけに、内容もそれなりに充実しているように窺える。

上記にも触れたように、死生観教育は丸暗記や机上の学問で終わらない、人生観まで入ってくる領域であり、教え方も一方的な講義だけでは済まされない。デュラクは、死に対する生徒同士の感情や印象を話し合わせる演習が有力であるとしている（Durlak, 1994）。特に死生観教育において、講義・読書・暗記という方法よりは、経験的学習の方がはるかに有益であると証明されているものの、それを実践する大学は意外と少ない（Hutchinson and Scherman, 1992）。

アティグも人の経験やこころに基づく洞察と分析が必要であるとし、記憶や体験談の深層に潜む意味や価値を探るよう、精神を中心とするノートや日記を付けさせ、それをベースにした話し合いを勧めている。生徒の経験が未だ浅いと見られる時、ビデオで現実を紹介することも効果的としている（Attig, 1992）。ただしビデオばかりよりは、適

宜に現場実践を交えた教育の方が効果的と思われる（Johansson and Lally, 1991）。

**医師会・看護師会等が設置する水準とカリキュラム**

英米の医師や看護師は勤め始めてからも週末や長期休暇を利用し、高等な学位単位や資格を取ったり、最新の技術を習得したり、最先端のレベルを挑戦的に追いかけている。そのため、各医師会や専門家の団体が、現役の医師・看護師のためのカリキュラムを開発しているのである。医学系の大学で死生観教育が不足していても、現役の医療従事者は卒業生としてそれを補えるわけである。

例えば、一九九六年にアメリカのホスピス緩和学会（American Academy of Hospice and Palliative Medicine）が、ＵＮＩＰＡＣＳという六日間の死と終末期医療に関するカリキュラムを開発し提供している。一九九八年に全国の内科医師会も内科医の資格として終末期医療に関するコースを必須にしている。そのために、全米医師会も土日曜を繰り返し利用する、ＥＰＥＣ（Education for Physicians on End-of-life Care）という二〇コマに及ぶ死と終末期医療のカリキュラムを開発している。二〇〇一年には、全米看護大学連盟ＡＡＣＮ（American Association of Colleges of Nursing）が、九単位に及ぶＥＬＮＥＣ（End of Life Nursing Education Curriculum＝末期医療看護教育課程）を発表し、好評を博している様子である。同じ全米看護大学連盟は、終末期医療のために必要とされる実力点（スキル）をリスト・アップしている。新看護師は大学のカリキュラムの中で、旧看護師は週末などを利用して、それぞれの実力（スキル）を身に付けるよう、指導しているわけである。

概略的に紹介すると、以下のようなものである。

（1）　終末期医療を必要としている経済的・社会的背景を充分理解する。個人レベルでいうと、終末期患者と家族の終末期医療に対する希望と経済的限界を把握する。

(2) 末期患者自身に安らぎを与える。

(3) 患者、家族、医療チームの全員に厳密に、忠実にコミュニケーションを取る。

(4) 患者、家族、医療チームの喪失感や悲嘆に適切に対応・支援する。

(5) 症候診断に基づき、代替包括医療を含む対応法を紹介・実践する。

(6) 情緒不安や痴呆症を含む患者の社会的・心理的・スピリチュアル的な問題を把握し、それらのケアを提供する。

(7) 末期医療に対する自分自身の価値観を客観視し、他者や他文化の価値観との相違を尊重する。

(8) 法と倫理原則を理解し、それらが許す限り、患者の希望と価値観を最大限尊重する。

これらのスキルを身に付ける必要が高まっているだけに、以上のような水準を目指すELNEC(末期医療看護教育課程)は非常に高い評価を博し、医学研究文献の中でも賞賛されるようになった(B・R・フェレル(Ferrell, 2004, 2005)ほか)。

同じ全米看護大学連盟で、イリノイ大学のシカゴ校とワシントン大学のシアトル校の研究協力によって、TNEEL(Toolkit for Nurturing Excellence at End of Life＝終末期における優秀な対応を育成する実践法集)カリキュラムが開発された。何百ものビデオや音声インタビューなど、何千枚ものパワーポイント資料、多くの臨床例を含めて、賞を受賞しているカリキュラムとして注目を集めている。決して○×式の教材ではなく、多くの自己評価点、ナースコンフェレンスやディスカッションをするための材料、調査法や論文題材まで、単なる教材というよりも多面的で実に豊富なカリキュラムと言えよう。上記のELNECは教師が教室で教えねばならないのに対して、このTNE

ＥＬカリキュラムはＣＤ－ＲＯＭ教材、またオンライン教材としても提供されている。アメリカの全ての看護学校や何百もの大型病院に配布されているのみならず、個人ユーザーも有料でログオンして、いつでもどこでも勉強できる仕組みになっている。

ウィスコンシン大学医学部は末期医療に関してＥＰＥＲＣ（End-of-Life Palliative Education Resource Center＝終末期緩和医療教育資料センター）を設立し、看護師や医学部生だけではなく、医師や病院経営者のために、膨大な資料を探しやすいオンライン方式で提供している。その資料には、単行本や学術雑誌のみならず、オンライン・カリキュラムやパワーポイント資料のように、様々な電子媒体をも網羅的に探せるようにしている。またFast Factsというサービスは、病院を歩き回る医師や看護師が欲しい情報を瞬時に自分の携帯電話や携帯電子機器にダウンロードできる仕組みになっている。つまり、死と終末期医療に関して、教育的サービスと現場のサポートを同時に提供しているものである。

ＥＬＮＥＣやＴＮＥＥＬは特に看護師を対象にした死生観教育であるのに対して、ＥＰＥＣ（Education in Palliative and End-of-Life Care＝緩和・終末期医療教育）はいわばＥＬＮＥＣの医師版と言えよう。ＥＰＥＣには、ＴＮＥＥＬの看護師向きの教材のような映像や工夫は少なく、既に末期医療現場を経験していることを前提とした、文字中心のＰＤＦやパワーポイントのものである。ＥＰＥＣは診断、疼痛緩和、セデーションなどの薬理に関する項目を中心にしながらも、鬱、せん妄、痴呆症や精神錯乱等のメンタルな部分や、辛い告知の仕方や患者・家族とのコミュニケーション、無駄な医療（フューティリティ）、治療の保留や中止、尊厳死と安楽死、法律と倫理などについても詳しく考慮・記述している。

全国的に使用されているそれぞれのカリキュラムの内容を見ると、それまでの医療教育のギャップも浮き彫りになる。患者や家族の無理な期待、恐怖や悲嘆などの感情、コミュニケーション・スキル、人間関係のコンフリクト、他者の死生観など、つまり死を考えて初めて医療に現れる問題群が多々あるということである。従来の医療教育だけでは、死に関わる様々な重要な訓練がなされなかったばかりか、ほとんど黙殺される傾向にあった。早急にそれを補強するために、以上のようなカリキュラムが多数開発され、利用されているわけである。

## 5 結び

死生観教育が注目を浴びるようになった三〇年ほど前から、数々の出版物が公私の教育機関や医療機関の図書館・図書室に溢れるようになっている。そして死生観教育以外の授業でも、死が取り上げられるようになっており、その都度、信頼のおける以上のような学術資料サイトからレソン・プランや参考資料を素早く好きなだけダウンロードできる。つまり、死生観教育は疑問視された初期時代と比べ、当然なテーマとしてかなり定着してきている。特別な科目まで設定をしなくても様々な授業との関連で紹介されるようになり、初めて表面に現れた時代から統合された時代へと移行した経緯が窺える。

死生観教育がアメリカで栄え出したのは、七〇―八〇年代であった。事故死、犯罪、自殺、派兵などの問題が報道されるようになったと同時に、物質的には社会が豊かになったものの、国民は無意味感や空虚感に悩んでいたからでもある。死生観教育によって、現代医療で必要となっている自己決定・自己責任は言うまでもなく、人生の「意味」を考えて学ぶ機会も獲得したのである。かけがえのないいのちを大切にし、授業で仲間同士の絆を強め、人生の根本的価値などについて話し合える雰囲気を提供するものである。そして死別から健やかに立ち直る様々な手を事前に知っていれば、万が一の場合、こころの傷や長引く悲嘆をより効果的に癒せるからである。それを補強・支援するために、標準的な教科書のみならず、信憑性の高いオンライン教材や、大人向けのビデオ教材や定期的なワークショップなど、様々な形で死生観教育が定着し、進歩し続けている。

## 文献


Attig, Thomas, 1992, "Person-Centered Death Education," *Death Studies*, 16: 357–370.

Attig, Thomas, 1996, *How We Grieve: Relearning the World*, New York: Oxford University Press.

Becker, Ernest, 1973, *The Denial of Death*, New York: Free Press.

Benoliel, Jeanne Quint, ed., 1982, *Death Education for the Health Professional*, Washington DC: Hemisphere.

Carse, James P., 1977, *Death and Society*, New York: Harcourt Brace.

Corr, C. A., 1995, "Entering into Adolescent Understanding of Death," in E. A. Grollman, ed., *Bereaved Children and Teens*, Boston, MA: Beacon Press, pp. 21–26.

Crase, D., 1989, "Death Education: Its Diversity and Multidisciplinary Focus," *Death Studies*, 13: 25–29.

Cullinan, A. L., 1990, "Teachers' Death Anxiety, Ability to Cope with Death, and Perceived Ability to Aid Bereaved Students," *Death Studies*, 14: 147–160.

DeSpelder, L. A. and A. L. Strickland, 2005, *The Last Dance*, 6th ed., New York: McGraw-Hill.

Dickenson, George E., E. D. Sumner, and L. M. Frederick, 1992, "Death Education in Selected Health Professions," *Death Studies*, 16: 281–289.

Durlak, Joseph A., 1994, "Changing Death Attitudes through Death Education," in Robert A. Neimeyer, ed., *Death Anxiety Handbook*, Washington DC: Taylor & Francis, pp. 243–259.

Edgar, L. V., and M. Howard-Hamilton, 1994, "Noncrisis Death Education in the Public Schools," *Elementary School Guidance and Counseling*, 29(1): 38–46.

Epstein, G. M. *et al.*, 1976, "Professionals' Preferences for Support Systems for the Bereaved Family," *Journal of Community Psychology*, 4(1): 69–73.

Feifel, Herman, 1959, *The Meaning of Death*, New York: McGraw-Hill.

Ferrell, B. R., 2004, "Palliative Care: An Essential Aspect of Quality Cancer Care," *Surgical Oncology Clinics of North America*, 13(3): 401–411.

Ferrell, B. R., 2005, "Dignity Therapy: Advancing the Science of Spiritual Care in Terminal Illness," *Journal of*

*Clinical Oncology*, 23 (24) : 5427–5428.

Fulton, Robert, 1965, *Death and Identity*, New York: John Wiley & Sons.

Grollman, Earl A., ed., 1967, *Explaining Death to Children*, Boston, MA: Beacon Press.

Grollman, Earl A., ed., 1995, *Bereaved Children and Teens*, Boston, MA: Beacon Press.

Holleman, Warren L. and C. Marsha Holleman, 1994, "Death Education Curricula in U.S. Medical Schools," *Teaching and Learning in Medicine*, 6 (4) : 260–263.

Hopkins, R., 2002, "Children and Grief: The Role of the Early Childhood Educator," *Young Children*, 57: 40–47.

Hutchinson, T., and A. Scherman, 1992, "Didactic and Experiential Training: Impact Upon Death Anxiety," *Death Studies*, 16: 317–330.

Jarolmen, J., 1998, "A Comparison of the Grief Reaction of Children and Adults: Focusing on Pet Loss and Bereavement," *Omega*, 37 (2) : 133–150.

Johansson, N. and T. Lally, 1991, "Effectiveness of a Death Education Program in Reducing Death Anxiety of Nursing Students," *Omega*, 22 (1) : 25–33.

Klass, Dennis, ed., 1979, *They Need to Know: How to Teach Children about Death*, Englewood Cliffs, NJ: Prentice-Hall.

Klass, Dennis, ed., 1996, *Continuing Bonds: New Understandings of Grief*, Washington, DC: Taylor & Francis.

Kruel, B., 1999, *Death Education in Preschool through Fifth Grade: Opinions of Teachers*, University of Wisconsin-Stout, Menomonie.

Kubler-Ross, Elizabeth, 1969, *On Death and Dying*, New York: Macmillan.

Leming, Michael R. and George E. Dickenson, 2007, *Understanding Dying, Death, and Bereavement*, 6th ed., Belmont, CA: Thomson Wadsworth.

Mahon, M. M., R. L. Goldberg, and S. K. Washington, 1999, "Discussing Death in the Classroom: Beliefs and Experiences of Educators and Education Students," *Omega*, 29 (4) : 99–121.

Mandell, F. *et al.*, 1980, "Observations of Paternal Response to Sudden Unanticipated Infant Death," *Pediatrics*, 65 (2) : 221–225.

Mermann, A. C., D. B. Gunn, and G. E. Dickenson, 1991, "Learning to Care for the Dying: A Survey of Medical Schools and a Model Course," *Academic Medicine*, 66: 35–38.

Metzgar, M. M. and B. C. Zick, 1996, "Building the Foundation: Preparation Before a Trauma," in A. Charles and D. M. Corr, eds., *Handbook of Childhood Death and Be-*

*reavement*, New York: Springer.

Mitford, Jessica, 1963, *The American Way of Death*, New York: Simon and Schuster.

Reid, J. K., and W. A. Dixon, 1999, "Teacher Attitudes on Coping with Grief in the Public School Classroom," *Psychology in the Schools*, 36 (3) : 219–229.

Sandstrom, S., 1999, "Dear Simba is Dead Forever," *Young Children*, 54 (6) : 14–15.

Saunders, Cicely, 1978, *The Management of Terminal Disease*, London: Edward Arnold.

Schachter, S., 1991, "Adolescent Experiences with the Death of a Peer," *Omega*, 24 (1) : 1–11.

Schonfeld, D. J., and M. Kappelman, 1990, "The Impact of School-based Education on the Young Child's Understanding of Death," *Developmental and Behavioral Pediatrics*, 11 (5) : 247–252.

Silverman, P. R. and J. W. Worden, 1992, "Children's Reaction to the Death of a Parent in the Early Months After the Death," *American Journal of Orthopsychiatry*, 62: 93–104.

Stevenson, Robert G., 1995, "The Role of the School," in Ken Doka, ed., *Children Mourning/Mourning Children*, Washington, DC: Hospice Foundation of America.

Stevenson, R. G. and E. P. Stevenson, 1996, "Adolescents and Education about Death, Dying, and Bereavement," in Charles A. Corr and D. E. Balk, eds., *Handbook of Adolescent Death and Bereavement*, New York: Springer.

Thornton, C. and J. Krajewski, 1993, "Death Education for Teachers: A Refocused Concern relative to Medically Fragile Children," *Intervention in School and Clinic*, 29 (1) : 31–35.

Toynbee, Arnold, Arthur Koestler *et al.*, 1976, *Life after Death*, London: Weidenfeld and Nicolson.

Wass, H., J. L. Raup, and H. H. Sisler, 1989, "Adolescents and Death on Television," *Death Studies*, 13: 161–173.

Wass, H., 1995, "Death in the Lives of Children and Adolescents," in H. Wass and R. A. Neimeyer, eds., *Dying: Facing the Facts*, 3rd ed., Washington, DC: Taylor & Francis, pp. 269–301.

Wass, Hannelore, 1997, "Children, Adolescents, and Death," in S. Strack, ed., *Death and the Quest for Meaning*, Northvale, NJ: Jason Aronson.

Weisman, Avery, 1972, *On Dying and Denying: A Psychiatric Study of Terminality*, NY: Behavioral Publications/Human Sciences Press.

Westmoreland, P., 1996, "Coping with Death: Helping Students Grieve," *Childhood Education*, 72: 57–60.

# 5章 英国における死生学の展開

## 回顧と現状

グレニス・ハワース
（伊達聖伸・伊達史恵 訳）

### 1 はじめに

「死生学」（death studies）という言葉には、超領域的で多角的・複合的な学という意味が込められている。そしてこの学問は、死という免れぬ運命を負った私たちの本性について、比較文化的かつ通文化的な洞察を包括的に行おうとするものである。死はいつでも私たちにつきもので、人間社会の歴史を通してその意味が問われてきた。人類の死をめぐる表現は、先史時代の洞窟の壁画から、宗教の教えや神話・伝説、民間における迷信、そして今日の学識ある人の洗練された内省に至るまでまことにさまざまである。二一世紀の今日では、人びとは「自然」死（老化によるものなど）、病死（がん、心臓病、マラリア、結核、エイズ）、飢饉、疫病、災害、大量殺戮や戦争などの死に直面し、それを理解する必要に迫られている。そして、現代的な死のあり方を通して向き合わざるをえないさまざまな条件を統御可能にしようと骨を折っている。ある国（ここでは英国）における死生学の特徴を検討する際、このようなグローバルな死のあり方の変容が、研究や理論化、あるいは専門家の活動の性格と方向性に影響を及ぼしていることを、十分に理解しておくことが重要である。

本章では、英国における死生学の発展と現在の方向性について述べる。注意は主に人文・社会科学の方面に向けるものとし、死をめぐる医学の側面についてはあまり触れない。読者には、死ぬことや死による別れなど、死についての学問が、いかに時代の動向や、大学人、医者、政治指導者、一般大衆などの関心に応じて、変化するものであるかをわかっていただきたい。また本章では、一国における死についての学というものが、グローバル社会の進展のなかで、広く世界の他の国々で抱かれている問題関心からいかに大きな影響を受けるものであるかが示されるだろう。

死生学は、新しい学科《ディシプリン》でもなければ、既存の学科の一部門でもなく、人文・社会科学を含むあらゆる分野の学者と専門家をまとめ上げるような研究分野（field of study）である。以下の議論では、この分野の黎明期の胎動をいくつか描き出した上で、それが二〇世紀から二一世紀にいたるまでのあいだに、いかなる成長と発展を遂げてきたかを検討する。筆を進めるなかで、アメリカとフランスでの業績についても触れることになるが、基本的には英国における研究と専門職の発展に的を絞っている。

二〇世紀を通じて、死生学の潮流は時代の関心を追いかけてきた。これは西欧社会で空前の死者数を出した世紀（Elliot, 1972）であり、社会評論家や学者そして政策決定者たちは、死亡率の変動に注目し、疫病、戦争、大量虐殺、核による絶滅の脅威などの問題に取り組んだ。よって本章では、まず死生学の黎明期について触れ（第2節）、次いで二〇世紀のいくつかの主要な歴史的出来事や変化——これが英国社会に衝撃を与え、この国における死生学の発展の方向性を形作ったのである——を概観する（第3節）。そのうえで、英国における死生学関連の活動について、より詳しい考察を加えていきたい。すなわち、いくつかの主題別に研究状況を提示し（第4節）、さらに今日どのような研究・教育体制が敷かれているのかを紹介する（第5節）。

## 2 黎明期

死生学というものが、いつ、どこで最初に起こったかについて、明確に答えることは難しい。いや、そもそも死生学という言葉が意味するところを厳密に確定することさえ困難である。ただ言えるのは、英国では、一九世紀の終わりから二〇世紀の初めにかけて、はじめて死についての学問が重要な意義を有するようになったということである。この時期、多くの西欧社会で大学人や専門職の人びとが当時の重要な社会問題を理解しようとし、類型論的な分析を行うようになっていた。死は注意を払うべき重要な問題であるとはっきり認識されていた。これは、とりわけ第一次世界大戦で死者がおびただしい数にのぼり、社会がその衝撃になんとか意味を与えようとしていた二〇世紀の最初の二、三〇年によく当てはまる。この時期になされたもっとも意義深い研究のひとつが、ジクムント・フロイトによるものである（Freud, 1913, 1940, 1957）。死の問題は精神分析家フロイトの業績の重要な柱であり、彼はまた、死の欲望、死の本能、死の回避と否定、死の恐怖、死のタブーなど、多くの概念を生み出した。これらの概念は以後、心理学と死の研究の領域でよく使われるようになる。社会学ではエミール・デュルケム（1954）がその宗教研究において、死こそが人間を集合的アイデンティティを共有した集団に結集させるのだと本質的なことを述べている。ファン・ヘネップ（1909）やエルッ（1907）などの人類学者は、死をめぐる儀礼の手順や境界性の観念、また死や葬送儀礼の集合表象について理論化を行った。哲学では、ハイデガー（1962）が「存在」の問題と格闘し、それが死の理解に何をもたらすかについて思索を重ねた。これらの重要な理論家たちは、「死生学」として認識されつつある学問の礎石を築いた。

## 3 二〇世紀初期

### 子どもの死亡率の減少

一九世紀の英国社会における死は、不安定なものだった。無秩序だったとさえ言える。産業革命にともない、農村から都市へと大量の人口が流れ出し、都市生活は人口過多で非衛生的なものになっていた。貧困と病気が蔓延し、特に貧困層のいのちは粗末に扱われ、はかないものだった。当時の科学主義的道徳論の知見に従って、社会の無秩序に解決をもたらすには、まず分類を行い、それに基づいた管理統制をするべきだと考えられた。社会現象の統御と予見を行い、農村社会から都市社会への移行のなかで失われた社会秩序のあり方を回復しようとする動きが強まり、それにつれて分類学への関心が生まれた。これは、社会のさまざまな側面に秩序を与え、計量化し、測定しようとする試みであって、そこには死の問題も含まれていた。さらに言えば、分類と管理統制の二つはつながっていると思われていた。すなわち、分類こそ管理を達成するための手段だと考えられた。プライアー（1989）は、このような目的意識が人口統計学と病理学という学問の発展にとって決定的だったと主張している。ダイアモンドとマクドナルド（1994）によれば、人口統計学は死亡率の研究とともにはじまった。その目的は、さまざまな国の人びとの死因の特徴的傾向を見定め、そこから社会的・経済的・行動科学的・環境的要因を導き出し、指摘することであった。病理学という学問が制度化されたのは一九世紀で、これは病気に対する科学的研究の関心が高まりを見せた時代に当たっている。この学問は、死亡原因と人間身体のあいだに科学的な関係を打ち立て、病というものを身体の内に存在するものだと位置づけた。社会学もまたこの時期に興隆した学問分野であって、プライアーが言うように、この学問は「死のなかに、人間の社会的本性を強化し映し出すものを見出していた」（Prior, 1989: 7）。以上の三つの学問は、いずれも調査、説明、分類を重視しており、そして究極的には、人間の条件を制御可能にすることを目指していた。

一九世紀の終わり、英国における子どもの死亡率は劇的に変化し、それは二〇世紀になると、さらにはっきりする。今日でこそ、先進国では、死は老年期に起こるものと思われているが、これは比較的最近の現象なのである。それに先立つ数世紀、あるいは二〇世紀はじめのあたりまで、ヨーロッパでも、子どもの死、若者の死、中年の死は珍しくなかった（Ariès, 1981 ; Howarth, 1998）。子どもの死亡率が高かったため、子どもたちは自分も早死にするかもしれないと、自分の死について小さな頃から考えるのがごく普通だった（Walvin, 1982）。出生数一〇〇〇につき一歳未満で死亡する者の数を例に取ると、一九〇九年にイングランドとウェールズにおける子どもの死亡率は、実に一二パーセントだった。医療が進歩し、衛生設備が整い、公衆衛生についての理解が進んでくると、それが死亡率の数字に現れはじめ、健康と長生きの傾向が強まってきた。特に子どもの死亡率の減少は目ざましく、一八九六年には英国の歴史ではじめて、中上流階級の親たちは子どものほうが当然長生きしてくれるだろうと思えるようになった（Mitchison, 1977）。労働階級の親たちが同じような期待を抱けるようになるには、一九二〇年代か一九三〇年代を待たなければならなかった。評論家たちは、こうした変化に目を向けて、死は「流行遅れになりつつある」（Jacobs, 1899）と評した。また、葬儀産業を改革すべきだという議論も起こった。葬式には非常にお金がかかり、立派な葬式はお金の無駄だと考えられていたのである（Howarth, 1997）。

人口統計学や病理学と同じように、社会学もまた死を計測可能な現象ととらえた。雇用条件や居住環境が健康に与える悪影響を認識し、数値化し、管理するに当たって、この学問でも死亡率が重要な情報源となった。前近代社会において、死は運命だとか不運の結果だと表象されていた（Prior and Bloor, 1993）のに対し、一九世紀、二〇世紀になると、リスクはより計測可能なものになる。近代産業社会では、科学技術を発達させ、生産と利潤を拡張するメカニズムを構築することに重点が置かれる。ここでは利益を前もって試算することが必要だが、それと同じように、産業の展開が労働者の健康状態や死の危険性にどのような影響を与えるか、予想できるようになった。こうしてリスクは労働内容と健康状態に関連づけられ、計測可能でもっぱら個人的なものとなった。確率統計が用いられ、近代社会における危険性の要因とは本質的に計測可能で、かなりの度合いで制御できるという理解につながっていった。したがって、はっきり死生学とは銘打たれていなくても、人口統計学、病理学、社会学という三つの学問分野は、死を学問の対象に据えて、多くの理論研究・実証研究を行ったのである。

### 戦争および病気による大量死の衝撃

二〇世紀の出来事のなかで、死をめぐる研究に衝撃を与えた主要なもののひとつが第一次世界大戦であり、また戦争終結直後の一九一八年から一九一九年にかけての冬には、インフルエンザが大流行した。英国では第一次世界大戦でおよそ一〇〇万人（軍人と民間人を合わせた数）が死亡し、二五万人が大流行したインフルエンザの犠牲になった（全世界では五〇〇〇万もの死者が出たと言われている）。比較的短い期間にこれほどまでの膨大な数の命が失われ、しかもその犠牲者の多くは若年層や壮年層であったため、死や喪失の問題は、国民規模の関心事となった（Cannadine, 1981）。心理学と精神医学、そして精神分析の臨床現場は、悲嘆（grief）と失意（depression）の違いを見分けようとし（Valentine, 2006）、そしていわゆる治療が必要な悲嘆に対して診断を下し処方を行うことができるような実践モデルを作り上げようとした。

このような悲嘆への医学的対応と並行して、再び勃興したのが霊性運動である。生と死、より厳密に言えば、生きることと死ぬことを連関的にとらえることが必要となり、それがスピリチュアリズムの基盤を形成したと言ってよいだろう。一九世紀の終わり、自然界と社会生活の諸相をしかるべく分類し統御する試みにおいて、科学の知見は相変わらず積極的に利用されていたが、そうしたなかで超心理学が誕生した。これは、死に触れ、その感触を確かなものにする「科学的」な手段だとの触れ込みだった。一八八二年にはイングランドで心霊研究協会（ＳＰＲ）が設立された。西欧のスピリチュアリズムと、霊的な導きやシャーマニズムなどのアフリカ的伝統のあいだには、明らかに対応関係がある。唯心論者たちの信じるところによれば、生者が死者の霊魂と交信することは可能である。生者は死後の世界や、愛する者がそこでどうしているかを知ることができ、そして死者は生者に対して助言を与えたり支援をすることがある（Walliss, 2001）。英国のスピリチュアリズムは一九世紀半ばにピークに達し、いったん衰退してから、第一次世界大戦後に再び勢いを伸ばした。後に残された人びとが、戦争で没した者たちと関係を保とうとして、精神の世界に近づいたのである（Cannadine, 1981）。ウィンター（1998）によれば、当時スピリチュアリズムに関心を寄せたのは、戦争という黙示録的な出来事を前にして、伝統的な教会からは適切な答えを得ることができないと感じた人びとであった。

### 葬送形式の変化

一九世紀末から二〇世紀初頭にかけて、さらにもうひとつ重要な要素は、死者を葬る方法として、火葬への転換が起こったことである。英国における火葬の成立を研究したジュップ（2005）がやや控えめな語り口で示唆しているのは、世俗化が進展したこと、それから生者と死者の交流を禁じていた煉獄の観念をプロテスタントが拒否したこと、これが英国やスウェーデンなど、表向きプロテスタントでありながら実際には世俗的な国において、火葬が進展するきっかけになったのではないかということである。一九世紀末における火葬への動きは、人間の死体を衛生的に処理するという公衆衛生への関心の高まりとつなげて考えることができる。火葬の支持に回った者たちは、功利主義的で、信仰面では世俗的な傾向が強く、火葬は公衆衛生の観点からも社会的・経済的な面からも利点があると主張した。火葬にすれば、死体を衛生的に処理できるうえ、土に葬るよりも費用が少なく、土地代も安くてすむ。英国では、一八七四年に火葬協会が設立され、また一九〇二年には火葬条例が出て、火葬に法的根拠が与えられた。もっとも実際の火葬率は、第二次世界大戦後までは低めにとどまりはした。

第二次世界大戦以前より、火葬は少なからず行われていたが（しかもそのうちのいくつかは一九〇二年の火葬条例のガイドラインに沿っていなかった）、英国で火葬が一般化するようになった背景には、さまざまな要因がある。それは公衆衛生上の措置であり、世俗化への対応であり、都市および郊外の土地問題である。また第二次世界大戦後には、医師や聖職者、葬儀屋も火葬を支持したという事情がある（Jupp, 2005）。さらにつけ加えれば、二〇世紀後半に、火葬の習慣がある国々から多くの移民がやって来たことも、間違いなく火葬率が急上昇したもうひとつの要因である。一九一四年にはわずか〇・二パーセントだった火葬率は、一九九八―一九九九年度には七一パーセントにまで伸びている。

### 科学技術と医療のなかで死ぬこと

死の強迫観念は、第一次世界大戦に続く時期にはあったが、第二次世界大戦後は見られなかった。実際、多くの者の目には、英国社会は失ったものについてあれこれ考えをめぐらすよりも、躍起になって死を忘れたがっているように見えた。いや、それどころか、死を否定するような議論さえあった（Gorer, 1965）。この議論については、あとからまた触れる。ここで言っておきたい大事なことは、医療技術が躍進し、その診断を受けることが一般化したこと、そして医者や専門家を信じて、死にゆく過程で主役となる死者と残された者たちのことを彼らに委ねるようになったことである。医療にかけて死なせることに対する批判が起こりはじめたのは一九五〇年代、とりわけ一九六〇年代であり、かのシシリー・ソンダースの提唱で、ホスピス運動が生まれた。まさにこの時期こそ、英国における死生学の発展にとって、非常に重要であった。もっとも、当時の研究や学術助成の多くはアメリカ由来のもので、ウォルターが論じるように（Walter, 2008）、合衆国における死生学の全盛を証言するものとなっている。

以上述べてきたような主要な社会的要因を念頭に置いたうえで、以下では議論をより特化させ、英国における死生学の特徴について考えていこう。「はじめに」で予告しておいたように、まずは実際の研究と出版物に即しながら、いくつかの主題について論じる。それから、シンポジウムと会議、教育活動、そして死生学のための研究センターについて述べる。

## 4 研究と出版物

英国における死生学研究および関連出版物は、一九八〇年代後半から一九九〇年代にかけて急に増えた。この分野の文献は非常に多岐にわたるので、ここでは四つのテーマを論じることで、英国における死生学の特徴を示したい。第一に、社会的・文化的・宗教的多様性の増大、第二に、いかに死ぬかという問題、第三に、葬送儀礼、そして第四に、悲嘆の諸相である。以下ではまず、アメリカなど諸外国における発展と、そこから英国の学者がどう影響を受けたかを描き出そう。

### 社会的・文化的・宗教的多様性の増大

英国の「死生学」というカテゴリーに分類してよい初期の重要な研究のひとつに、ゴーラー（1965）によるものがある。彼は、死に対する態度と悲嘆について全国的な調査を行った。ゴーラーは、戦後イギリス人の観点に立ちながら、伝統的な儀礼や喪に服すという習慣が失われて、死は隠されるようになったと結論づけ、社会が死という現実から目を背けていることを批判している。ゴーラーの研究は、その後フランスの社会史家、フィリップ・アリエスの仕事（Ariès, 1974; 1981; 1985）に大きな影響を与え、アリエスは、近代西欧社会は死を否定していると論じている。死の否定というテーマは、アメリカの死生学でも主要なテーマになりつつあり（Becker, 1973）、今言及した二人の学者はこの潮流に貢献した。ここでの重要な論点のひとつは、死が医療に囲い込まれているという点である（この点については、あとでまた論じる）。もうひとつの要素として、戦後の英国社会では世俗化が進んでいると確認された点が重要である。

一九八〇年代の歴史家たちは、世俗化の正体を突き止めようとした。それは、個人化の台頭と手を携えていると言われたり（Gittings, 1984）、プロテスタントによる煉獄の否定と関係づけられたりした（LeGoff, 1984）。彼らの議論によると、個人の自覚と自我の観念が、生と死をはっきり分ける見方につながったという。産業化の結果、都市が発達すると、小ぢんまりまとまっていた共同体が衰退し、次第に死は、家庭という私的な領域で起こる個人的な喪失だと受け止められるようになっていった（McManners, 1981）。

ただし、こうした世俗化強調説には、事実誤認のところもあった。たしかに二〇世紀、死はキリスト教会の手を離れ、大部分は医学の問題となっていた。しかし、戦後英国社会の現実は、世俗的なイメージとはかけ離れていた。キリスト教は衰退していたが、カリブやインド、パキスタン、バングラデシュ、その他かつてイギリスの植民地だった国々から、移民が大挙して押し寄せてきた。彼らはイスラームや仏教、ヒンズー教など東方の宗教をもたらし、それによって国民生活は、徐々に文化や宗教の面で異種混交的になった。

さまざまな研究により、二一世紀になっても、イギリス人の多くは相変わらずスピリチュアルなことがらに関心を抱いている様子が浮かび上がっている（Davies, 1996）。実際、一九九〇年代より、スピリチュアリティという問題系は、死生学研究の重要な焦点のひとつになっている。個々人がどのように死や死ぬことに意味を与えているか、その解明が目指されている。宗教的信念や実践の領域に焦点を当てる研究が進められる一方で、死についてのスピリチュアルな側面や、死にゆく者のスピリチュアル・ケアなどに特化した研究もなされている。

二〇世紀の終わりから二一世紀にかけて、つまり現代の英国における死生学研究では、次の二つの点が重要だと認識されている。それは、社会的・文化的な多様性を踏まえること、それから、構造的要因と個人的要因がどのように組み合わされて死という経験がとらえられているのかを調べることである。例えば、ある特定のエスニック・グループのメンバーであればみな同じ価値と信念の体系を共有しているとは限らない。社会と文化の多様性は広い範囲に及んでいて、単にエスニックな違いには還元されないのだ。社会階級、エスニシティー、ジェンダー、世代の違い、セクシュアリティ、障害の有無など、個々人の社会的なあり方を区別する要素が一体となって、死の経験に輪郭を与え、死と悲嘆の経験に意味を与えている。

## いかに死ぬか

英国の歴史を振り返ってみると、死は長いあいだ家庭という場所で起こってきた。実際、二〇世紀のはじめまで、事故を除けば、家庭で人生の最期を迎えるのが普通だった。ホスピタル（施療院・病院）とは、もっぱら旅行者や貧困者、孤児などの世話をする施設であった。なかには世俗的な施療院も一二世紀ごろから現れ、大学と関係を持ったりしているが、普通こうした施設は宗教者が運営に当たっていた。一七世紀になって、ホスピタルは当時発展しつつあった医学という学問と結びつくようになり、医学の研究と教育を行うための機関が創設された。また一八世紀になるとヨーロッパでは軍事医学が発達し、傷病兵の看護をする病院が数多く作られた。

けれども、社会で病気というものが問題化し、それに制度レベルで応じるものとして、近代的な病院が生まれたのは、一九世紀になってからのことである。もっとも、一九世紀を通じて、病院の評判は芳しくなかった。感染についての医学的な知識が限られていたし、苦痛を和らげたり麻酔を打ったりすることもほとんどなかったからである。したがって、病院はとりたてて人がそこで死にたいと願うような場所ではなく、できれば避けたいというのが一般の人びとの感覚だった。病院で死ぬ場合、それは病院が望ましい死に場所だったからではなく、むしろそこで命にかかわる健康の害し方をしてしまったからである。

死にゆく者を看取ることは、家庭で行われ、大家族の場合それはたいてい女性の仕事だった。誰かが死ぬと、家の女が死体をきれいにして横たえ、最後の挨拶にやってくる友人や親戚、近隣者の弔問に備えた。しかし、二〇世紀の中頃より、病院で死ぬ者の数がおよそ六割となり、病院が死ぬ場所として一般化した。このように死の場所が大きく変わった背景には、主に四つの理由がある。

第一に、医療技術が目ざましく進歩し、病気をしたり死を待つ人のほとんどが、病院での治療と看護を受けるようになった。これが意味するところは、急性疾患、慢性疾患、どちらの患者も、今や病院の看護体制に収まるようになったということである。入院後すぐに死ぬ者もあれば（心停止状態で運び込まれた場合など）、入院が必要な重い病に倒れて治療を受けながら亡くなる者もある。さらにまた、実際に病院のなかで死んだのではなくても、救命治療を受けるための移動中に亡くなり、「病院への到着を待って」死が告げられるケースもある。

第二に、二〇世紀は大規模な都市化が進んだ時代であり、これに関連して、技術とサービスの専門化が進んだ。メディカル・サイエンス部門では、インターン、そして他のヘルス・ケアの専門家によって行われるサービスが病院のなかに置かれてきた。このように、専門家のサービスと医療技術を病院に集約すれば、人的・物的資源をもっとも有効に活用することができるとしばしば考えられている。

第三に、一九七〇年代までは、社会問題を扱うには制度を作るのが一番効果があがると考えられていた。サービスとユーザーを一カ所にまとめれば、効率もコスト・パフォーマンスもよいと見なされた。

最後に、英国社会における女性の役割が変化し、それまで彼女たちに期待されていた介護の仕事を、同じようにインフォーマルな形で続けてもらうわけにはいかなくなった。賃金労働に従事する女性の数は、二〇世紀に入ってから右肩上がりを続け、家庭も政府も、社会におけるケアとは何かについて再考を余儀なくされた。もっとも、だからといって、インフォーマルな形で介護をするという役割を、女性が完全に放棄したわけではない。現に、いくつかの研究が示すところによれば、家族に病気の者、高齢者、死を迎えようとする者がいれば、その面倒を中心的に見ているのは女性である。それに、社会の目に見えないところで女性が死にゆく者を責任持って看取るケースは確かに減少しているとしても、そのぶんフォーマルな形で介護部門で働く女性の数は増えているのである。病院で看護に当たっているのも、高齢者のための養護施設で介護職として働いているのも、大半が女性である。ターミナル・ケアに従事するホスピス運動（以下で論じる）は、クラス（1981）の言葉を借りるなら、「女性の領分」となっている。

病気と死を家庭から取り除き、病院に移したことは、多くの批判の的となってきた。死にゆく過程が、包括的な共同体から収容施設へと移行したことで、人びとは死から遠ざかり、死に対する馴染みが薄くなった。そして、これは死を迎えようとしている個人にとってもよくない影響を与えたと多くの論客が論じている（Ariès, 1981; Elias, 1985; Illich, 1976; Becker, 1973）。とりわけ高齢者が養護院や介護院などの施設で迎える肉体の死は、すでに社会的な死を終えてからであることが多い（Sudnow, 1967; Mulkay, 1993）。このことが示しているのは、死に臨む人びとが社会のメインストリームから切り離され、周縁化していく過程であり、長病みすればするほど、親戚や友人に会う機会も減っていく。

医療技術に頼り、死ぬときも基本的に病院まかせという態度は大きな批判の的となり、死がますます医療に囲い込まれるのは重大な問題だと考えられてきた。医療による囲い込み（medicalisation）とは、ひとつの社会学的な概念であって、社会生活が主に医療の枠組みを通して眺められるようになる過程のことを指している（Zola, 1972）。そのテーゼによれば、医療は生物医学のモデルにのっとって、私たちが社会生活を営む上での支配的な言説を構成しており、すでに病と健康について定義が下せるまでになっている。ゾラ（1972）の論じるところによると、医療による囲い込みの結果、社会で何が健康で正常なのかを決めるのは、医療関連の専門職にある者だとされるようになり、こうして医療が社会を制御する装置となったという。

職業的・専門的知識が強調され、死は医療専門家の専売特許になっているとも論じられている。ポーター（1989）によれば、医者はかつて司祭が臨終の場で果たしていた役割に取って代わった。医者の関心は、患者に死の準備をさせることより、痛みを和らげ、できることなら命を延ばしてあげることである。別の言い方をすると、かつて死は宗教の言葉で説明され、人の力ではいかんともしがたい自然なものと見られていたが、近代社会になると、死は一般に科学にとっての挑戦であり、適切な人智の介入と医療技術とによって「解決」されるような科学の問題だと受け止められるようになった。その結果、死ぬことから人間らしさが奪われ、死に向かう人びとは隔離され、見放される（Illich, 1976; Elias, 1985）。さらにまた、死は医療の失敗と見なされるため（Feinberg, 1997）、死にゆく者の命を延ばす試みがあれこれなされる。そうすると、人間の尊厳などなくなったかのような目にも遭う。

医療が死を囲い込むことには多くの批判が寄せられたが、まさにそれを受けて、現場での変化を促す動きも出てきた。一九六〇年代には、アメリカの死生学研究の分野で、学術活動が盛んに行われた。その背景には、いかにして死が医療に囲い込まれているのかに対する関心の高まりがあった。エリザベス・キュブラー＝ロス（1970）は、病院で死を迎える人びとを調査し、近代的で科学的な死を批判する研究に先鞭をつけた。彼女は病院における死を、医療に囲い込まれ、孤独で、尊厳を失ったものとして描き出した。グレイザーとストラウス（1965; 1967）、あるいはサドナウ（1967）といった社会学者は、病院で迎える死とは何かについて探究した。末期患者は医療措置を押し付けられ、またこの先自分がどうなるか了解しておらず——多くの場合、自分が末期患者だということもわからない——、尊厳ある死を否定された存在であると思われた。こうしてアメリカでは、死に向き合う患者が今自分はどの段階にいるのか告げてもらえる「情報開示」が行われるようになっていき、それはイギリスにも波及した。

しかしながら、英国の死生学研究者のなかからは、次のような指摘も挙がっている。それは、資料や文献をいろいろと調べてみると、あらゆる文化が死にゆく者にその状態を告知するようにはできていないようだ、ということである。例えばシーレは、情報開示というのは、より個人主義的で、「自己アイデンティティの再帰的形成」(Seale, 1998 : 110) への関心が強い英米文化にいっそう適合しているのではないかと論じている。彼が参照する研究では、自己認識を促すことは、多くの国や文化で習慣上そぐわないことが示されている。マッコンヴィル (2004) は、このケースはアイルランドに該当すると述べている。その調査によると、高齢の患者やその近親者が終末期の診断告知を嫌がる一番の理由は、不安や失望のもとになるから、であった。

フィールドとコップ (1999) の議論に従えば、英国では、情報開示を進めるイデオロギー的な動きは依然としてあるものの、いくぶん「条件つきの告知」へと揺れ戻しが起こっているようである。情報は欲しければ与えられるが、患者や家族が死の近いことを絶えず突きつけられるのがいやならば、与えられずにすむ。ただ、フィールドとコップの指摘によれば (Field and Copp, 1999 : 467)、このために医師たちは、患者の選択に道を開こうとして、どうしても難しい問題に直面する。終末期の診断を患者に開示することが望ましいか否かは、年齢によっても違っていて、高齢者ほど告げられたくないと感じる傾向がある (Howarth, 1998)。英国のように文化的に多様な社会では、文化に応じてどのような選択を好み、それが告知を望む者たちにどう影響するかを考慮に入れることが重要である。

死にゆく人びとの世話をするもうひとつの機関が、老人のための看護施設ないし養護施設である。英国では、一二パーセントないし一五パーセントの死が、こうした施設において迎えられている (Cartwright, 1991)。病院とは違って、これらの施設の多くは終末期にある居住者をケアする医療施設を備えていない。そのため、医療による囲い込みと一口に言っても、ここで老人の世話をする際に出てくる問題にはひと味違ったところがある。これらの施設には巡回医が定期的にやってきて、緊急時の呼出にも応じられる体制にはなっているが、もし居住者が施設では応じきれない治療を必要とする場合には、病院に移されるのが普通である。カッツ（2001）が論じるように、少なくとも英国では、こうした施設におけるケアの重点は、居住者がいかに死ぬかよりも、彼らの人生の質を高めることの方に置かれている。

終末期ケアの制度化と囲い込みに対する問題関心が学界や業界に出てきた結果として、ホスピス運動が英国で生まれた。ホスピスという言葉自体には長い歴史があるが、近代のホスピスが起こったのは第二次世界大戦後で、病院での死に対する強い批判が寄せられるなかで発達した。ホスピス運動は、医療による囲い込みが一般化する動きに抗して組織され、「全体的なケア、すなわち肉体・心理・社会・精神のすべてにわたるケアへの実践的・理論的コミットメント」（James and Field, 1992）を発達させてきた。その先駆となったのは、一九六七年にロンドン近郊シデナムに開かれた聖クリストファー・ホスピスで、同施設はホスピス・ケアのひとつのモデルとなった。クラーク（1998）によれば、これは「一九四八年以降、シシリー・ソンダース女史が温めてきたアイデアや戦略、それから彼女が中心的に進めてきた提携や協力体制づくり」の成果であった。もっとも、ハリス（1990）は、がんのケアに焦点が当たるあまり、がん以外の病気で死んでいく人びとに介護が十分に行き届いておらず、死にゆく人のなかでも、いわばケアに飢えた「下層階級」が生じたと示唆している。

それでもやはり、今日の英国の死生学研究では、がんで死ぬ者やそうした人たちのケアに当たる専門職の経験を取り上げるものが、かなりの数にのぼる。一九八〇年代には、緩和ケアについての知識と経験を深める目的で、『緩和医療』（*Palliative Medicine*）という雑誌が創刊された。雑誌の読者層は、医療・福祉関係者のみならず、健康問題や社会・労働問題の専門家、さらには社会科学系の学者一般にまで及んでいる。

死者を葬る儀式を持たないような社会は、まずほとんどない。英国をはじめ西欧社会では、死者の遺体がなくて葬儀を行うことができないとなると、遺族や友人は感情的にも儀礼的な意味においても落ち着かないと感じるだろう。葬儀には、社会や後に残された人たちが故人を失ったことを公的な場で認識するのを促す機能がある。英国における葬儀の主要な潮流を形作っているのは葬祭業者で、しかもこの業界はイスラームやユダヤ教の信仰など、エスニック・グループごとに特化している。

葬儀研究の蓄積は、英国の死生学研究で目を引く特徴のひとつである。人類学者たちが主に英国以外の国々の儀礼を扱ってきたとすれば、社会史家や社会学者は国内における葬儀の変化の方を研究してきた。研究の幅は広く、ヴィクトリア社会の慣習を丹念に描き出したものから、農村社会の伝統の変化についての民族誌的研究、そして葬儀屋の仕事や死体の防腐処理をする者についての記述までさまざまである。

葬送形式については、先に指摘したように、二〇世紀になって、土葬から火葬への大きな転換が起こった。ジュップ（2005）をはじめとする学者たちは、火葬がこのように増えたことの歴史的背景を検討し、現在の目立った特徴を説明しようと試みている。この変化をもたらした一因は、英国における文化的多様性の増大である。エスニック・グループや宗教集団のなかには、火葬が人間の亡骸を葬る形式として望ましいと考えるものが少なくない。例えば、ヒンドゥー教徒、シーク教徒、仏教徒にとって、火葬は普通のことである。英国に火葬の習慣が流入し、定着したことの背景に、こうした集団の影響があったことは間違いない。ひとつ具体的な例を挙げると、多くの火葬場には観覧台が備えられているが、それはヒンドゥー教徒がそこから火葬炉に横たえられる愛しい者の亡骸を見るためである。ヒンドゥー教の教えでは、亡骸が炎に包まれていくのをこの目で見ることになっている。そもそも観覧台は、こうした宗教的な目的のために作られたのだが、今ではヒンドゥー教徒以外の者も頻繁に利用している。したがって、このヒンドゥー教の葬送儀礼は、火葬場の構造を変えただけでなく、英国内における他のエスニック・グループの葬送様式にも影響を与えたのである。ここには、葬送儀礼のダイナミックな性質が映し出されている。

火葬は西欧社会において比較的新しいものなので、この形式で葬られた死者がどのように記憶されるかについては、まだ不透明なところがある。墓はこの先も、残された生者が足を運び、死者と親しく交わる場として重要であり続けるとして、火葬にされた遺灰について考えると、もしそれが（ウェールズで見られるように）教会付属の墓地や共同墓地に埋められたり、墓標となる石の下であれ、記念の庭園のなかであれ、建物の壁面の窪みにであれ、何らかの形で埋葬されるのでなければ、残された者たちが実際に訪れる神聖な空間がなくなるということになるかもしれない。ただ、デイヴィース（1997）の研究が示すところによれば、調査の対象となった八六パーセントの人たちは、死者の記憶にかんして、土に埋葬された者と火葬された者のあいだにまったく違いはないと感じている。それに、火葬を伝統的に行ってきたエスニック・グループにおいては、遺灰がときに別の遠い場所に移されたり、あるいは「出身国」に戻るようなことがあっても、特に不都合なく死者のことを思い出せることが判明している。それから、家族は遺灰を家に置いておくことができるし、または故人とゆかりの深い場所に撒くこともできる（Prendergast *et al.*, 2006）。死者はまた、墓地や火葬場に置かれている思い出の書のなかで記憶されるかもしれないし、（公園のベンチなど）公的な場所に掲げられた記念のプレートに刻まれるかもしれない。あるいは、最近の動きとして、故人の人生と思い出に捧げられたインターネットのホームページも開設されている。

喪失と悲嘆についての研究は，比較的最近まで，精神分析家と心理学者の領分だと見なされてきた。その結果，悲嘆についての理解は，専門家，素人を問わず，「正常」な状態と「病的」な状態についての語りに支配されてきた。この見方は，生物医学の観点をモデルとして有効となるもので，その角度から，悲嘆の経験は人間であればみな同じだとされてきた。そして，この分野の研究の多くは，悲嘆を精神の「仕事」の一形態，あるいは移行期と考える枠組みを採用した。移行期は，そこからどんな結果が生じるかによって，正常とも病的とも見なされえた。ここから展開したのが，悲嘆の段階論である。そこでは，この世に残された者は，最終的にまともな状態に至るまで，いくつもの段階，局面，苦難を乗り越えていかなければならない存在と見なされた（Bowlby, 1969, 1973, 1980 ; Raphael, 1984 ; Rando, 1993 ; Worden, 1982）。英国では，主に二人の研究者が，このような理論を先導した。未亡人の意識を調査し，晩年における悲嘆を研究したパークス（1972），そして母親の悲嘆に焦点を当てたボウルビィ（1981）である。

これらの研究から得られた知見は，その後もっと一般化され，広い範囲の人びとを相手に，「正常」な悲嘆と「病的」な悲嘆を区別し，それぞれに内容を与える基礎として用いられてきた。これらの理論の前提には，個人を社会生活に再び適応させるという基本的な発想がある。西欧では，悲嘆を病気についての生物医学モデルでとらえる傾向があった。ストレーブが指摘するように，それは「できるだけ早く，スムーズに回復される必要のある病気であるかのように現れる」（Stroebe, 1997, p. 257）。悲嘆は，残された者が，気持ちのうえで亡くなった者から離れることができたときに解決される（Bowlby, 1969, 1973, 1980 ; Parkes, 1996 ; Raphael, 1984 ; Worden, 1991）。離れるといっても，生者は死者のことを忘れなければならないのではなく，むしろ自分のかけがえのない人生の思い出として，故人のための場所を見つけるよう促される。定義のうえでは，この場所は過ぎ去った過去に求められるが，これは生き残った者がそこから現在へとやってくることのできる過去であり，さらには死者が積極的にかかわることが原理的にできないはずの未来へとつなげていけるような過去である。

確かに現在の心理学者のなかには、社会的なパースペクティヴを導入して、悲嘆を総合的に理解するよう努めている者もいる。だが、大方の傾向はと言えば、悲しみを通して成長すること、そして生き残った者はもはやこの世に故人がいないことを受け入れて「現実」の世界に再び適応することが必要なのだという主張が続けられている。このような理論的アプローチは、生者と死者の関係についての想定をあらかじめ持ち込んでいるために、激しく批判されてきた。実践の次元においても、このモデルは柔軟性に欠けるとされ、また実際の専門医療の現場でも慣例化、硬直化してしまったため、非難されてきた。段階理論は、それぞれの局面や課題をひとつひとつクリアしなければ、次に進めないという含意をしばしばともなっている。悲嘆にはさまざまな段階があるという認識は、悲嘆の理解の助けとなるかもしれないが、専門家はこのプロセスをあまりに厳密に解釈するきらいがあった。そのため、なかには「前向き」になるよう励まされた者もいたかもしれないが、そのようにできないために、厄介な悲嘆と診断されたり、病的な悲嘆を抱えていると判断された者もいた。

このような批判に応じ、アプローチの仕方を変えるようになった理論家もいて（例えば、Worden, 1991 を見よ）、諸段階は順々に経験されるとは限らず、その時々でさまざまな感情を抱くものだと述べられている。それから、この世に残された者は、死んだ者のことは過去に残して、元の精神状態に戻る必要があるという考え方には、疑問が呈されるようになっている（例えば、Klass *et al.*, 1996; Walter, 1996; Stroebe, 1997 を見よ）。

死や死をめぐる問題に対する関心が再び高まっているのを受け、死の研究に取り組んでいる社会学者たちには、喪失や悲嘆とは単なる心理的な適応の問題ではなく、むしろ悲しみの経験は社会と深くかかわっているとの認識が生まれている。死別の経験をよりよく理解するには、悲嘆の経験はどこでも同じだとの発想をやめ、代わりに文化的な多様性において、喪失がどのように社会的に構成されているかを検討する必要がある。スモール（2001）は、悲嘆と死別がどう考えられてきたかについて、二〇世紀の歴史をたどっている。彼はそこで、悲嘆についての理論が、いかに社会の変化や時期に応じて変わる支配的な言説に結びつくかを探っている。彼の議論は、悲嘆の経験はいつでもどこでも同じという見方に異議を唱えるもので、その表現の多様性をきちんと認識すべきだと示唆している。

悲嘆が文化的な刻印を受けることの重要性については近年ますます注目を集めつつあり、文化多元主義的なアプローチによる研究、とりわけ西欧の社会的文脈のなかでの文化的多様性が論じられている。西欧の文脈を強調することが重要なのは、ここでは文化的規範と儀礼が流動的で、社会環境の変化に適応せざるをえない状況にあるからだ。たとえば、スモールは身近な他者との文化的相違を認めることが重要だという。家庭という私的な場でさえ、家族がどのように悲しんでいるのかを本当に知ることはできない。私たちはそもそも、人びとの頭のなかで何が起こっているのかを本当に知ることはできない。このように知が欠落していることについて、スモールは、親しい友人にも不明な点や「謎」があることに喩えている。彼はまた、喪失に対する反応の諸相をよりよく理解したいのであれば、悲嘆の経験を示す際に「奇妙」だとか尋常でないと思われる面ばかりを取り上げることは自制すべきだと説いている。「こうすることで、死に別れるという経験は、素早く『対処』すべき状態だとか『問題』とされるのでなく、私たちの存在の社会性（sociality）につきものの事柄としてアプローチすることが可能になる」（Small, 2001 : 21）。例えばジェンダーに注目する研究を取り上げてみると、そこで示唆されているのは、男性と女性では悲しみの表現の仕方が異なるし、どのように悲しむかは文化的に規定されていて、性役割行動にかかわる社会の期待からも影響されている、ということである（Cline, 1996; Thomas and Striegel, 1995）。別の論者は、悲しみの反応は、男か女かということ自体で決まるのではなく、文化的に「男らしい」「女らしい」と規定されたスタイルによって決まるのだと述べている（Thompson, 1997）。

死別の悲嘆についての考え方がどう発展してきたかをたどるなかで、スモール（2001）はクラスたちの共著（Klass *et al.*, 1996）を取り上げている。この本の共著者たちは、これまで使われてきた死別の悲嘆のモデルに異議を唱え、「死後も続くきずな」(continuing bond) のモデルに代えるよう提唱している。論者たちは、果たして人は悲しみの経験に「決着」をつける必要があるのかと問いかけ、そうではなく、死別の経験をいい方向で受け止め、死者とのやり取りや意味づけを通じて前に進んでいくプロセスと考えるよう提案している。喪失の意味、それから故人が暮らしのなかで占める位置は、この世に残された者の感情が強まったり落ち着いたりするのに応じて、その都度変わり続けていくだろう。

このように、きずなが続いていくという考え方は、英国をはじめとする西欧社会で現在、生者と死者の境目がぼやけている傾向を反映していると私は別のところで論じたことがある (Howarth, 2000)。これはおそらく部分的には、文化的多様性の増大、先祖への関心の高まり、伝統的なキリスト教の形式に対する幻滅などから生じてきたものである。従来はっきりと分けられてきた生と死をつなごうとする動きには、さまざまなものがあって、ときに生者は死者をこの世に生かし続けようと試みる。写真を陳列したり、死者のことを語って偲んだり、霊媒者や霊能者を訪ねたり、誕生日などの記念日を祝ったり、といった具合である。

G・ベネットとK・M・ベネットは、高齢の女性を研究するなかで、亡くなった者が今でも生きていると感じる経験があることに注意を向けている。死者が存在し続けている感覚を詳しくつづった資料はたくさんあって、医学、カウンセリング、心理学のテキストなど、さまざまな文献に見つかるという。著者が行った調査は英国内のものだが、そこで明らかになったのは、死者の存在を感じる経験には、強度があるということだ。「もっとも弱い場合、それは誰かに見られている気がするという感覚であり、もっとも強い場合、それは死者を完全に知覚するという経験である」(Bennett and Bennett, 2000, p. 139)。経験の強度はさておき、大切な故人が存在するという感覚は、死の直後であれ、数日・数週間・数カ月後であれ――比較的まれではあるが何年か経ってからという場合もある――いつでも起こりうるものと見られている。こうした見方は、従来の典型的な文献の逆を行くものである。かつては、そのような知覚は「幻覚的」(Rees, 1971) で、悲嘆の段階のある特殊な時期にのみに起こるものとされていた。例えば、肩書きが妻から未亡人へと変わることで、心理的な「過渡期」にあるなどとされたのである。

単行本のほかにも、数多くの雑誌論文がある。大学人や専門家が、それぞれの学問分野に応じた書物や雑誌に、研究成果や実験的試みの断片を発表していることは従来と同じだが、今ではこうした研究はもっと多くの読者の手の届くところにあって、学問や現場の動きを理解し、自分の研究や理論化に役立てようとする者に広く読まれている。例えば、『死別の悲嘆ケア』(*Bereavement Care*) という雑誌の方針は、大学人、専門家、一般大衆を問わず、死別の悲しみに関わる諸問題に関心のある広範な読者層に訴えかけるものである。雑誌『死にゆく者』(*Mortality*) は、一九九六年に創刊され、今では刊行一〇年を超えているが、これまでつねに学際的な読者を念頭に置いてきた。この雑誌が組む特集や、この雑誌に掲載される論文や書評は、広範かつ文化横断的である。このような雑誌が相次いで成功していることは、現在英国で死生学研究が盛んなことをよく示している。これはまた、国内で行われるシンポジウムや会議に、多数の発表申込や参加者がいることからも明らかにされる。

## 5 研究・教育体制

今日イギリスでは、死生学関連のシンポジウムや会議が数多く開催されている。なかには、この分野の主題や研究に特化しているものもある。例えば、クルーズ死別の悲嘆ケア (Cruse Bereavement Care) という慈善団体は毎年多くの参加者が集う会議を行っている。それから、緩和医療の団体が行うものがあり、英国葬祭業協会 (National Association of Funeral Directors) や火葬組合 (Cremation Society) などの専門職、業界主催の会もある。死の研究に取り組んでいる社会学者たちが毎年行うシンポジウム、「死・臨終・死別」(Death, Dying and Bereavement)

は一九九一年から開催されている。隔年の会議「死・臨終・葬送の社会的文脈」(Social Context of Death, Dying and Disposal(DDD))は一九九三年にはじまった。この一連の会議は超領域的であり、また国際的な視野を持っていて、現在では世界中の国々から二五〇人もの参加者が集まっている。二〇〇七年九月にバース大学で行われたもっとも最近の会議では、一四〇もの発表申込があった。同じ会議は二〇〇五年にも行われているが、そのときと同様、主題やテーマの多様さには注目すべきものがあった(www.bath.ac.uk/cdas/news/archive/conference/index.html を参照)。

特定の理論や方法がないという意味では、死生学はひとつの独立した学問分野とは言えないところがあり、現在のところ英国で、この分野の学士号を取得できるようなカリキュラムは存在していない。しかしながら、死についての講義は数多くの大学で行われており、神学や宗教学、メディア学、歴史学、人類学、考古学、心理学、社会学などの教育課程に組み込まれている。修士レベルでは――英国では一年間の課程である――、緩和ケアについて教えられることが一般的で、その数も多く、それからまた、死を神学的、哲学的または社会学的見地から学ぶことのできる授業もある。バース大学には、「死と社会」と名づけられた超領域的な修士課程があるが、それは以前にはレディング大学に(異なった形式で)存在したものである。

それでもやはり、死生学で修士号を取得する機会はかなり少ない。だが、死をさまざまな角度から論じて博士号を目指す学生の数は増えている。それらは普通、人類学、考古学、芸術、文化地理学、歴史学、法学、文学、緩和医療、哲学、心理学、神学、社会政策学、社会学などの学問分野のひとつを基盤としており、そのうえで隣接領域に手を広げるような学際的研究である。

最近この分野で目立った動きとしては、短期基礎学位(Foundation Degree)の導入があった。これは学士(Bachelor Degree)の最初の二年間に相当する高等学位で、この資格は、イギリス政府が、従来ならば高等教育を受けなかったような人びとを高等教育に進ませる目的で導入したものである。この学位の目的は、学問的な知識と現場での学習の両方、つまり理論と実務を同時に生徒に身につけさせることである。これは比較的新しい資格だが、現在すでに短期基礎学位課程には、緩和ケアや、葬儀業界と連携したプログラムなどがある。

英国では一九九〇年代以降、緩和ケアの研究と教育のための機関が、シェフィールドやサウサンプトンなど、国内各地に作られた。二〇〇五年にはバース大学が、死と社会センター（Centre for Death and Society（CDAS））を立ち上げた。これは社会という視点から死、臨終、死別について調査・研究することを目的とした英国で唯一の機関であり、複合的な研究センターとして、地域レベル、国レベル、国際レベルで重要なものとなっている。CDASはまた、死、臨終、死別についての社会的研究に焦点を当て、研究や教育、職業訓練、政策発展、メディアや社会の共通認識を促進するような触媒の役割を果たしている。その主要な目的とは、（1）社会福祉と健康についての研究を推進する、（2）研究者や開業医に教育と訓練の機会を与える、（3）社会福祉への理解を高める、（4）地域社会の発展を促す、の四つである。

英国で死の問題への関心が高まりを見せる現代にあって、CDASは独自の機関であり、今述べた四つの目的を地域レベル・国際レベルで追求し、また医療福祉の専門家をはじめ、地方行政や慈善団体、企業やメディアとともに研究と教育を推進している。国際面では、CDASの研究者たちは、さまざまな研究テーマで共同研究を行ったり、客員教授を招聘するなど、世界中から訪れる研究者や学生を受け入れている。

CDASの設立は、研究者と専門家のコミュニケーションを容易にする重要な先駆的試みであった。これは、英国内の死生学研究にかぎった話ではなくて、まさに世界規模で死生学の研究者と専門家をつなぐ入口の役割を果たしている。これまでCDASは、「死・臨終・葬送の社会的文脈」（DDD）という国際会議を二回主催し、また発刊以来一貫して雑誌『死にゆく者』（*Mortality*）の発行元となっている。

もうひとつの死生学研究センターが現在、イングランド島北部のダラム大学ダグラス・デイヴィス教授によって企画されており、二〇〇九年のＤＤＤ国際会議は同大学で行われることになっている。これは英国で今後も続けられていく死生学研究にとって、意義深い進展となるだろう。

一九九〇年代以降、英国における死生学研究は、広範で発展的な学問分野となり、また職業的な活動とも結びついた。これは真の意味で学際的であり、また職種の面でも本質的に多岐にわたっている。本章の冒頭で、死生学とは一つの学科ではなく、超領域的な研究分野だと述べた。研究と出版活動、シンポジウムや会議、教育活動を通して、また、死生学研究のための新たな研究機関の発展によって、研究者や専門職、開業医たちは相互に連携し、学びあっている。このようにして新たな知が発展し、それは私たちの死についての理解だけでなく、死を取り巻くさまざまな仕事をも方向づけていくに違いない。

## 文献


Ariès, P., 1974, *Western Attitudes toward Death from the Middle Ages to the Present*, London: Marion Boyars Publishers.

Ariès, P., 1981, *The Hour of Our Death*, London: Allen Lane.

Ariès, P., 1985, *Images of Man and Death*, Cambridge, MA: Harvard University Press.

Becker, E., 1973, *The Denial of Death*, New York: Collier-Macmillan.

Bennett, G. and K. M. Bennett, 2000, "The presence of the dead: an empirical study," *Mortality*, 5-2: 139-158.

Bowlby, J., 1969, 1973, 1980, *Attachment and Loss*, Volumes I, II, III, New York: Basic Books.

Bowlby, J., 1981, *Loss, Sadness and Depression*, Harmondsworth: Penguin.

Cannadine, D., 1981, "War and death, grief and mourning in modern Britain," J. Whaley, ed., *Mirrors of Mortality*, London: Europa.

Cartwright, A., 1991, "Changes in life and care in the year before death," *Journal of Public Health Medicine*, 13: 81–87.

Clark, D., 1998, "Originating a movement: Cicely Saunders and the development of St Christopher's Hospice, 1957–1967," *Mortality*, 3–1: 43–63.

Cline, S., 1996, *Lifting the Taboo: women, death and dying*, London: Abacus.

Davies, D., 1996, "The social facts of death," G. Howarth and P.C. Jupp, eds., *Contemporary Issues in the Sociology of Death, Dying and Disposal*, Basingstoke: Macmillan.

Davies, D., 1997, *Death, Ritual and Belief: the rhetoric of funerary rites*, London: Cassell.

Diamond, I. and P. McDonald, 1994, "Mortality," D. Lucas and P. Meyer, eds., *Beginning Population Studies*, 2nd ed., Canberra: The Australian National University.

Durkheim, E., 1954, *The Elementary Forms of Religious Life*, trans., J.W. Swaine, London: Allen & Unwin (originally published in 1915).

Elias, N., 1985, *The Loneliness of the Dying*, Oxford : Basil Blackwell.

Elliot, G., 1972, *Twentieth Century Book of the Dead*, London: Allen Lane.

Feinberg, A., 1997, "Editorials. The care of dying patients," *Annals of Internal Medicine*, 15 January, 126: 164–165.

Field, D. and G. Copp, 1999, "Communication and awareness about dying in the 1990s'," *Palliative Medicine*, 13: 459–468.

Freud, S., 1913, *Totem and Taboo*.

Freud, S., 1940, *An Outline of Psychoanalysis*, trans. by J. Strachey, New York: W.W. Norton.

Freud, S., 1957, "Thoughts for the times on war and death 1915, II, Our attitudes towards death," J. Strachey and A. Freud, eds., *The Standard Edition of the Complete Psychological Works of Sigmund Freud*, Vol. XIV (1914–1916), Hogarth Press.

Gittings, C., 1984, *Death, Burial and the Individual in Early Modern England*, London: Croom Helm.

Glaser, B. and A. Strauss, 1965, *Awareness of Dying*, Chicago: Aldine.

Glaser, B. and A. Strauss, 1967, *Time for Dying*, Chicago: Aldine.

Gorer, G., 1965, *Death, Grief and Mourning in Contemporary Britain*, London: Cresset.

Harris, L., 1990, "The disadvantaged dying," *Nursing Times*, 86–22 : 26–29.

Heidegger, M., 1962, *Being and Time*, trans., J. Macquarrie and E. Robinson, New York : Harper (originally published in 1927).

Hertz, R., 1907, *Death and the Right Hand*, trans. by R. and C. Needham, Cohen and West.

Howarth, G., 1997, "Professionalising the Funeral Industry in England 1700–1960," P.C. Jupp and G. Howarth, eds., *The Changing Face of Death : historical accounts of death and disposal*, Basingstoke : Macmillan.

Howarth, G., 1998, "'Just live for today.' Living, ageing, caring and dying," *Ageing and Society*, 18.

Howarth, G., 2000, "Dismantling the boundaries between life and death," *Mortality*, 5–2 : 127–138.

Illich, I., 1976, *Limits to Medicine*, London : Marion Boyars.

Jacobs, J., 1899, "The Dying of Death," *Fortnightly Review*, LXXII.

James, N. and D. Field, 1992, "The routinization of hospice : charisma and bureaucratization," *Social Science and Medicine*, 34–12 : 1363–1375.

Jupp, P.C., 2005, *From Dust to Ashes : cremation and the British way of death*, Basingstoke : Palgrave Macmillan.

Katz, J., 2001, "Nursing homes," G. Howarth and O. Leaman, eds., *The Encyclopedia of Death and Dying*, London : Routledge.

Klass, D., 1981, "Elisabeth Kübler-Ross and the tradition of the private sphere : an analysis of symbols," *Omega*, 12–3 : 242–267.

Klass, D., P. R. Silverman and S. L. Nickman, eds., 1996, *Continuing Bonds. New Understandings of Grief*, Washington, DC : Taylor & Francis.

Kübler-Ross, E., 1970, *On Death and Dying*, New York : Macmillan.

LeGoff, J., 1984, *The Birth of Purgatory*, London : Scolar.

MacConville, U., 2004, *An Exploration of a 'Good Death' and Spiritual Care in a Palliative Care Setting in Ireland*, unpublished Ph.D thesis, University of Bath, UK.

McManners, J., 1981, *Death and the Enlightenment : changing attitudes to death among Christians and unbelievers in Eighteenth-century France*, Oxford : Clarendon.

Mitchison, R., 1977, *British Population Change Since 1860*, London : Macmillan.

Mulkay, M., 1993, "Social Death in Britain," D. Clark, ed., *The Sociology of Death, Sociological Review Monograph*, Oxford : Blackwell.

Parkes, C.M., 1972, *Bereavement : Studies of Grief in Later*

*Life*, London: Tavistock.

Parkes, C.M., 1996, *Bereavement: studies of grief in adult life*, 3rd ed., London: Routledge.

Porter, R., 1989, "Doctors and Death in Georgian England," R. Houlbrooke, ed., *Death, Ritual and Bereavement*, London: Routledge.

Prendergast, D., J. Hockey and L. Kellaher, 2006, "Blowing in the Wind? Identity, Materiality, and the Destinations of Human Ashes," *Journal of the Royal Anthropological Institute*, 124: 881–898.

Prior, L., 1989, *The Social Organization of Death. Medical discourses and social practices in Belfast*, Basingstoke: Macmillan.

Prior, L. and M. Bloor, 1993, "Why people die: social representations of death and its causes," *Science as Culture*, 3–3: 346–375.

Rando, T., 1993, *The Treatment of Complicated Mourning*, Champaign: Research Press.

Raphael, B., 1984, *The Anatomy of Bereavement: a handbook for the caring professions*, London: Hutchinson.

Rees, W. D., 1971, "The hallucinations of widowhood," *British Medical Journal*, 4–4.

Seale, C., 1998, *Constructing Death. The sociology of dying and bereavement*, Cambridge: Cambridge University Press.

Small, N., 2001, "Theories of grief: a critical review," J. Hockey, J. Katz and N. Small, eds., *Grief, Mourning and Death Ritual*, Buckingham: Open University Press.

Stroebe, M., 1997, "From mourning to melancholia to bereavement and biography: an assessment of Walter's New Model of Grief," *Mortality*, 2–3: 255–263.

Sudnow, D., 1967, *Passing On: The Social Organization of Dying*, Englewood Cliffs: Prentice Hall.

Thomas, V. and P. Striegel, 1995, "Stress and grief of a perinatal loss," *Omega*, 30–4: 229–311.

Thompson, N., 1997, "Masculinity and loss," D. Field, J. Hockey and N. Small, eds., *Death, Gender and Ethnicity*, London: Routledge.

Valentine, C., 2006, "Academic constructions of bereavement," *Mortality*, 11–1: 57–77.

Van Gennep, A., 1909, *Rites of Passage*, Chicago: University of Chicago Press.

Walliss, J., 2001, "Continuing bonds: relationships between the living and the dead within contemporary Spiritualism," *Mortality*, 6–2: 127–146.

Walter, T., 1996, "A new model of grief," *Mortality*, 1: 7–27.

Walter, T., 2008, "The Sociology of Death," *Sociology Com-*

*pass*, 2–1.

Walvin, J., 1982, *A Child's World: A Social History of English Childhood 1800–1914*, Harmondsworth: Penguin.

Winter, J., 1998, *Sites of Memory, Sites of Mourning: the Great War in European cultural history*, Cambridge: Cambridge University Press, Canto edition.

Worden, W., 1982, *Grief Counselling and Grief Therapy*, New York: Springer.

Worden, W., 1991, *Grief Counselling and Grief Therapy*, 2nd, ed., London: Routledge.

Zola, I. K., 1972, "Medicine as an Institution of Social Control," *Sociological Review*, 20: 487–504.

# II

# 死の臨床をささえるもの

# 6章 生と死の時間
## 〈深層の時間〉への旅

広井 良典

本章では、「時間」ということを手がかりに、死生観そして生と死の意味をめぐるテーマを追求してみたい。その理由は、死生観や死ということの意味を考えるにあたって、時間というものをどうとらえるかが、ひとつの核心にあると考えるからである。

同時に、死の意味を考えるにあたって中心に位置するのは、「死とは『無』なのか?」という端的な問いである。言い換えれば、「生＝有、死＝無」という、現代人が素朴にもっている理解は本当に正しいのかという問いであり、このことは、特に現在の日本社会において本質的な意味をもっていると思われる。

## 1 死生観と時間

### もうひとつの「二〇〇七年問題」

イントロダクションとして、時代認識に関わる話から始めたい。少し前に「千の風になって」という歌が人気を集めた。そこでは「死」あるいは「死生観」ということが主題になっているが、この歌は特に中高年以上の層に支持されたようだ。そして、今こうした歌がヒットするということには、次のような日本社会全体に関する時代背景があるように思われる。

戦後の日本社会は、経済の成長あるいは物質的な富の拡大ということをもっぱら目標にして走ってきた。個人の人生にたとえると、社会全体が文字通り「若く」、〝上昇、進歩、成長〟という方向にひたすら坂道を登っていった。それは「生」を限りなく拡大していくということでもあり、その先にある老いや死といったことにはあまり関心を払わず、視野の外に置いてきたのである。

そうしたことがもっとも典型的に現れたのが高度成長期前後であり、また、その時代の只中を生きてきた団塊の世代の人々であるという把握は、若干の単純化を含むものではあれ、大筋において誤ったものではないと思われる。そして、そのような団塊の世代の多くが、二〇〇七年春いよいよ会社を定年退職し始めることになり、退職後の生活・仕事や、あるいは団塊世代の退職後の新社員の補充、技術承継のあり方等々が議論されている。「二〇〇七年問題」と呼ばれる現象であり、その中には、ほぼもっぱら「会社」を中心に物事を考え生活を営んできた彼らが、いかに地域社会に軸足を移していけるかという、〝団塊の地域デビュー〟をめぐる課題も含まれる。

ところで、私自身はそうした比較的外面的な意味での「二〇〇七年問題」のほかに、もう少し内面的な意味での「二〇〇七年問題」があると考えている。

内面的な意味の二〇〇七年問題とは、一つには、これまですべてを「成長、拡大」という視点でとらえてきたような見方――いわば〝離陸〟の発想――から、人生の「着地」の方向へと発想を変えていくという意識の持ち方の変化という点がある。そして究極的には、人間はいつかすべて死を迎える以上、「死生観」というものをそれぞれの中で育て築いていくということが課題になる。

## 死生観の空洞化

ここで死生観とは、あえて簡潔にいえば、「宇宙や生命全体の大きな流れの中で、自分の生や死がどのような位置にあり、またどういう意味をもっているかについての理解や考え」とでもいえるようなものである。戦後の日本社会は、先に述べたように物質的な富の拡大をもっぱら追求するなかで、こうした死生観をめぐるテーマを脇に置き、また伝統的な死生観を忘れてきた。しかしこうした死生観の再構築ということが、「もう一つの二〇〇七年問題」として存在しているのではないかと私は考える。近年、中高年の自殺をめぐる問題が浮上し様々に議論されているが、それは単に経済的な問題にとどまらず、死生観ということまでを含む、内的な問題なのではないだろうか。

そして、この点は単に団塊の世代や中高年層に限られた課題ではない。最近の「スピリチュアル」ブームにも見られるように、「死や生の意味」に対する関心は若い年齢層においても非常に大きくなっており、これは大学で二〇歳前後の若者に日々接していても強く感じることである。要するに、これは日本社会全体の時代変化に関わる事柄なのであり、〝限りない成長、拡大〟という時代が終わりつつある今、死というものをいかに理解し、また何に生きることの価値を見出していくかという根本的な問いに、日本人すべてが向かい合っているともいえる。

以上に述べたことの全体を含めて、私自身は、現在の日本社会は「死生観の空洞化」という状況にあると感じてきた。「死生観の空洞化」とは、一言で言えば〝死ということの意味がよく見えないと同時に、生それ自体の意味もよく見えない〟という状況である。こうした状況は、主観的な印象では、私くらいの世代（一九六〇年前後生まれ）から次第に顕在化し、現在の若い世代においてはより顕著になっている状況ではないかと思われる。

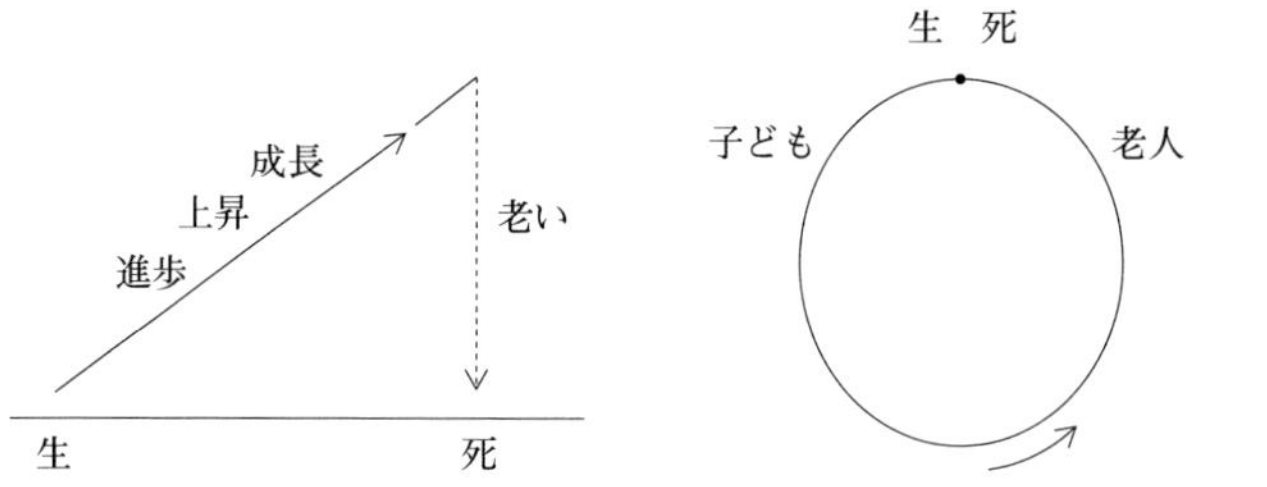


A　直線としてのライフサイクル・イメージ　　B　円環としてのライフサイクル・イメージ

**図1**　ライフサイクルのふたつのイメージ

## 死生観と時間

「死生観の空洞化」という点を中心に現在の日本の時代状況に関する議論を行ったが、ではこれらと冒頭で述べた「時間」はどうつながるだろうか。

話の手がかりとして、「ライフサイクル」のイメージというものを考えてみたい。ここで「ライフサイクル」とは、人が生まれ、成長し、老い、死んでいくという人生の全体的な過程、という意味であるが、ライフサイクルというものについて人々がもつイメージには、さしあたり大きく二つのタイプがあるように思われる。ひとつは「(A) 直線としてのライフサイクル（人生）・イメージ」であり、もうひとつは「(B) 円環としてのライフサイクル（人生）・イメージ」である（図1参照）。

前者（直線としてのライフサイクル・イメージ）の場合、人生とは基本的に〝上昇、進歩する線〟のようなものであり、死はその果ての「無」への落下という意味合いが強くなる。想像されるように、ユダヤ・キリスト教の世界観はこちらのライフサイクル・イメージに重なってくるが、その場合には死の果ての先に「(世界の)終末における再生、復活」が想定されているので、個人の死は単にそこで終わるのではない。再生の後に「永遠の生命」に至るというのがそこでのもっとも重要なポイントである。

一方、おそらく高度経済成長時代を駆け抜けてきた戦後の日本人にとってのライフサイクル・イメージも、ある意味でこうした「直線的」なそれに近かったと言えるのではなかろうか。「生」の充実・拡大を、物質的な豊かさの実現を通じて追求していき、その果てにある「死」については視野には入れないようにする……。そのような志向が社会全体に強くあらわれた時代だったように思えるのである。

一方、後者（円環としてのライフサイクル・イメージ）のほうでは、人生とは、生まれた場所からいわば大きく弧を描いてもとの場所に戻っていくようなプロセスとして考えられる。したがって、こうした見方では、「生」と「死」とは同じ場所に位置することになる。生と死とが同じところに位置するとは一見奇妙に響くかもしれないが、考えてみれば、「生まれる前の世界」と「死んだ後の世界」は、かりにともに無であるとしても、まさにともに「無」である限りにおいて区別がつかないわけだから、死とは「生まれる前の場所へ戻っていくこと」であると考えてもよいわけである（こうしたライフサイクルや死の理解については後にさらに考えたい）。

以上は「個人」のライフサイクル（人生）にそくした話であるが、実はこれと同じようなことを、個人の生を超えた、いわば宇宙全体についても考えることができる。いわば、「個人の時間（ライフサイクル）」に対する意味での「宇宙の時間（ライフサイクル）」についての理解である。

そして、ここでもやはり直線的な時間と円環的な時間という対比が浮かび上がる。前者は要するに「宇宙には始めと終わりがある」という考えないし理解である（正確にいうと「直線」というより「線分」としての時間ということになる）。これに対して後者は、いわば「永遠の質料（素材）」とでも言うべき不動の中心があり、そのまわりを現象としての時間が回転しているが、中心はいわば「永遠」に不変である、といったイメージである。後にも見るように、仏教の時間観は基本的にこうした要素をもつものであるだろうし、一方、初期のキリスト教神学は、後者（円環）を象徴するギリシャ的な時間観に対し、前者の（直線的な）宇宙観ないし時間観を体系化するのにもっとも大きなエネルギーを注いだのであった（フォン・フランツ（一九八二）、広井（二〇〇一）参照）。

## 二つの「永遠」

こうしたことを少し別の角度からみると、これらはいずれも「永遠」というものを、それぞれ違ったかたちではあれ、何らかのかたちで位置づけようとする試みであるように見える。つまり、キリスト教の場合には、「始めと終わり」のあるこの世の時間の先に、つまり終末の先に、この世とは異なる「永遠の時間」が存在すると考える。さらに言えば、そこに至ることこそが救済への途となる（死→復活→永遠という構図）。他方、仏教の場合には、回転する現象としての時間の中にとどまり続けること、つまり輪廻転生の中に投げ出されていることは「一切皆苦」であり、そこから抜け出して（車輪の中心部である）「永遠の時間」に至ることが、やはり救済となる（輪廻→解脱→永遠という構図）。

ここで急いで補足すると、ここでいう「永遠」とは、「時間がずっと続くこと」という意味よりは、むしろ「時間を超えていること（超・時間性）」あるいは「時間そのものが存在しないこと（無・時間性）」といった意味である。そしてこうした「永遠」というテーマは、そのまま「死」というものをどう理解するかということと直結する主題である。だからこそ、多くの宗教にとって、というより人間にとって、この「永遠」というものをどう位置づけ理解するかが、死生観のひとつの根幹をなすことになる。

しばらく前に、地域の文化センターのようなところで以上のような話をしていたら、早速聴講者の方から次のような質問が出た。それは「キリスト教の場合は、この世界の始まりの前と、終わりの後に、それぞれ『永遠』があることになるが、ではその二つの『永遠』は同じものなのか、別物なのか」という質問である。これは一見、言葉を遊んでいるような内容に聞こえるかもしれないが、全くそうではなく、いまここで考えているテーマの核心をついた内容となっていると私は思う（ちなみにクルマンという神学者が『キリストと時』（クルマン、一九五四）という本のなかで主題的に論じたのもこの点であった)。

その場で私は自分自身の理解がはっきりしていないことに戸惑いながら、とりあえずこう答えた。「それは別物だと思う。なぜなら、もし同じだと言ったら、それは結局もとの場所に帰ることになって『円環的な時間』と同じになってしまうから」。つまり、あくまで「始めと終わり」が区別されるか、同じと考えるかという点に、さきほどからの「円環的な時間」と「直線的な時間」の違いがあるわけである。それは、いわば〝時間軸上に永遠を位置づける〟か(キリスト教の場合)、〝時間に対して永遠を優位に置く〟か(仏教など)、という違いと言ってもよいだろう。

このように考えていくと、再び問いは先にふれた個人の生と死(ライフサイクル・イメージ)の問題に帰ってくる。はたして私たちにとって、生まれる前の場所と死んでいく場所とは同じなのだろうか。そして、それを「永遠」と呼ぶかどうかは別にして、それは一体何であろうか。

ライフサイクルをめぐる円環と直線、宇宙の始まりと終わり、「永遠」の意味……ここまでの記述で死生観ということに関して言及してきたこれらのことがらは、すべて「時間」に関することがらである。つまり、死生観というものの核心にあるのは、実は「時間」というものをどう理解するかというテーマなのではないか。これが本章での基本的な問題意識である。

## 2 宇宙の時間と永遠

### 時間は「いつ」生まれたか

議論をさらに進めよう。ここまで主に話題にしてきたのは、私の死後や宇宙の死(消滅)の後、という、世界や時間の「終わり」に関することであるが、同様に、世界や時間の「始まり」はどうなっていたのか、という問いが自然と浮かび上がってくる。

この古くて新しい問いについて、今に残るかたちでもっともストレートな議論を古い時代に展開した一人が、四―五世紀に活躍し中世のキリスト教神学の基礎固めを行った人物であるアウグスティヌスである。

アウグスティヌスがその著書『告白』の中で「時間」について問うとき中心的なテーマのひとつとなっているのは、太初に神が世界を創造したとする旧約聖書「創世記」の記述である。ここで確認的にふれておくと、当時アウグスティヌスが何らかのかたちで決着をつける必要があったのは、ギリシャ的な時間観――世界には「始まり」も「終わり」もなく、いわば「永遠の質料（素材）」ともいうべき不動の中心のまわりを現象が無限に生起し繰り返している、という時間観あるいは宇宙観――をどう受けとめるか、という点であった。言うまでもなく、このようなギリシャ的な時間観は、世界には「始まりと終わり」があるとするキリスト教的な時間観と真っ向から対立する。もちろん、アウグスティヌスは、「世界は無から造られた」（無からの創造）ということをはっきりと定式化したうえで、結論としてはキリスト教的な時間観の正当性を基礎づけようとするわけであるが、そのためにはどうしても宇宙と時間の「始まり」をめぐる問題に決着をつける必要があった。

アウグスティヌスの議論は次の問いをめぐって展開する。それは、神が天地（世界）を創造したのだとするなら「神は天地を創造する以前、何をしていたのか」と問い返す者に対してどう答えられるのか、という点である。彼によれば、〝そうした愚かな問いを発する人のために神は（創造前には）地獄の準備をしていたのだ〟と冗談めかして答える人がいるけれど、自分（アウグスティヌス）はそんなふざけた答えはしないと言う。問いは問いとして真正面から答えられなければならない。そしてこれは、後にも見るように現代の宇宙論にもつながる、根源的な問いとも言えるものである。

これに対するアウグスティヌスの答えは、きわめてシンプルでありまた明快である。それは、〝「時間」そのものも創造の時に生まれた〟というものである。彼自身の言葉を聞いてみよう。

まさに時間そのものを、あなた（神）はお造りになったのですから、時間をお造りになる前に、時間が過ぎ去るなどということはありようはずがありません。天地の存在する以前には時間も存在しなかったとすると、「そのときあなたは何をしていたか」などと、どうしてたずねるのでしょうか。時間がなかったところには、「そのとき」などもなかったのです（『告白』第一一巻第一三章）。

これはある意味できわめて論理的で首尾一貫した考えと言えるだろう。宇宙の創造において、「時間」そのものも作られたのだから、その「前」はどうだったか、といった問いは、もはや問いとしての意味を失う。

そして、以上のように述べたうえで、アウグスティヌスはこの答えを次のように要約的に表現する。「あなたは時間に先立ちますが、時間において時間に先だつのではありません」と。これは少しわかりにくい言い方かもしれないが、次のような問いを考えてみるとその意味が明瞭になる。それは、かりに「時間」そのものがある時点（宇宙の創造の時）で生まれたのだとして、その上で「時間は〝いつ〟生まれたか」という問いを発してみることである。この問いはある面では意味のある問いであり、別の面では「意味を失う」問いになっている。つまり、先ほどから述べているように、時間そのものもある時点から生まれたのであり、それは宇宙創造の時であるという限りでは、これは意味のある言い方であり、しかも「時間は〝いつ〟生まれたか」という問いへの答になりえている。ところがここで、その「時間の誕生」それ自体を、さらに位置づけることのできる（いわばより上位の）時間座標があると考えるとするならば、それは誤りであろう。なぜならそこでは時間（座標）そのものが存在しないのだから。

だとすれば、私たちがいま生きているこの宇宙、つまり誕生と同時に「時間」そのものも生まれたというこの宇宙は、それ自体はいわば「時間のない世界（無・時間性）」の中にぽっかりと浮かんでいる島のようなものではないか、という新しいイメージが生まれる。〝「永遠」の中に浮かぶ（宇宙という）時間をもった世界〟とでも言えようか。つまり、宇宙は（その内部に）時間をもっているが、その宇宙そのものは時間の中に（または時間軸の上に）あるのではないという理解である。

### 現代の宇宙論と時間

非常に興味深いことに、現代の物理学や宇宙論がたどりつこうとしている地点は、アウグスティヌスが追求した問いに再び回帰しているように思われる。そうした点を、もっとも自覚的なかたちで論じている人物の一人が、日本でも有名な宇宙物理学者のホーキングである。ホーキングは、ニュートンの『プリンキピア』刊行（一六八七年）後三〇〇年を記念して出版された論文集『重力の三〇〇年』において、次のように述べる。

宇宙は極小の半径をもって「無から創造された」ということもできよう。しかしながら、「創造」という語の使用は、宇宙がある瞬間以前には存在せず、その瞬間ののちに存在したかのような時間概念を含意するように思われる。しかるに、アウグスティヌスが指摘したように、時間はただ宇宙の内部でのみ定義され、その外部では存在しないものである。（中略）

現代の見方もこれと非常に良く類似している。一般相対性理論では、時間は宇宙の中の出来事にラベルを貼る座標にすぎない。時間は、時空の多様体の外部ではいかなる意味ももたない。宇宙が始まる前に何が起きたかを問うことは、地球上で北緯九一度の点はどこかと問うようなものである――そのような点は単に定義されていないのである。創造され、おそらくは終末に達する宇宙について語る代わりに、人は単に次のように言うべきだろう――「宇宙はあると（The Universe is）」（"Quantum Cosmology" 田中（一九九二）より引用。強調引用者）。

ここでは、時間をめぐる古くからのテーマの主なものが、現代の宇宙論の装いとともに、新しい表現を与えられて再び登場している。そしてそれは、先に述べた「時間と永遠」をめぐる問いにそのままつらなるものとなっている。つまり、以上一瞥したような現代の宇宙論の展開を踏まえると、まず「直線的な時間が〝実在〟し、そのある時点で世界が始まった（あるいは創造された）」といった素朴な（近代的とも言える）見解はまず退けられる。実はこれはアウグスティヌスが既に指摘していたことである。つまり、「時間そのものもまた世界とともに作られた（あるいは生まれた）」のである。

こうなると、本章の初めのほうで指摘した問い、つまり「時間軸上に永遠を位置づけるか（キリスト教の場合）、時間に対して永遠を優位に置くか（仏教など）」という問いが、新しい形で光をあてられることになる。現代の宇宙観は、無境界説（ホーキングが一九八三年に発表した説で、宇宙は「大きさは有限だがどんな境界も縁ももたず、始まりも終わりもない」ものとされる）のような考えを見る限り後者の（仏教的な）世界観に接近しているとも思える。しかしビッグバン理論そのものを考えると、次のような意味で両者つまり仏教的な見方とキリスト教的な見方を統合するような世界観が開けてくることになるかもしれない。

すなわち、現代の宇宙論が示す宇宙像は、そこに内在する限り、ダイナミックな「歴史」をもつもの、という点ではキリスト教的な歴史観に親和的なものを含んでおり、しかしそれをさらに高いレベルからみるとそれは「始まりも終わりもない」存在であって、先ほど述べた〝永遠の中に浮かぶ島〟のようなイメージ、その限りで仏教あるいはギリシャ的な宇宙像に近いものとなる。

それでは彼らが、つまり神学者や宇宙物理学者たちが——そしてもしかしたら仏教やキリスト教いずれもが——到達しようとした地点は、「ある同じ場所」を指し示しているのだろうか。そして私たちは、これらの歩みを通じてど

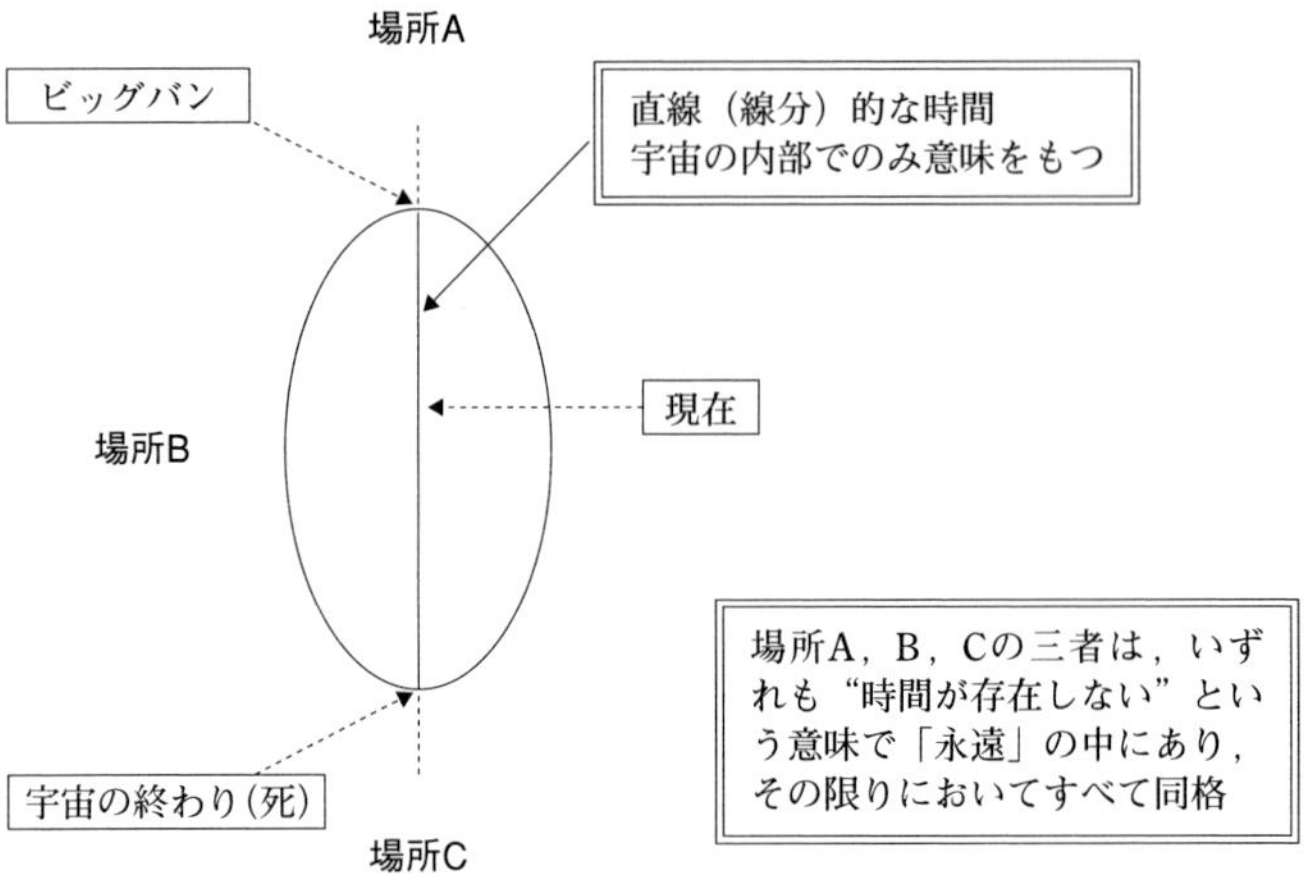


**図2**　宇宙の時間と永遠

のような時間や世界、ひいては生と死についてのイメージをもつことができるのだろうか。

### 宇宙の時間と永遠

図2は以上論じてきたような内容を私なりの視点でまとめたものである。図における中心にある縦の線は、私たちが通常イメージしている「直線的な時間」であり、これはビッグバンから宇宙の終わりまで（過去から未来へ）延びている。しかし先ほどから確認しているように、こうした時間が存在するのは宇宙の存在の内部に限ってであり、その〝前〟や〝後〟においては、つまり宇宙の生まれる前や宇宙の無くなった後には、「時間そのもの」が存在しない（なおこの話は、ここでの「宇宙」を「私」と置き換えれば、そのまま「私の生まれる前」と「生まれる後」をめぐる議論とパラレルなものとなる）。

そして、「時間そのものが存在しない」（無・時間性）という意味において、それは「永遠」と言い換えられるものであり、以上のような全体イメージを、これまで〝永遠という海に浮かぶ島〟と表現してきたのである。

このような理解を踏まえると、次のような新しい認識も生まれる。それは、図2に示している「場所A」、「場所B」、「場所C」の三者は、一見異なるもののように見えるが、究極的には同じものであるということである。つまり「場所A」という〝ビッグバン以前のはるか昔の場所〟も、「場所B」という〝現在の宇宙の果てのはるか遠くの場所〟も、「場所C」という〝宇宙が終焉した後のはるか未来の場所〟も、すべて同じということになる。これらが異なっているように見えるのは、あくまで宇宙内部の（つまり私たちが生きているこの世界の）時間の存在をその枠外にも広げて考えてしまうからに過ぎない。比喩的な表現をするならば、私たちはこうした意味で、日々日常を送っているなかにおいても、いわば〝永遠に囲まれて生きている〟ということができるだろう。

ここまでの議論を再確認すると、明らかになったのは「直線的な時間が存在するのは、宇宙あるいは存在の内部のみであり、私たちが日常で思い描いているそうした（直線的あるいは線分的な）時間をその前後に延長してはいけない」ということである。このように考えていくと、先に「（B）円環としてのライフサイクル（人生）・イメージ」と呼んだ時間のイメージが、あらためて重要な意味やリアリティをもって浮かび上がってくる。

つまり、宇宙にそくして言うならば、先に「二つの永遠」という話題を取り上げたわけだが（〝宇宙の始まる前の「永遠」と終わった後の「永遠」は同じか〟という問い）、これは「同じ」ということになるし、個人の生死にそくして言うならば、私たちが「生まれる前の世界」と「死んでから行く世界」は（ともに〝永遠＝無・時間性〟という意味において）同じなのである。ではそれは何なのか。

## 3 深層の時間

### たましいの帰っていく場所

ここで、「(B) 円環としてのライフサイクル・イメージ」についてさらに掘り下げて考えてみよう。筆者にとって、そもそも (B) のようなライフサイクルというものを具体的なイメージとともに感じるきっかけを与えてくれたのは、『バウンティフルへの旅 (The Trip to Bountiful)』という作品である。これは一九八五年のアメリカ映画で、「バウンティフル」はアメリカ南部の地名。主演女優のジェラルディン・ペイジはこの作品により同年のアカデミー主演女優賞を受賞している。

内容をごく簡単に紹介すると、ペイジ演ずる主人公の老女 (七〇代後半くらいであろうか) は、夫には大分以前に先立たれ、今は息子夫婦とともに町中に暮らしている。

自分の死がそう遠くないであろうことを意識し始めているこの老女は、死ぬ前に一度だけ、生まれ育った場所であるバウンティフルを訪れたいと思うようになる。バウンティフルは、現在住む町中からは遠く離れた田舎であり、今ではほとんどただの草原のようになっているところだ。老女はその希望を息子らに言うが相手にされない。そこで彼女は、周到に計画を立てた上で、ある日こっそり家を抜け出し、長距離バスを乗り継いでバウンティフルまでの旅を「決行」することになる。

ここから先はむしろ映画をご覧いただければと思うが、最終的には彼女はバウンティフルでの、草原のなかの自分が幼少期を過ごした家を見とどける。そのすぐ後に、追いかけてきた息子夫婦につかまり、連れられて家に帰ることになる。彼らの乗った自動車がバウンティフルの草原を去るところで映画は終わる。

ここでこの映画を紹介したのは、それが人生のなかの「老い」や「死」というものの意味を、ある形で大変印象深く描いているように思えるからである。一つには、これから考えていくように、「自分が生まれ育った場所を、死ぬ前にもう一度見とどけたい」という思いは、人間の心の深い部分に根ざす、ある普遍的な意味をもった希《ねが》いであるように思われる。このことを、先ほどの「円環としての人生イメージ」と結びつけて考えてみると、老女の「死ぬ前に生まれ育った場所をもう一度見とどけたい」という願いは、このような回帰する生のイメージと連なっているのではないだろうか。すなわち、彼女にとってバウンティフルは、「生まれた場所」であると同時に、いわば「たましいの帰っていく場所」ともいうべき存在としてあったのではないだろうか。そしてそうした感覚は、もしかしたら、宗教や文化の違いを超えて、私たち人間のいわば意識の古層に根ざす普遍的なものではないだろうか。

## 深層の時間

以上のようなことを、「日常の時間と深層の時間」(あるいは「現象としての時間と潜在する時間」)という考え方でとらえ直してみると次のようになる。

私たちは、日々の日常の中で、いわば「日常の時間」というべき時間を生きている。それは通常、「カレンダー」的な時間であり、実質において、過去から未来へとつらなる「直線」としての時間である。しかも、そうした直線的な時間イメージは、考えてみると、私自身の「意識の流れ」と重なり合っているように思われる。いわば、各人一人ひとりが、それぞれにそうした内的な意識の流れをもち、それら自体は互いに直接交わることはなく並行するラインのようなものとして流れ、ただ言葉や表現を通じてコミュニケーションをとり合う……。私たちの日常の「時間」と「自我」のイメージをあえて表現すれば、そうしたものとなるであろう。

しかし、そうした「日常の時間」または直線としての時間というものは、実体として存在するものではなく、むし

| | | |
|---|---|---|
| 日常の時間（表層） | 水準3　直線としての人生／時間…………自我（個人） | |
| ↑ | | |
| ↓ | 水準2　円環としての人生／時間…………ケア／共同体（他者との関係性） | |
| 深　層 | 水準1　深層の時間　（潜在する時間） | |

**図3**　「日常の時間と深層の時間」の構造

ろ私たち人間の意識が作りだした一種のフィクション、仮想的な存在にすぎないのではないか（これは、前節での「直線的な時間は宇宙の存在とはなれて独立に存在するものではない」という認識とも呼応することになる）。言うならば、私たち人間は、「直線としての時間」といういわば〝共通のメガネ〟を通して世界を見ているのである。かりに、全員が「赤いレンズ」のメガネをかけて世界を見ると、世界そのものが「赤い」という属性を帯びているものと錯覚される。ちょうどこれと同じように、私たちは「直線としての時間」そのものが実体として存在するように思いがちである。しかし、そうした直線的な時間は、私たち人間の意識のもっとも表層にあるいわば仮構的な存在であり、まさに日常用の〝メガネ〟に過ぎない。先に述べた「（A）直線としての人生イメージ」と「（B）円環としての人生イメージ」にそくして見ると、「直線としての人生イメージ」は意識のもっとも表層の日常的時間であり、その底には「円環としての人生イメージ」あるいは時間が存在している。しかも、「円環としての人生／時間イメージ」の底には、さらにもっとも深層としての世界が存在している。

議論がかなり錯綜してきたので、ここでいま述べていることを整理すると図3のようになる。

図3の水準3では、先に述べたように「直線としての時間」と「自我」の意識が一体となって存在している。これはもっとも日常的な意識の層である。一方、自分の死の近いことを予期し始めた『バウンティフルへの旅』の老女が求めた「時間」はいっ

たい何だったのだろうか。それはたんなる幻想だったのだろうか。

私は、それらこそがここでいう「深層の時間」ではないかと考える。すなわち、日常の直線的な時間の底には回帰する円環としての時間があり、さらにその根底には、もっとも深部に位置する深層の時間が存在する。たとえて言うと次のようなことである。川や、あるいは海での水の流れを考えると、表面は速い速度で流れ、水がどんどん流れ去っている。しかしその底のほうの部分になると、流れのスピードは次第にゆったりとしたものとなり、場合によってはほとんど動かない状態であったりする。これと同じようなことが、「時間」についても言えるのではないだろうか。日々刻々と、あるいは瞬間瞬間に過ぎ去り、変化していく時間。この「カレンダー的な時間」の底に、もう少し深い時間の層というべきものが存在し、私たちの生はそうした時間の層によって支えられている、とは考えられないだろうか。

私たちの日常は、いつも「カレンダー的な時間」に追いまくられているけれども、生はこうした深層の時間に支えられてこそはじめてエネルギーを得ることができるのではないか。そして人間は、人生の節目において、こうした「深層の時間」との直接的な接触を求め、それを通じてのみ新しい力を得る、ということが言えるのではないだろうか。

## 4　死とは「無」なのか

### 永遠と死の意味

本章での以上の議論の全体を踏まえた上で、それでは永遠とは何か。また死とは何か。

それは私たちが通常有する言語表現を超え出るものともいえるが、しかし一つの近似的な比喩として、(『バウンティフルへの旅』から浮かび上がる「たましいの帰っていく場所」というイメージを踏まえつつ)「深層の時間」という表現を使った。つまり以上の文脈を踏まえれば、「深層の時間」、「永遠」、「死」の三者は同じことの別の表現ということになる。

ではそれはいったい何か。以上の議論を踏まえてなお、「死が『無』であることについては変わりないのではないか」という問いが発せられるかもしれない。ここでは、この点についてのもっとも硬質な表現の次元での私の考えを以下に記しておきたい。

それは、一言で言えば「死とは、有でも無でもない何ものかである」というものである。

通常私たちは、「生とは有であり、死とは無である」というふうに考えている。しかしはたしてそうだろうか。

まず生についてであるが、考えてみると、私たちの生きるこの世界は、次のような意味で〝「相対的な有」と「相対的な無」の入り混じった世界〟である、という理解が可能と思われる。

つまり、たとえば私がいま目の前のテーブルの上にあるコーヒーカップを見ているとしよう。コーヒーカップは私の前に確かに存在している。けれども、そのようにコーヒーカップを私が認識しているというとき、私は実際には私のほうには見えないカップの「裏側」もまた、(見えないけれども)確かにそこに存在していると了解している。いやそれどころか、そうしたコーヒーカップの、現在は見えない背面が当然に存在しているということがあって初めて、それは「コーヒーカップ」という物として認識されるのである。このように考えていくと、私たちが生き認識しているこの世界は、「有」に満ちているのではなくて、むしろそこにはいわば無数の「無」が介在しており、しかもそうした無数の「無」によってこそ、世界はある安定した秩序を保って存在している、と考えることができるのではないだろうか。

しかも、その場合の「有」は、次のような意味で「相対的」なものである。たとえばコーヒーカップが視覚像として「白く」見えるのは、背後にあるテーブルの薄茶色との対比においてはじめて、自らのその色を主張できるのであり、これは色彩に限らず最終的にはすべての属性について言えることである。つまり他との関係や対照をまって初めて浮かび上がるという意味で、「有」そのものもまた「相対的」である。

したがって以上を踏まえると、先ほどふれたように、私たちの生きている世界は〝「相対的な有」と「相対的な無」の入り混じった世界〟であるということが言えると思われる。

ここまで考えてくると、次のような、ある意味で常識破壊的な見方が可能となる。それは、「もし『絶対的な有』というものが存在するとしたら、それは究極において『絶対的な無』と一致するものであり、それがすなわち死ということに他ならない」という考えである。

つまり、いま述べたように、他との関係や無数の「無」の存在によって成り立っているのが私たちの生きるこの世界である。だとすれば、もしも「絶対的な有」――「純粋な有」といってもよいかもしれない――というものがあるとすれば、それは他とのいかなる関係性ももたず、自己完結的に「すべて」であるような何ものかである。ならばそれは「絶対的な無」あるいは「純粋な無」と一致するのではないだろうか。そして、そのような「絶対的な有＝絶対的な無」こそが、他でもなく「死」ということ（また「永遠」と呼ばれるもの）と考えられるのではないだろうか。先ほど、ここでの結論が「死とは、有でもなく、また無でもない何ものかである」と述べたのはこうした意味をさしてのことである。

つまり整理すると、私たちは通常、

生＝有

死＝無

というふうに考えている。しかしそうではなく、

生＝〝「相対的な有」と「相対的な無」の入り混じった世界〟（＝時間のある世界）

死＝絶対的な無＝絶対的な有（＝永遠）

というのがここでの結論である。

したがって、死は私たちが通常考えるような意味での「無」ではない。あえていえば、それは私たちがふつう言うところの「有」と「無」のいずれをも超えた、ひと回り大きな「何か」ではないだろうか。そしてそれは時間そのものを超え出ているという意味で「永遠」と呼べるものである。

キリスト教や仏教が「永遠の生命」、「涅槃」といった言葉あるいは概念で表現してきたものは、あえてそれを硬質な言葉で表そうとするならば、そのような何かなのではないだろうか。

## 5　おわりに――自然のスピリチュアリティ

以上がここでの、もっとも抽象化された次元での「死」や「永遠」（あるいは「深層の時間」）についての理解であり結論である。しかし、やや主観的なものになってしまうが、私にとってこうした内容について本当の意味で自分が納得できる手ごたえのようなものを持てるようになったのは、以下に記すような「自然のスピリチュアリティ」とい

**表**　日本人の死生観の三つの層

| | 特　質 | 死についての理解／イメージ | 生と死の関係 |
|---|---|---|---|
| **A**“原・神道的”（汎神論的）な層 | 「自然のスピリチュアリティ」 | 「常世」,「根の国」等<br>→具象性 | 生と死の連続性・一体性 |
| **B** 仏教（・キリスト教）的な層 | 現世否定と解脱・救済への志向 | 涅槃等（仏教の場合），永遠の生命（キリスト教の場合）<br>→抽象化・理念化 | 生と死の二極化 |
| **C**“唯物論的”な層 | “科学的”ないし“近代的”な理解 | 死＝「無」という理解 | 生＝有<br>死＝無 |

う理解ももつようになってからであった。これについて最後に述べてみよう。

議論を若干迂回させるようだが、「日本人の死生観の三つの層」ということについてまず整理してみたい（日本人とひとまず記すが、究極的には以下に述べることは日本人に限らない、より普遍的な意味をもっていると考えている）。

日本人にとっての死生観は、ごく大まかにとらえ返すと、次のような三つの層が主なものとして指摘できるのではないかと思われる（広井（二〇〇三）参照）。

第一の層は、もっとも基底にある次元で、「〝原・神道的〟（ないし汎神論的）な層」とも呼びうるものである。これは「自然」の様々な事物・事象の中に、たんなる物理的な存在を超えた、あるいは生と死を超えた何かを見出すような感覚ないし死生観をさしている。山や木や風や川等々に〝八百万《やおよろず》の神様〟を感じ取る感覚でもあり、そこには同時に「死」が含まれている。あるいは、『古事記』等に出てくる「常世《とこよ》」「根の国」といった他界観であり、そこでは「死」がこの世界のどこかに存在する場所として具体的にイメージされている。こうした死生観ないし世界観をここではひとまず「自然のスピリチュアリティ」という言葉で表現してみたい。

第二の層は、「仏教的（あるいはキリスト教）的な層」であり、これは仏教伝来とともに伝わり、第一の層の上に築かれるような形で浸透していったものである。キリスト教もそうであるが、これら言語化され体系化された高次宗教の死生観においては、本章の中でも論じてきたように、「死」は「永遠（の生命）」、「涅槃」といった概念とともに、抽象化・理念化された形でイメージされる。

第三の層は、戦後とくに高度成長期に支配的になった死生観で、端的にいえば「死は無である」という（あるいは「生＝有、死＝無」という）死生観である。個人の意識や存在を物理化学的な事象として理解し、そうした見方を〝科学的〟ととらえるような考え方の枠組みである。そしてこの第三の層が、本章の冒頭で議論したような経済成長という時代状況とも呼応する形で、戦後あるいは高度成長期以降の日本人にとって圧倒的な「力」をもったことはあらためて言うまでもない。

以上、死生観の三つの層ということを簡潔に述べたが、この三つは互いにどういう関係あるいは「構造」にあるのだろうか。私は、これは「死」及び（生と死を超えた存在としての）「神（神々）」というものが、人々から次第に遠ざかっていったプロセスではなかったかと考える。つまり、第一の層においては、「死」や「神々」は自然の中の具体的な事象とともに存在するものとして身近に感覚されていた。生と死は連続していて一体のものだったともいえる。第二の層においては、そうした「死」や「神」は抽象化・理念化された概念となり、いわば人間にとって〝無限遠点〟に遠ざけられ、「生」と「死」は明確に異なるものとして二極化される。最後に第三の層においては、そのようにして理念化・抽象化された「死」及び「神（神々）」が、端的に〝存在しない〟ものとされる。

こうした意味で、「死の抽象化・無化」と「神（神々）の抽象化・無化」は、パラレルな出来事といえるのではないだろうか。ここでの「神（神々）」とは、特定の宗教における神というよりも、先にふれた〝八百万《やおよろず》の神様〟や、世界の各地域におけるもっとも基層的な自然信仰に見られるような、「自然（あるいは宇宙）の中に、単なる物理的な存在を超えた何かを感じる感覚ないし世界観」（＝自然のスピリチュアリティ）とも呼べるものであり、言いかえれば「（狭い意味での）『存在』の中に『永遠』や『死』を見出す世界観」と呼べるものである。

私たち現代人あるいは現代の日本人にとって大事なのは、特に戦後の高度成長期に次々と脇にやり忘れていった第一・第二の層を、もう一度確かめ、そことのつながりを回復し、何らかの着地点を見出していくことではないだろうか。このことが、本章で述べてきた「たましいの帰っていく場所」、「深層の時間」といった主題とも重なっていくと思われるのである。

＊話題をひと回り広げることになるが、以上に述べてきたような内容は、より具体的なレベルにおいて、様々な「ケア」やコミュニティでの実践活動ともつながっていくものであり、そうした一つとして筆者は「鎮守の森・お寺・福祉環境ネットワーク（ないし福祉・環境・スピリチュアリティ・ネットワーク（Welfare, Ecology and Spirituality network））」という試みを行っていることを付言させていただきたい（広井（二〇〇五）参照）。

## 文献


アウグスティヌス、一九七八、『告白』（山田晶訳）中央公論社。

クルマン、一九五四、『キリストと時』（前田護郎訳）岩波書店。

エリアーデ、一九六三、『永遠回帰の神話』（堀一郎訳）未來社。

遠藤周作、一九九六、『死について考える』光文社文庫。

グールド、一九九〇、『時間の矢　時間の環』（渡辺政隆訳）工作舎。

ホーキング、一九八九、『ホーキング、宇宙を語る』（林一訳）早川書房。

広井良典、一九九七、『ケアを問いなおす――〈深層の時間〉と高齢化社会』ちくま新書。

広井良典、二〇〇一、『死生観を問いなおす』ちくま新書。

広井良典、二〇〇三、『生命の政治学――福祉国家・エコロジー・生命倫理』岩波書店。

広井良典、二〇〇五、『ケアのゆくえ　科学のゆくえ』岩波書店。

鎌田東二、二〇〇〇、『神道とは何か――自然の霊性を感じて生きる』ＰＨＰ新書。

河合隼雄、一九九四、『青春の夢と遊び』岩波書店。

真木悠介、一九八一、『時間の比較社会学』岩波書店。

本川達雄、一九九六、『時間』NHKライブラリー。

田中裕、一九九二、「現代宇宙論と宗教」『岩波講座宗教と科学4　宗教と自然科学』岩波書店。

フォン・フランツ、一九八二、『時間——過ぎ去る時と円環する時』（秋山さと子訳）平凡社。

# 7章 なぜ人は死に怯えるのだろうか

芹沢 俊介

## 1 三人称の死と一人称の死

人が死に怯えるとはどういうことだろうか、この小論は、このような問いに対する一つの解答の試みである。死に関して重要な事実がある。それは私が実際に自分の死を経験することはできないということだ。具体的な死はいつも自分ではなく、他人の死である。経験における彼我のこの絶対的な隔たりに死の特異性の一つを認めることができる。

このような死の特異性のもたらす乱雑極まりない現象を、人称態という視点から整理してみせたのがジャンケレヴィッチである。人称態としての死とは一言で表すなら、死にゆく人との関係における私（＝自分）の位置がその死の位相を決めるという考え方である。(1) ざっと説明してみる。

一人称の死において、私は私の死を経験できない。経験不可能である。死は私を離れることなくしたがって主観的である。この経験不能な主観的領域であるということが、自分の死について不安や恐怖、嫌悪といったさまざまな感情を呼び込んだり、死後への想像力をかきたててくる理由と考えられる。

自分が経験する死は、いつも他人の死である。私にとっての他人の死は人称的にいって二つに分けられる。一つは他人の死であっても私にとって家族のような親密な関係にある人の死である。自分ではないという意味では他人なのだけれど、自分と密接で切り離すことができない人の死、言い換えれば「私とあなた」の関係における「あなた」の死。こうした「あなた」という他人の死は二人称の死として把握される。二人称の死は他人事になれないし、対象化も困難である。それゆえに「私」は「あなた」を喪ったことの打撃にさまざまなかたちで悩まされることになる。

もう一つは三人称の死、自分の外に客観的に対象化されてある、自分とは直接的に関係のない死、いうなら私にとっての他人事の死である。このような三人称の死は突き詰めてゆくと死体であり、したがって解剖の対象とすることもできる。それはまた、一つ二つと数えられるゆえに物でもある。私たちが死を認識の対象として扱おうとするとき、死は三人称化されている。三人称としての死であることによってのみ死は知識となり、あるいは情報となり、私たちに共有可能となるのである。

「人はいつかは死ぬ」「人はだれでも死ぬ」という命題がある。このような命題を口にする私は、自分が「いつかは死ぬ」人の一人であり、「だれでも死ぬ」その「だれでも」の一人であることを知っている。すなわち自分も死を免れ得ない存在だということ、同じことだが死を自分の思うようにコントロールすることは不可能であることを知っている。ところが知っているにもかかわらず、そのことが私にとっておびえの対象にはならないのだ。

「人はいつかは死ぬ」「人はだれでも死ぬ」という命題は、誰もが逃れられないという意味で絶対性を帯びているのにもかかわらず、そのことに不安や恐怖や嫌悪といった情緒を喚起されることなく、他人事でいられるのはそれが知識としての死、すなわち三人称の死だからである。

死をめぐる人間のドラマは多く二人称の死をめぐって起きるのだが、この論では、二人称の死についてはいっさい触れない。考えてみたいのは、冒頭に記したように、人が死に怯えるとはどういうことかという問題である。そのためにもっぱら、三人称の死と一人称の死の関係、そして三人称の死の一人称の死への移行という視点を採用する。以降、このような観点から記述を進めようと思う。

いつか死ぬということは受け入れられるんですが、死んでいく過程を考えると不安になります（五〇歳女性　食糧銀行運営）[2]。

「いつか死ぬということ」が受け入れられるのは、それが三人称化された誰にでも所有可能な知識、それも共同の知識としての死であることによる。この知はまた確かめるまでもなく自分にも適用されるとだれもがみなしているゆえに共同の観念、共同の幻想としての死である。一方、生は個体のいま・ここにおける私の事実である。この事実としての私の生のうえに、死は共同の幻想として覆いかぶさっている。こうした事態を圧力として鋭敏に感じないですんでいるのは、死という共同の幻想が、私という生の外にあることによる。個々の生と共同幻想である死とのこのような関係を、吉本隆明は個体である私の生と死の共同幻想は逆立ちするというふうに述べた[3]。

では「死んでいく過程を考えると不安になります」というように、いざ自分の身に起きる出来事として死を想像しはじめると、彼女が動揺をおぼえたのはどうしてだろうか。人称態という見方に立つならこのとき死は、自我にとって、外在的な認識のレベルすなわち三人称の次元を離れ、自分という一個の生の次元へ、一人称の死へと移動したためという理解になる。他人事の死という位置を離れ、私の生の内側、主観へと場所を移したのである。死はとたんに対象化不能になり、自我を不安に陥れる現実性を帯びた。

右の言葉に続く彼女の発言は、彼女の自我が経験した不安の中身を明らかにしている。

すごく苦しむのかしら？　それとも、ある日眠りについて、そのまま目が覚めずに逝ってしまうのかしら？　それなら悪くない死に方ですよね。とにかく、すばやく逝けるほうがいいわ。なかなか死ねない恐ろしさは、十分みてきているから。

死を三人称の次元から一人称の次元へと移行させたのは、あまりに至近の距離でいろいろな人の死に立ち会った体験が、自分はどんな死に方をするのだろうかと想像したときの、強い不安材料になっていることによる。そのため他人事の死を他人事で処理できなくなっている。ここに作用しているのは、投影同一視という心的なはたらきである。死が訪れているのになかなか死ねなかった何人もの人たち、その恐ろしい場面、そのような死に、死の床にある自分を想像し、重ねたのである。あるいはエドガール・モランのように、心的外傷と考えることも可能だ。モランはこのような死の人称性の次元の移行が生み出す恐怖に、外傷性（トラウマティック）反応という精神医学的な解釈をほどこしている。他者の死をみてきたことが心的外傷となって、潜在意識を構成し、自分が死ぬことを考えると恐怖を覚えるのだというのである(4)。

いずれであれ死を考えることによってよみがえってきた恐怖の感情が、眠るような安らかな死への願望を呼び寄せている。人はときにそのようにして一人称化した死の恐怖をやわらげようとするのである。経験不能な自分の死に、私たちが、このように死ねたらといった注文をつけたくなる理由の一つをここにみることができる。

死そのものは怖くありませんが、死ぬのは怖いですね。いろんな人の死をみてきて思うのは、ひどく苦しみながら死ぬのは怖いということです。そういうとき、人はとても孤独ですから（五八歳男性　神父）(2)。

ここでも死は私に強く引き寄せられ、一人称化している。その点で、先の女性と内容的に変わらないと思われるかもしれない。事実そのとおりなのだが、先の女性の発言にはみられなかった重要な言葉が浮上していることも見逃すことはできない。恐怖の感情が濃度を加えることと呼応して、男性は、苦しみながら死へと追い詰められていった人たちの内面に、自己を深く投影させることで、その状態を「孤独」という言葉で把握している点である。死にゆく者への感情移入すなわち投影同一視が、心的外傷という反応のレベルを超えて、死にゆく者に「孤独」を感受させたのだ。五八歳の男性は死にゆくときの孤独が怖いといっているのだ。

「孤独」という言葉には後にもう一度立ち返るだろう。

明らかだと思うが、右の男女二人の死の恐怖には欠けているものがある。それはいまここを生きている自己の身体という契機である。

死をそのような身体性のともなった現実性のあるものとして引き寄せる要因の一つは病気である。病気は、自分の外部のものとみなしていた死を、私の個別の問題へと媒介する。病気が死の人称性を三人称から身体性を帯びた一人称へと移動させるのだ。そのことによって死は、情緒的、想像的な一人称的場所から、「いつか」が「いま」に、「だれでも」が「自分」に、というふうに、私という一個の生体にとっての圧倒的な現実感をともなった問題となるのである。

すでに八〇〇年近くまえ、親鸞は『歎異抄』において、「ちょっとした病気にかかっただけで死ぬかもしれないと心配になる」と述べ、そうなるこころの動きを「煩悩」のなせるわざであると説明している。(5)

「煩悩」を執着と読み替えてよければ、病気が生への執着を表面化させ、その生への執着の強まりが死への恐怖を呼び込んでいることがわかる。生へと強く執着するのは個体の意識（自我）であると考えられるなら、死の共同幻想は個体の意識の発生と呼応して、個体の意識と逆立ちする関係として私たちの外に現われるといっていいのかもしれない。病気はその私たちの外にある死の共同幻想（自我にとっての他者性）を、私という身体の内部に引き込む。そのために病気のもたらすコントロール不能な身体の様態の異変を、内側からの死の信号であるかのように私の自我が受け取り、怯えるのである。

## 2 がんにかかるということ

死に怯えるという主題を論じるのに外すことができない現実の一つに、がん（白血病を含む）の治療をめぐっての生存率という考え方がある。がんという病気が、死と密接につながっているということから作られた用語に相違ない。生存率はある治療——たとえば手術——を受けたあと、患者のうちどのくらいの人たちが一定期間、死なずに生きているかという意味である。したがって、生存率は反転すればそのまま死亡率である。生存率という概念がどこか冷たく感じ、おびえを誘うのは、死に裏打ちされた概念だからである(6)。

生存率という一種の自然科学的な用語にはいくつかの留意しておくべき点がある。

第一は、生存率は反転すればそのまま死亡率であると述べたことにかかわっている。このときの死亡率を構成するのは、三人称の死であり、確率論的に数値化された客観性の極致としての死である。個々の患者は、病気の固有な帰趨（臨床像）を消去され、治療後の生存年月、生存期間としてのみ扱われる。生存期間はさらに集約され、平均値へと吸収されるのである。

そのようにして情報化された死、三人称としての死は生存率として共有されることによって共同の知識になる。私たちはこの共同の知識をがんの治りやすさ・治りにくさの目安としているのだ。ただしあくまで目安であって、生存率がそのまま個人の生存可能性（予後）ではないことは明らかであると思う。この論考の観点からすれば生存率もまた特異な死の共同幻想であるといっていいと思う。

留意点の二つ目は以下である。「いつか死ぬ」が「いま」に、「だれでも」が「自分」に、というふうに死を私という身体性のともなったリアルな一人称の死の領域へと引き寄せる要因の一つは病気であると述べた。がんにかかるということは、さらに一人称の死に現実性が急激に高まることを意味する。すなわち風邪をひくということとがんになるということのあいだには決定的な違いがあるのだ。がん患者になったということは、病気にかかったことによる死の共同幻想の内在化に加えて、もう一つ生存率という独特の死の共同幻想に把捉されることでもあるのだ。

もう少していねいに述べてみたい。「人はいつか死ぬ」「人はだれでも死ぬ」という共同幻想（自我にとっての他者性）を内在的なものに、言い換えれば私という個体の生（自我）との関係である一人称性に、変える契機は病気であり、自分が病気になったときである。

がんについても同様の命題が書ける。「がんは死にいたる病気である」と「だれもががんになり得る」という命題である。これらも共有されている知識である点で共同幻想である。

「人はいつか死ぬ」「人はだれでも死ぬ」という二つの命題と「がんは死にいたる病気である」「だれもががんになり得る」という二つの命題とは、それが知識であるかぎり同じ意味を伝えているだけである。人はがんで死のうと、老衰で死のうと、交通事故で死のうと、いつかはだれもが死ぬという命題のなかでの出来事とみなされるからだ。

だが異なっている点もある。繰り返せば風邪をひいたということと、がんにかかったということでは、何かが違うのだ。その違いの一つは自己治癒の可能性である。がんは自己治癒不能とみなされる。そのことと医療の管理下で、生存率という三人称の死のまなざしに照射されることとはパラレルであるに違いない。がんは怖いというとき、私たちはがんという病を怖がっているのではなく、自己コントロール不能な生存率という思想を怖がっているのである。

生存率とはなんだろうか。「がんは死にいたる病気である」という命題と「だれもががんになり得る」いう命題の二つが個体の生の上で重ねあわされたところに浮かび上がってくる死の選別の光線である、そういってみたい気がする。これが恐怖の根源であり、そして恐怖の根源であるこの死の選別の光線は、西洋的な医療のまなざしが、死の共同幻想との共同作業によって作り出したものであり、三人称の死の変異体であることは指摘しておく必要があるだろう。

がんになるということは、自分ひとりだけが突然いまの暮らしの場所から引き出され、そうした死の選別のスポット光線の下に立たされることである。がんを告知された患者がにわかにたった一人、自分だけが死の現実性のなかに放り込まれたような気分に、すなわち恐怖と孤独感にとらわれるのはそのためではないか。

三番目は、生存率はがん患者全体の致死数の平均値、言い換えれば死の選別光線の強度を示すときに使われることもあるが、通常はある身体の部位に生じたがんがその患者たちにもたらしてきた致死の平均値、すなわち死の選別光線の強度を示すために用いられること。がんは、発症の部位によって治癒率の高いものから治癒率のきわめて低い難治性のものまでさまざまだからである。治癒率とは繰り返せば、死の選別光線の強度のことである。たとえば胃がんの場合、五生率（五年生存率＝治癒率）はほぼ五〇パーセントといわれている。罹患した患者の一〇〇人のうち五〇人は五年以上生きることができるという意味だ。生存率という死の選別の光線を逃れられる確率は、半々ということである。ただしこの数字はこれまでの胃がん患者全体の平均治癒率であって、いまがん患者である個人、私なら私が手術を受けるという選択をした場合、私の手術後の生存率が五〇パーセントということではない。生存率五〇パーセントはあくまで参考にすぎない。胃がんの切除手術を受けた私が個体の生を維持できているか、それとも死の共同幻想に吸い込まれてしまっているかは、五年経ってみなければわからない。その間、いつも再発に怯えていることになる。がん患者としての私の命の行方は、生になるか死になるか、五生率という神が振る丁半ばくちのさいころの目しだいといった賭けの様相を呈してくる[7]。

その一方で難治性がんの最たるものである膵臓がんの場合、発見後一年での生存率は五パーセント以下である。額田勲は、これまで一〇人にあまる患者を専門機関に紹介し、彼らは一様に手術に踏み切ったが、例外なく二年以内に死亡していると述べている[8]。額田の発言は、膵臓がんの予後は切除可能な場合で一一・七カ月、切除不能の場合は四・三カ月という統計とも一致している[9]。つまり五生率はおろか二生率でさえゼロ・パーセントである。こうした絶望的な生存率になるのは、膵臓がんは発見しにくく、それと判ったときにはすでに「末期」という状態にあることがほとんどであるからと説明されている。

膵臓がんの生存率は膵臓がん患者全体の平均値であるだけでなく、個々の膵臓がん患者の上に払いのけがたく重くのしかかっている運命のようにみえてくる。ここでは強烈な死の選別の光線を逃れるすべを患者は持たない。死の恐怖は差し迫った現実的なものとなって患者を苦しませるのだ。

第四に、生存率は生存率幻想と化することによって患者に、医療に自己の全体を奉仕することを要求するということ。それはときに命令の様相を呈する。検査、診断、治療、予後といった過程において私の身体は私の身体でありながら、私の自由にならなくなる。私の身体は私と切り離され、がん患者として第三者である医療者の管理下に置かれる。三人称化された私の身体は生存率という医療の主題の中心的役割を担わせられることになるのだ。患者の死の恐怖の緩和という課題が完全に放置されてしまうことになる。

死の恐怖の緩和という課題は、ＱＯＬクオリティ・オブ・ライフ（生活の質、生命の質）と直結している。生存率幻想に囚われるということは、個人のＱＯＬが置き去りにされることを意味する。ＱＯＬは、私の理解では、患者のいま・ここにある人間としての生のあり方すなわち全体性を踏まえ、患者個人の同一性（アイデンティティ）を保障することを目指している。言い換えるとがん発見前と発見後の患者個人の主体的生活があたうかぎり連続的であることを目指した概念である[10]。死の恐怖は、このようなQOLを配慮されるなかで、患者によって徐々に相対化されていくはずである。

ところがこうしたQOLはひとたび医療の対象になったとたん、しばしば、犠牲にされるのである。生存率にはQOLの視点はない。つまり死ななかった期間はその人らしい暮らしができた期間を意味しないのだ。理由を求めれば、医療者も患者も、生存率という共同幻想つまり死の選別の光線にしばられるからということになるのではないだろうか。とりわけ難治性がんの場合、その絶望的に高い死亡率ゆえに医者も患者も患者の家族も、わずかな、ないに等しい生存率に希望を見出そうとする。ここに生存率幻想とでも呼ぶべき現象が生まれる根拠の一つがある。生存率という言葉が、強い死の選別の光線に照らされ、幻想を誘導するのだといってもいい。

生存率幻想とは何か。恐怖からの出口の幻影である。どんなに低くてもそれが生存率であるかぎり、捨てることができない生存への入口——延命の可能性——であるかのように、患者や医者や患者の家族の目に映ってくるという事態を指している。強烈な死の選別の光線を逃れるすべを持たないとき、生存率は恐怖に媒介されて生存率幻想に変わるのである。いまや医師も患者も患者の家族も、生存率幻想に自己をささげなくてはならない。額田の言葉を借りて膵臓がんの手術を例にとると、想像以上に苛酷な侵襲を患者の身体にもたらすことがわかる（膵臓の切除だけでなく隣接する胃、十二指腸、小腸、肝臓、胆管など腹腔内の六、七個の臓器を切除する手術が標準的。さらに広範囲のリンパ節、神経叢などが廓清の対象となる）。生存率幻想が患者に求める自己奉仕の苛酷な姿をここに認めることができる。そのようなあり方自体、すでに強い死の選別の光線に支配された状態なのである。恐怖からの出口を求めて、生存率幻想にすがる。だがその結果はさらなる恐怖にとらえられていく。そのような経過は次節のイネさんの事例で明らかになるはずである。

## 3　生存率幻想

以下は生存率幻想が患者に自己を奉仕することを求め、極度の恐怖にとらえられた患者がそこに出口を求め、その要求に応じた典型的な例である。

六〇歳の女性イネさん。元看護師。膵臓がん。余命三カ月—六カ月と判断される。イネさん、「せめて一年だけでも生きたい」(日記)。手術に踏み切る。手術は順調に終わった。転移がなければ三年から五年の生存の可能性が生まれた。しかし退院後間もなく、高熱に悩まされるようになる。腫瘍マーカーは上昇し続ける。イネさん、抗がん剤投与を受ける。副作用の高熱と嘔吐のため、入院。肝臓に転移が認められる。一時退院。しかし高熱と痛みが続き、入院。鎮痛剤として麻薬が投与される。抗がん剤治療を希望し、投与がなされるが、改善は見られず、かえって鎮痛剤と抗がん剤による多臓器不全が起こる。呼吸困難と食事が取れない状況。錯乱状態。下肢の浮腫が一段と強くなる。マッサージで和らげようとする。退院。退院して二〇日後に亡くなる。闘病のはじまりから死まで、およそ一年半であった——(額田勲『がんとどう向き合うか』(二〇〇七)から芹沢が要約)。

錯乱状態は、恐怖の出口が見つかったと思って向かった方向に出口はなく、立ちすくみ、呼吸を乱し、いっそう恐怖をつのらせ、自己コントロール不能の状態にイネさんが追い込まれたことを告げる事態である。

右のように要約したイネさんのケースから推測可能なことは、イネさんの死の恐怖に対する配慮がまるでなされていなかったということだ。それどころか、すぐ後に触れるように、死の恐怖が増幅・加重されさえしていたのである。このことはすなわち患者の人間性へのまなざしが根本的に欠如していたことを物語っている。右の要約にそうならざるをえなかった、無視できない要因の二、三が浮かび上がってきていることに気づく。

一つは対症療法に終始したということである。そのため患者という人間の全体が無視されざるを得なかったであろうこと。恐怖の緩和を軸にしたＱＯＬ（クオリティ・オブ・ライフ）という視点がこのような危機にこそ必要であったはずである。(11)

もう一つは、その対症療法がイネさんの心身を改善するどころか逆に激しく苛んだということ。イネさんはどうして非侵襲的な代替療法の採用を検討しなかったのだろうか。「医学的根拠がない（エビデンスがない）」ということと、「誤っている」「効果がない」ということを混同する、頑な西洋医療の盲信者でないかぎり、こうした「末期」と呼ばれる段階における代替療法の効果は実証済みである。だが代替療法を視野に入れるには、一つのハードルを越えなければならない。一度西洋医療の枠組みの外に出なければならない。

このことと関連して三つ目の要因がみえてくる。西洋的医療の枠組みの外に出るということは、とりもなおさず生存率という死の共同幻想の外に出ることでもある。このことはイネさんにとって存外に怖いこと、勇気を要することであったと思われる。イネさんをしばっていたのは西洋医療の枠組みであり、生存率であり、生存率幻想であったのではないか。それでなくてはこのような医療的侵襲（手術、抗がん剤）にこだわり、かつ耐え続けることの理由がわからないのである。

西洋医学がイネさんに自らの主体性を行使する機会を与えなかった理由として、治療が生存率幻想に拘束されていたこと、したがって「延命」——生存率に規定された延命——を唯一の目的とせざるをえなかったことを指摘することができるだろう。それがＱＯＬへの道をふさいだのではないか。すなわち延命にこだわることは、ＱＯＬと引き換えなのである。この三番目の問題についてさらに踏み込んでみたい。

死について知識として知っているということと、自分の身に起きている死の現実のあいだには恐怖をめぐる超えがたい落差があるという点についてはすでに簡単に触れてきた。

だがイネさんのケースをみると、患者はそれとは異なる新しい恐怖の現実に直面することがわかる。自分に残された生の時間あるいは死ぬまでの時間が、医者によって余命告知というかたちで宣告されるのである。

イネさんの場合、告知された余命と較べると、一年ないし一年三カ月の延命が実現されたということになる。だが、治療の開始から死ぬまでの一年半の内容をみれば、残酷な言い方になるけれど、ただ生きて、医療のもたらす苦痛に耐えただけの期間でしかなかったことは明瞭のように思える。「せめて一年だけでも生きたい」という願望を日記に書き記したときのその生の中身は、たんに延命の願いではなく、イネさんが自らイメージしたイネさんらしい人生の持続であったはずだ。だが現実の進行は、イネさんのＱＯＬを無視してひたすら「延命」にこだわることに終始したように思える。その過程で恐怖は大きく増幅した。そのわりにイネさんから死を遠ざけることに成功しているようにはみえないのである。否、死を遠ざけようとしたゆえに死を近づけてしまったといったほうが事態に即しているようにさえ思える。

ところで余命告知について放射線医療の専門家中川恵一が次のような興味深い発言をしている。余命が一年と解ったとする、そのときの余命告知は五年前には「一年」であり、三年前には「半年」というようになり、今年は「三カ月」と告げるようになった。予想し得る生存期間より短く伝えるようになってきた。こうなったのは、告知した余命より短かったら、訴訟になるかもしれない時代になってきたせいである。(12)

先のイネさんは、三カ月から半年のあいだというふうに余命を告げられた。しかし中川の発言と照合してみると、一年半を治療がもたらした余命の延長とみなすことがはたして妥当であるのか、疑わしく思えてくる。治療イコール延命という等式が無条件では成立しないことをイネさんのケースは示しているのではないか。治療イコール延命という等式は、そうであって欲しいという願望にもとづく医療者の思い込みにすぎない部分もあるのではないだろうか。

話を余命告知に戻そう。

元看護師であったイネさんは膵臓がんを告知されたとき、それが難治性であり、同じような患者を看る立場にあった経験上、自分に残された時間が残り少ないことを激しいおびえと共に自覚したであろうことは推測に難くない。その意味で膵臓がんの告知はイネさんにとって同時に実質的な余命の告知でもあったはずだ。

だからといって医師からじかに余命を告知されるということの衝撃度が軽減されるということはないだろう。余命告知は、打ち克ちがたい死の恐怖をもたらすという点で、医師による患者への侵襲行為である。

なぜこんな残酷なことが行われるようになったのか。常識から考えて告知された余命が、患者に残された生存時間と一致するわけではないことは明白である。命は終わってみなければわからない、それが命の特徴である。その意味で告知された余命は、医師の作り上げたフィクションである。余命告知はもしそれができるとすれば、ほんらい神のみが可能な行為である。だが神は沈黙している。では医師が神に代わって告げたということになるのだろうか。そうではないと思う。医師が死の選別の光線を自己の内部に組み込んでいることが余命告知というフィクションをつくり、患者に押しつけるといった行為におよぶ根底の要因である。

余命告知というフィクションはこれまでの見方からすれば、生存率と同様、三人称の死の変異体である死の選別光線である。生存率という死の選別の光線が、西洋的な医療のまなざしと死の共同幻想との合作であったように、余命告知という侵襲的フィクションもまた、医師と生存率の合作である。死の恐怖を利用して、それが幻想に過ぎないにもかかわらず、生存率という医療的課題へと患者を一も二もなく追い込むための装置である。

イネさんが生存率幻想に自己を委ねてしまったのは、膵臓がんであるという事実の告知と、医師による余命告知のもたらした二重の恐怖の重圧であったものと想像する。[13]

死がすぐそこまできて手招きしている。患者（とその家族）は、余命告知によって、これからの残された生の送り方についてしばし思いをめぐらせる余地をまったくといっていいほど奪われた、極度に切迫した状態に追い詰められるであろうことは、容易に想像がつく。治療が一日でも遅れれば、一日だけ死が近づいてくる。その一日が生と死の明暗をわけることになるかもしれないのだ。おびえと焦燥感に浮き足立つ本人とその家族。一刻も猶予がならない状況にあるというこうした切迫感が、「がんとどう向き合うか」という課題をイネさんから取り上げてしまったのだ。

生存率幻想に身を任せるのか、それとも告知どおりの余命か。こうした二者択一の前に立たされる。考えるまでもなく、これはたんに「あなたは死にたいのか、それとも生きたいのか」と問いかけているのと同じである。治療を求めて医療機関を訪れる人に、こういう問いかけ自体が脅迫的である。これでは冷静な自己決定などできるはずがない。イネさんが生存率幻想にしがみついてしまった最大の理由の一つがこれではなかったろうか。[14] イネさんがほしかったのは、そして必要だったのはそのような生か死かといった脅迫的なものではなく、死の恐怖の緩和であり、生存のための手段の選択肢、すなわちほんらいの意味での選択可能性であったはずである。

額田は「治癒率が一〇パーセント程度だから手術は無謀だ、という言い方では説得力を持たないであろう」と述べている。額田の言葉を私なりに解釈すれば、手術回避を説くにはそれに替わり得る治療法を提示することができなくてはならない、そうでなければ、手術を回避するよう勧めることが患者とその家族の生きたいという強い意欲をそぐことになりかねない、ということだろう。

だがはたしてそうだろうか。第一に告知された余命とそれが治療によって延びたという論法も検証不能なフィクションである。いわゆるエビデンスがない。さらに生存率という考え方そのものが無効であるという視点も消去しきれないのだ。もっと決定的な点は、膵臓がんの手術後の二年生存率はゼロであるということ。だとすれば額田の「治癒率が一〇パーセント程度だから手術は無謀だ、という言い方では説得力を持たないであろう」という言葉は、説得力をもたないことになる。[15] 治癒率一〇パーセント程度という言い方は生存率幻想に与する発言となることは必至だからである。

## 4 存在論的孤独

死とはなんだろうか？　ここにいたる記述において、死という言葉を何一つ定義することのないまま使ってきた。人称態の視点に立脚しつつこれまで、死のかたちは、人称態によって異なること、死は死にゆく人との関係における私（＝自分）の位置によってその様相を変える、ということを述べてきた。

したがって、私の位置が異なれば必然的に、死の定義も違ってくることになるだろう。たとえば余命を告知する側の医師と余命を告知される側の患者とでは、生存率という概念は共有できても、死の定義は異なっている。両者のあいだには、死の認識をめぐって埋めがたい開きがある。

さて医師にとって死とは、患者の死であり、患者の死とは患者の生体としての終わり、生命機関の停止を意味している。いうまでもなくこのような死は、自分の外の三人称の死である。自分の外にある対象化可能な死である。それゆえ患者の死は、死の三兆候の現われをもって確定される。[16]

生命機関の停止の確認は同時にいままで一個の生体としてここにいた患者という身体との医療的かかわりの終了を意味している。いまこの時点までの患者は患者でなくなるのだ。医師の関心は不可避的に次の患者へと移っていく。このように医師という姿勢を維持するかぎり患者の死はどこまでいっても三人称の死という枠を超え出ることはない。

ところで医師が医師として成立するのは、患者という存在があってのことである。患者はその意味で、医療という社会関係における医師の存在理由であり、自分の外に存在しながらも、医師としての自分を保障してくれる第三者である。そのかぎりにおいて患者や患者の死はしばしば医者としての自分を試してくる医療的な出来事となるのである。

以下はがんの専門医の発言ではないけれど、患者と患者の死が医師の目にどのように映っているかを知る手がかりを与えてくれると思う。すなわち上に記した医師にとっての死のありかを確かめることができる言葉である。

ここに運ばれてくる外傷を負った患者は、ふつうの人には「血だらけのだれか」にみえるでしょう。しかしわたしには、「自分の外科医としての技量を問うているだれか」にみえるんです。患者が死亡したときにまず感じるのは、怒りです。患者が死んだことへの怒り、自分が患者を救えなかったことへの怒り。わたしはいつも、自分自身の力を否定されたように感じます。理性では、そんなことはないとわかっているんですが（中略）しかし、怒りはすぐに消えます。「ああする以外に、何か救える方法はなかっただろうか？」と自問を始めるからです。実際はグループで討議をします。診断や処置をもっとすばやくできなかったか？　というようなことをね。なぜなら、目の前の患者は救えなかったとしても、次の患者の治療に役立てられるかもしれないからです。そして次に感じるのは、「こんなに若いのに、なんてもったいない！」ということでしょう。ほんとうに、もったいない。とくに最近はそう感じます。わたしももう五五歳ですからね。いきおい、自分の死についても考えます（五五歳男性　救急救命医・外科医）[2]。

一言だけ右の発言に注を加えておこう。「なんてもったいない！」という言葉だ。この発言自体、第三者のものである。三人称の死を一歩も出ていない。ただし、医師の立場からの発言ではないことはいっておいていいだろう。五五歳まで生きた一人の人間の若くして死にゆく者への愛惜の情であり、若い人にはもっと自分の命を大切にしてもらいたいという願いであり、さらには自分に与えられた残りの生をまっとうしたいものだという気持ちがいわせた言葉であるに違いない。

視点を変えて、では患者にとって死とは生命体としての自分の終わりを意味しているのであろうか。医師と同様に、死にゆく過程を自分の生命機関が停止するまでの時間と考えているのだろうか。そればかりではないと思う。否、患者にとって死はそのような三人称的なものとは考えられてはいないといったほうが適切である。

以下は、がんという死の選別の光線にいきなり照らされることになった者の言葉である。死は命の量には限りがあるという自覚となって、四八歳の女性に訪れている。

最初に癌と診断されたときには、死の宣告のように思えました。——それが、ごく初めの反応です。すごく落ち込んで、恐ろしくて身がすくみました。死の恐怖で。初めて、自分の命には限界があるんだという事実に直面したんです（四八歳女性　空手教室経営）。[2]

がん告知が、患者にとって、存在が根底的な危機にさらされる経験であることが伝わってくる。その経験のなかで、彼女の自我はその主観において、自身を支えきれなくなるほどの状態にもっていかれている。それが死の恐怖である。[17]「すごく落ち込んで、恐ろしくて身がすくみました」。

さてこの女性は恐怖とともに、自分の命には限界があるという鋭い覚醒にいたっている。「人はいつかは死ぬ」という命題は、個々人に与えられた命の時間の量が有限であることを告げている。むろん彼女もそのことは知っていた。だがそれが知識でしかなかったこと、それどころか自分にとってその「いつか」はずっと遠い先のことであり、目を凝らしても見えないくらいはるかな未来にかすんで溶けてしまっていたこと、がん告知は、そうした命の量の無限性の漠然とした感覚を転倒させた、そう彼女はいっているのである。

死は彼女のなかで突然三人称の位置を離れ、一人称へと移行している。この突然の移行には恐怖がともなっており、その恐怖が彼女の実存を際立たせたといおうか。自らの実存の覚醒が命を量として考えることから質として考えることへの転換を要求する。いつまでも尽きない命の量を謳歌し蕩尽してきたこれまでの自分の生のあり方に転換を迫る。残された命の時間を主体的に生きることを要求するのである。死の恐怖はこのとき生への慈しみ、生をいとおしむ気持ちへと移行してゆく(18)。

死の一人称化とは、「いつかは」や「だれでも」の次元を切り離され、いまここにいる私だけの緊急のテーマに転じることである。私たちはこのような現実に一人だけで直面しなければならなくなることである。

冒頭1において予告しておいたように、五八歳男性が感じとった死にゆく者の「孤独」について触れるときがきた。煩わしさを覚悟で再度発言を引用する。

死そのものは怖くありませんが、死ぬのは怖いですね。いろんな人の死をみてきて思うのは、ひどく苦しみながら死ぬのは怖いということです。そういうとき、人はとても孤独ですから(2)。

繰り返しになるけれど、死ぬのは怖いという場合の「死ぬ」と「死そのものは怖くない」というときの「死そのもの」とは違う。死そのものは怖くはないと男性が述べるときの死は、死一般すなわち自分の外部にある三人称の死、知識としての死、共同幻想としての死である。それに対して「死ぬ」とは自分が「死ぬ」ということである。だが、そう語る彼は実際の死にゆくものの孤独を経験しているわけではない。先の女性のように、がんを宣告された体験に見舞われたことがあるわけではない。それなのに怖がる理由については、すでに1において述べてきた。男性は恐怖の根源を、孤独に求めている。おそらくは苦しみを誰にも分かちもってもらえないからという意味であろう。孤独という把握は、彼が外から想像や推測を行使することによって対象化したものだ。彼の存在あるいは実存に突き刺さった死の恐怖から発生したものではない。だからといって重要でないということではないこともいうまでもあるまい。

先のがん告知を受けた四八歳の女性は次のように語っている。

癌になると、すごく孤独に感じる人が多いようです。癌だということを、だれにも告げられないから。とくに乳癌の場合、体形がずいぶん変わってしまいますからね（四八歳女性　空手教室経営）。

この女性は、がんにかかった女性が経験する孤独感を、客観的に「多いようです」というふうに伝聞形で伝えようとしている。自分もそうだったし、話を聞くとほかの人も同じ体験をしているというふうに。だがここで語られている孤独は、右の男性が感受した孤独と明らかに違って、自己体験的である。彼女が見舞われたのは、乳がんを告知され、恐怖のただなかに突然一人放り出されたものが否応なく向かい合わざるを得ない、あまりに経験的すぎて伝えようのない孤独である。死は、彼女という存在に突き刺さっている。このとき、孤独は一人称の死の突き詰められた一つのかたちといってもいいかもしれない。

あと一歩踏み込みたい。それは右の女性がいったように、乳がんになると、乳がんだということをだれにも告げられないから、孤独なのだろうか、という問いである。乳がんという限定を取り払って、がんにかかったものだけが見舞われる孤独なのだろうか。つまり、こうである。がんだということを告げる相手がいて、告げることができたとしても、孤独感に見舞われることは避けられないのではないだろうか。乳がんの治療が乳房を保存する方法で行われるようになって、乳がんだからといって体形を変えることなく治療ができるようになっても、孤独感は不可避である、そう思えてならないのである。

まだ、不十分な感じが残る。がんを宣告されたものだけが経験する孤独。そうかもしれない、と思う。だが、そう考える一方で、そのような限定を取り払い、孤独は、一人称の死をもっとも普遍的に特徴づける問題なのではないか、といってみたいのである。一人称の死において私が見舞われる孤独感は普遍的であるということは、その孤独感が一言でいえば存在論的であるということを意味する。

存在論的孤独については次の発言が的確にその内容を語っている。

> 死ぬってことはつまり、何もかもが永遠に続くんだけど、そのなかに自分はいないってことか……なんて（四一歳男性　ラジオ・パーソナリティ）[2]。

自分の死つまり自分の喪失。たんに自分の喪失ではなく、自分と一体になっていた世界から自分だけ切り離されていくことの孤独。世界から自分だけがいなくなること、この覚醒が孤独ではないのだろうか。これが現代人における存在論的孤独という一人称の死のかたちであり、それこそが恐怖のみなもとにあるものではないだろうか。

このような恐怖、このような孤独を私たちはどう受け入れていくのか[19]。こうした孤独と向かい合うこと、このような存在論的孤独＝恐怖に言葉を届かせること、そこに死を相対化する回路がみえてくるように思えるのである。

**註**

（1）ジャンケレヴィッチ（一九七八）。言語学における人称態とジャンケレヴィッチの人称態の死という概念の関連については芹沢俊介『経験としての死』（二〇〇三）参照。

(2) ターケル（二〇〇三）。以下、註番号（2）を付した引用は同書より。

(3) 正しくは、個体の幻想と共同幻想は逆立ちする（吉本、一九六八）。ここでは吉本の右の表現をそのまま借りている。意味はほぼ同じである。個体の生が死という共同の幻想に浸蝕される度合が拡がれば拡がるほど、個体の生に彼岸性が現われる、この反比例的な関係が逆立ちするという言葉の内実であると理解する。個体の生の共同幻想化の完了が死と呼ばれる。彼岸性については、臨死体験者の言葉、その他たくさんの証言がある。

(4) モラン（一九七三）。モランは、また「死の恐怖は、自己の個体性の喪失にたいする情動であり、感情であり、意識なのだ」と述べている。しかしこの視点からでは孤独を説明することはできない。

(5) 親鸞『歎異抄』第九章「また浄土へいそぎまいりたきこころのなくて、いささか所労のこともあれば、死なんずるやらんとこころぼそくおぼゆることも、煩悩の所為なり。久遠劫よりいままで流転せる苦悩の旧里はすてがたく、いまだうまれざる安養の浄土はこいしからずそうろうこと、まことに、よくよく煩悩の興盛にそうろうにこそ」（『真宗聖典』）。

(6) がんの治療の場合、代替療法を排除する西洋近代医療においては、手術か抗がん剤か放射線かの三つが選択肢になる。放射線からはじめた場合、そのあとに手術は不可能である。抗がん剤か手術かが最初の選択肢ということになる。根治療法は手術であり、また手術からはじめれば、抗がん剤も使えるし、放射線療法も可能である。それゆえに手術が最優先されることが多い。

(7) 五生率という考え方はどこかトリックがある。すなわち五年経てば安心という考えを人びとに植えつけてしまうことだ。五年という尺度も恣意的である。ところでがんの生存率は早期発見・早期治療によって高まるとされている。だとすれば早期発見・早期治療によって賭けの様相を呈する事態は少なくなることになるだろう。だがこれには近藤誠によって本質的な異論が提出されている。すなわち早期発見によって治るがんはがんではなく「がんもどき」であるというのだ。『患者よがんと闘うな』その他の著作。

(8) 額田（二〇〇七）。額田は神戸みどり病院の医師・理事長。

(9) 日本膵臓学会膵臓癌全国登録調査二〇〇三年。『がんとどう向き合うか』（額田、二〇〇七）による。

(10) ＱＯＬは、治療（キュア）よりもケアの領域にかかわる。難治性がんはキュアがそのままケアになるような、ケアがそのままキュアになるような、個人がホール（まるごと）として損なわれずに主体的に生きられるようなかかわりを患者が要求していることを意味する事態であると考える。

(11) ホーリスティック(Holistic)な視点からは手術という「根治療法」もその部位にとらわれているという点で対症療法であると思う。ちなみに西洋医学とホーリスティック医学の違いは次のような対比性として表される。西洋医学は要素還元論(部分重視)・身体系・病因論・エヴィデンス・医者中心。ホーリスティック医学は身体、心、いのち(スピリット)の全体の統合・生命場・健康生成論・直観の統合・患者中心の統合性――帯津(二〇〇五)。死に対しても西洋医学は拒絶的、ホーリスティック医学は受容的であるというふうにも付け加えることができそうに思える。

(12) 講演「あらためて、がんを正しくみつめなおす」神戸生命倫理研究会主催・第一五回神戸シンポジウム『あらためて、「がんとどう向き合うか」』二〇〇七年五月二六日資料。中川は東京大学医学部放射線医学教室准教授。この講演で中川は、一〇年前には東大病院での告知率は二割程度だった。正確な余命などわかるはずがないのに、いまは若い医師が平気で「三カ月」などという。余命告知そのものをすべきではないと思う、と述べている。

(13) 病院で妻の末期がん(大腸がん)を告げられた夫が余命を問う場面が小林弘忠『熟年介護日誌』(小林、二〇〇七)のなかにある。「年配の医師は『腸が閉塞状態となっている』と話す。『がんですか』と質問すると、『そうです』と答え、『CTでも解りました。肝臓と肺に転移している末期的状態です』と告げられる。愕然、『余命は』と尋ねると『三カ月』と宣告される。呆然となる。いきなり涙が出て、声が詰まった」。「がん、それも末期状態――うそだ! と私は叫びたかった」。ここでは余命は、末期がんを告げられた家族によって問われるのであり、それに医師がなんのためらいもなく答えているという図が浮かび上がっている。末期といわれたら、後どのくらいと問わずにいられなくなるのは自然といえば、自然なのかもしれない。だが同時にあたかも儀式化された西洋医学の制度的な枠内の問答のように思えないこともない。

(14) 眼前にちらつきはじめた死の現実に自分の判断を崩されずに、残された人生をどう生きるかという課題とつき合わせて事態に冷静に対処するには、あまりにも時間がなさすぎる。これを乗り切るには、がんになったときの心構えに対する事前の周到な準備と、それを医療者のまえで貫くための信仰に近い頑なさが求められるはずだ。

(15) 膵臓がんを告知された人で、医者と言い争って手術を拒み、別の病院でふたたび医者と言い争って抗がん剤使用も拒み、意気軒昂な状態でとうに半年以上、経過している人を知っている。生存率幻想に自分の主体を奪われまいと抗う人がいるのである。

(16) 死の三兆候は呼吸の停止、瞳孔の拡散、脈拍の停止の三つを指す。脳死についてはここでは触れない。

(17) 悪性腫瘍の告知を受け、「胸の内の血液がザーザッと騒ぎながら沈降していくのにじっと耐えなければならなかった」ほどの衝撃を覚えながら、その一方でつきそった娘に診断結果を説明する医者の言葉をにやにやして聞いていたと小林弘忠は、書いている。「『二センチ×二・五センチ程度の大きさになっているので、いつ他の臓器へと飛び散るかわかりません。早急に手を打つ必要がありますね』との二人(医師と娘)の会話を、私は頬をゆるませて聞いていた。どうしてにやにやしていたのかは不思議だ」(小林、二〇〇七)。

医師の娘夫婦への説明を、そばで他人事のようにそれを聞く。それどころかにやにや頬を緩ませて。恐怖の感情に襲われるのを防御するために、一時的な解離(宣告を受けているのは自分ではないもう一人の自分である)に入ったという解釈が可能なように思える。

(18) 自分の命には限界があるという事実に直面している自分という把握の仕方は、直面している現実を外から対象的にみつめようとするまなざしが働いていることを伝えてくる。差し迫る死の恐怖に対して、その恐怖を存在の不可避性として受けとめようとしている。がんを宣告されたことの衝撃を緩和させようとする作用であるとともに、死という現実を自分に受け容れる手続きがこんなふうにして開始されているのだということが伝わってくる。こうした認識はまた生きる意味の捉え返しの出発点にもなるのである。この移行ないし転換はまた本来的な意味で宗教的でもある。

(19) エリザベス・キュブラー=ロスが死の受容にいたる五段階説で明らかにしたのは、むしろ、この後の「孤独」の受容のプロセスではなかったか。すなわち否認(自分に限ってそんなことはない)、怒り(なぜ私なのだ)、取引き(そう、私なのですね、でも……)、抑うつ(そうだ、私は死ぬのだ=準備的悲嘆)、受容(終わりはもうすぐそこに迫っています。これでいいのです)(キューブラー=ロス、一九七一)。

## 文献


ジャンケレヴィッチ、ウラディミール、一九七八、『死』(仲沢紀雄訳)みすず書房。

小林弘忠、二〇〇七、『熟年介護日誌』日本放送出版協会。

キューブラー=ロス、エリザベス、一九七一、『死ぬ瞬間』(川口正吉訳)読売新聞社。

モラン、エドガール、一九七三、『人間と死』(古田幸男訳)法政大学出版局。

額田勲、二〇〇七、『がんとどう向き合うか』岩波新書。
帯津良一、二〇〇五、『いい場を創ろう』風雲舎。
芹沢俊介、二〇〇三、『経験としての死』雲母書房。
ターケル、スタッズ、二〇〇三、『死について！』（金原瑞人ほか訳）原書房。
吉本隆明、一九六八、『共同幻想論』河出書房新社。

# 8章 エリザベス・キューブラー・ロス

## その生と死が意味すること。

田口ランディ

なぜ人間は死ぬのだろうか。

誤解を怖れず極論を言えば、細胞が老化するからだ。肉体は皮膚という薄皮によって外界と遮断されているけれども、同時に人間は呼吸し、食物を取り入れることによって細胞を再構築し続けている宇宙に開かれた存在だ。生きるということは身体全体のあくなき再構築であり、新陳代謝がしだいに弱まり、細胞が適切に再構築できなくなっていくことが老化である。

いま、日本人の三人に一人がそれによって死ぬというがんも、細胞がなんらかの理由で適切にリモデリングされず、がん化することが原因である。そして、がん細胞も人間の細胞が異変した生き物であるから、ひたすら生きようとする。がんのおそろしいところは、がんはリモデリングではなく、増殖する。浸潤し周りの細胞をどんどんがん化させ増殖することによって生き始めるのだが、これは細胞の暴走である。肉体全体を統合しているホメオスタシスからの逸脱であり、極端な独裁政権の誕生なのである。独裁政権はいつか破綻する。がん細胞は宿主の身体を死に至らしめることで自らも死ぬ。世界と協調する感受性を失った存在の末路は、社会的なことからがんまで、どこか相似形だ。

アンチエイジング、つまり「老化への対抗措置」がひとつの経済市場を形成するようになったのを見てもわかるように、いま日本に生きているたいへん多くの人たちは老化したくない。老化すれば容貌が衰えてしまい、それまでの自分の価値を失う。老化した肉体は社会的に見て価値がなく、美的にも価値がなく、経済的にも価値がないと思われている。

美人女優はいつまでも主役を張りたい。政治家は現役で権力を握りたい。あまりにステレオタイプな言い草かもしれないが、大なり小なり人は自らの「所有」に固執する。物であれ、人であれ、土地であれ、権利であれ、アイデアであれ、名誉であれ、自分のスタイルや容貌であれ、「所有」したものはできれば手放したくない。人間は肉体も自分の所有物だと錯覚しているから、肉体が身勝手に老化するのが許し難い。少なくとも私はそうだ。私の意志を無視して肉体が老化することが苛立たしい。身体は自分の従属物だと感じている。私が身体に従属しているという意識はない。

細胞にはちゃんと老化がプログラムされており、遺伝子によって人間はいつしか死ぬように決められている。いまどき誰もが知っている事実だが、それでも、意識は老化を拒否して若さを望む。もしかしたらその歪んだ意識が想念となって、自らの肉体に永遠不滅の独裁者であるがん細胞を生み出しているのではないか、という、そんな妄想さえわいてくる。

私たちは、老いるのである。いやおうもなく絶対に老いて死ぬのである。老いから逃れることはできない。だとすれば、生き続けるということは常に、生と死のあわいに身を置くことではないか。生きているということの状態は、いままさにゆっくりと確実に老化をしているということであり、またしても極端なことを言えば、じっくりと障害者になっていく過程こそが生きるということではないのか。

## 1 私のなかにある差別意識

私の家には八九歳の義母と八八歳の義父、そして七九歳の私の実父がいる。義父母の耳は遠く、よほど大声で話をしても聞こえずぽかんとしている。家のなかのテレビは常に大音量で鳴り響いている。腰は曲がり、自力で洗髪はできない。指先は震えるし、物覚えも悪くなった。彼らはそれぞれに「鏡を見たくない」と言う。鏡に映った自分の姿が自分とは思えないからだそうだ。

「あまりによぼよぼのおばあさんがいるから、びっくりする」

私が着物の着付けのために廊下に置いてある姿見の前を通ると、義母はよくそう言う。意識はどうやら肉体においてけぼりにされるらしい。精神は肉体の老化を把握できないのだ。年月とは実は肉体に刻みつけられた新陳代謝の記録、いわゆる年輪であり、脳のなかに収められている記憶はあんがいと現実的な時間とは無関係なのかもしれない。私が時間と呼んでいるものは、社会生活を営むための便宜的なスケールであって、それとは別に細胞の変化によって刻まれる時間があり、天体の運行と自然に寄り添った時間があり、さらには頭のなかの記憶によって把握されている時間がある。同時にいくつもの時間を生きながら、なんとかそれを統合しているのだけれど、だんだんと老化が進むとともに、それらの時間もバラバラになっていくのかもしれない。

義母は老いたとはいえ、働き者でよく動く。朝から洗濯、食器洗い、庭の草むしりと、忙しい。規則正しく寝起きし、粗食である。水以外のものはほとんど飲まない。たぶん彼女はこの生活を、ある時、足腰が立たなくなるまで続けるのだろう。寝たきりになったとしても、義母の意識は元気だった頃の自分のままだろう。気持ち的には五〇代の頃と同じだと言っていた。老いるのは身体である。精神は身体に追いつかない。身体はいつも老い続けて、いまこの瞬間が人生で一番若いのだ。明日は今日よりも老いている。意識はそれをわかってはいるが、すぐ忘れる。忘れているときは、一番自分にとって都合のいい自分の年を生きているのだ。寝たきりになった義母は、だんだんと時間から切り離される。社会的な時間も消えて、自然の運行も見えず、介護者の存在が彼女の生活を支配する。そして次第に、記憶のなかの観念の時間と共に生きるようになるのだ。私は忙しくてなかなか義母に日光浴もさせてあげられず、彼女が時間の統合を失って昼夜もわからなくなったとき「ボケたなあ」と憐れむのである。

私は現在四七歳である。八九歳の義母からは「若くてうらやましい」と言われる。でも自分ではそうは思わない。私の気分はある時は二七歳あたりをうろうろしている。仕事をしているときは三五歳前後でいる。しかし、たとえば大学で学生たちなどと出会うとき、いきなり実年齢に戻されて愕然とするのだ。私はそのとき、なにか悲しい。講義などしながら「ここにいるこの最前列の学生の風貌はなかなか好ましい」と思う。しかし、もうこの若者から自分が恋愛対象として認識されることはないと思うと、妙にせつなかったりするのだ。つまり、私は老化によって自分の価値を失っている。かつて行使できた魅力的な女として傲慢に振る舞う権利を失っていると痛感する。その機会は当然のことながら年々増えていく。生き続ける限り増えるのだろう。

私が老化によって得たと思うものは少ない。もちろんないわけではない。経験を積んだことによって失敗は減り、生きやすくなった。だが、それは私がまだ四〇代だからであり、この先、六〇代、七〇代と老いていったとき、私は経験で得たことも失うのだろう。たとえばボケによって感情のセーブがきかなくなるかもしれない。培ってきた理性など脆いものだ。どんなに立派な業績を残しても、よぼよぼになれば「あの人も老いたね」と言われ、めんどうを見られるだけの、役立たずの老いぼればばあに引きずり下ろされるのだ。今だって時折小耳にはさむ「あのオバサン」という蔑称に耐えている。なぜ、そんなにも悲観的に老後を思うかと言えば、実に簡単なことで、これまで自分が老人をそのように見て、感じ、扱ってきたからである。

はっきりと断わっておくけれども、私は老人を虐待したこともないし、粗末に扱ったこともない。ごく一般的に良識的に接してきたと思う。それは障害者に対しても同じことである。若い頃からボランティアとして障害者の在宅介護に携わった。障害者の友人も多い。

でも、心のどこかで「自分と対等」だとは思っていなかった。正直に告白するが、やはり老人や障害者を見る私の視線には憐れみが混じってしまう。そして、彼らが「もっと自分の生活を楽にしたい、もっといい暮らしがしたい」と強く望み要求するのを聞くとき、その要求を正当だと思いつつ、でもどこかで「分不相応」という呟きが聞こえてくるのだ。

老人や障害者は、社会のお荷物。

ものすごく深い穴の底からその声は聞こえてくる。私はなるべくその声を聞かないようにしようとして生きてきた。だが、そう思えば思うほど、床屋が穴に埋めた「王様の耳はロバの耳」という囁きのように、地底から漏れてくるのである。その声はまぎれもなく私の声だった。

だから私は老いるのが怖いのだ。かつての私の声が、未来の私を脅かすからだ。老齢の労働者が効率悪くおたおたしているのを見るとふと感じる苛立ち。障害をもった人たちが、健常者に対して自分の権利を主張するのを見たときの嫌悪感。障害者や老人からセックスにまつわる話をされたときの濁った気分。

以前に茨城県の障害者施設で、施設職員による知的障害者への性的虐待が露呈したことがあった。そのとき、テレビのインタビューに答えてある知的障害者の女性が自分の受けた性的虐待を説明していた。彼女の言葉は茨城弁でたいへん訛っていた。そして、知的障害があるためだろうけれど、表現があからさまで、聞いていていたたまれない気分になったのだ。彼女は被害者である。ひどい虐待を受け続けていた。そのことは頭でわかっている。しかし、私はなぜか強い嫌悪感を感じていた。彼女に親近感をもてなかった。べったりとしたいやあな感じがしたのだ。

これは声なき声であった。私はこの人生において障害者や老人へのあからさまな嫌悪感をこのように公然と語ったことは、たぶんない（これが初めてであるかも）。それどころか障害者や認知症の老人の味方のような文章を発表し、そのような人たちといっしょに壇上に上がってイベントをしたりしている。私は彼らの存在価値を認め、そして理解しようと努力してきた。家では老人と暮らし、共に協力し合いながら生きている。

しかし、その私の耳には声なき声の囁きが聞こえてくる。はっきりとした言葉としてではなく、ある「引っかかり」「不愉快さ」「濁った気分」として感じられる。言語化されていないので長いこと意識にのぼることもなかった。この「濁った気分」が「差別意識」であることに気がついたのは、ごく最近のことだ。

なぜなのかわからない。どうしても障害をもった他者と自分が命として対等であると、ただ一点の曇りもなく、晴れやかな確信に至ることができない。頭ではわかっている。知性では理解している。わかっているから私は無理をしてきた。「障害者や老人を差別してはいけない。人はみな対等である。そのように思わなければいけない」と自分に言い聞かせてそうしてきた。「濁った気分」の罪悪感をずっと感じていたから、私はたぶん、過剰に障害者に肩入れしてきたのかもしれない。態度に表わしたことも、言葉にして罵ったこともない。でも、私のなかに常に差別意識は存在していた。ある「濁った気分」「不快感」として、あった。

でも、きっと大丈夫なのだ。

もうすぐ私も老いて自分の身体に障害を負うようになったとき、初めてわかるのだろう。差別されるということ。自分を見る他者の憐れみの目。そして、健常者と障害者がほんとうに対等なのかどうか。それがわかるのだ。かつての自分の声が、私自身を責めるだろう。「この役立たずが……」それは、一〇年先か、二〇年先か……。あるいは、明日かもしれない。

がんになるかもしれない。いきなり脳卒中で倒れて半身不随かもしれない。あるいはじわじわと認知症になるかもしれない。なんにせよ、生き続ける限り老いていく。そしてなにかの理由でもって死ぬのだ。焦ることはないのだ。

確実に、そこに向かって生きているのだから。

## 2 死を見つめ続けた人、キューブラー・ロス

二〇〇七年六月、私はポーランドに旅行した。

ワルシャワから車でルブリンへ。片道三時間かけて出かけて行った。目的はルブリン市郊外にあるマイダネク強制収容所を見学するためだった。

第二次世界大戦当時、ドイツ第三帝国は「生きる価値のない人間」を絶滅させるために、多くの虐殺施設を作った。私たちは「アウシュヴィッツ」という代名詞でそれを知っているが、アウシュヴィッツ以外にもガス室で囚人を殺していた収容所は多数あり、マイダネクもその一つだ。とはいえ、私はナチスの残虐を取材しに行ったわけではない。私が追いかけていたのは、エリザベス・キューブラー・ロスという一人の女性である。

エリザベス・キューブラー・ロスはスイス生まれの精神科医だ。アメリカ人の夫と結婚してアメリカに渡り、大学で「死と死ぬことについての研究」を始める。

ロスは「死の受容の五段階」の論文の筆者として有名である。人間が死を受容するまでには、精神的な五つの段階を経ていくというものだ。

1　否認　自分が死ぬということは嘘ではないのかと疑う段階

2　怒り　なぜ自分が死ななければならないのかという怒りを周囲に向ける段階

3　取引　なんとか死なずにすむように取引をしようと試みる段階

4　抑うつ　なにもできなくなる段階

5　受容　最終的に自分の死を受け入れる段階

ここでは死の受容の五段階について述べることが原稿の意図ではないので詳しい解説は省く。ロスはその生涯をかけて情熱的に、時として過剰に、人間にとって「死とはなにか」を見つめ探究した人だ。そして、彼女なりの答えを出した。

同時にロスは「死とはなにか」を語るために、どうしても「死後」について考えざるをえなかった。彼女は人間の死後についても、確信をもって語っている。そのため、科学者たちからは「頭のおかしいおばさん」と思われたらしく、彼女の業績に対する評価は不当に低いと私は感じている。

なので、文学者として、ロス女史が最晩年に到達した「死と死ぬこと、そして死後の世界」について、私は私なりのアプローチでもって考えてみようと思いたったのである。

簡単にエリザベス・キューブラー・ロスのプロフィールを紹介しよう。

ロスは一九二六年七月八日、チューリッヒのキューブラー家に、三つ子の一人として生まれた。常に三つ子として扱われ、子供の頃から「自分らしく生きる」ことに目覚めた。ロスの父は熱心なプロテスタントの信者で、子供の教育に関してはとても厳格だった。ロスは医者になることを父親に反対され、自分の秘書になるように命じられるのだが反発。自分の人生は自分で決めると宣言してアルバイトをしながら専門学校に進み、その後に医学部に入学して医師となる。

第二次世界大戦の開始から終戦までの混乱の時代を、スイスのキューブラー家はそれなりの平安を維持しながらくぐり抜ける。少女時代のロスは戦争のニュースをラジオで聞きながら、ナチスドイツによる残虐な行為に怒りを感じ、熱血少女らしい正義感をたぎらせている。

第二次世界大戦後、二〇歳を前にした彼女は平和義勇軍のボランティアとしてポーランドに赴き、戦争によって負傷したり、家を壊されてダメージを負った人たちのために働くことに幸せと生き甲斐を感じる。彼女には子供の頃から「人の役に立ちたい、困っている人のために働きたい」という思いがある。それがなぜなのかは彼女自身もわからない。気がついたときはそういう性格だったのだ。だから、自然と自分の人生を「人のために役立つ」方向へと選択している。誰に頼まれたわけでもなく自ら率先して、戦後の荒廃したポーランドで、悪環境に苦しみながら二〇歳のロスは嬉々として働く。若者特有の青臭い正義感に溢れている様子が、自伝には生き生きと描写されていた。

このとき、ロスはポーランドのルブリン市郊外にあるマイダネク強制収容所に見学に行き、虐殺の傷跡を目の当りにしてショックを受ける。噂には聞いていたが、実際に殺された人々の大量の遺品を目にして、あまりの悲惨に自問自答するのだ。人間はこれほどまでに残虐になれるものだろうか?

ぼう然と収容所内を歩いていると、ふと壁に残されていたたくさんの「蝶の絵」に目が止まる。その蝶に惹きつけられ、強くインスパイアされる。

なぜ、死を前にした囚人たちが蝶の絵を?

このマイダネク強制収容所での疑問に彼女が答えを得るのは、それから二五年も経ってからだった。

ポーランドを後にしてスイスに戻る途中、疲労のため病いに倒れて九死に一生を得て帰国。ポーランドでの一連の体験によって、ロスは医師になることを強く決意する。その後、医学部に進学。アメリカ人留学生のマニー・ロスと出会い結婚。お互いの仕事をさらに深めるために卒業後にアメリカに渡る。

医師となったロスは、医療の現場であまりにも患者の心が踏みにじられ、人間がモノのように扱われていることに憤慨する。ボランティアの経験を通して、人種を越えた多くの人間と接し、看取ってきたロスは、人間が死ぬときに、どんなケアが必要なのかを実感を通して知っていたのだ。死を前にした人間は「被差別者」となる。死にゆく人は「マイノリティ」として扱われることをロスは発見したのだ。

次第に死にゆく病者たちに寄り添い、人生の終わりをサポートする仕事へと移行していく。

彼女はまず、病気の患者とどう接するべきかの講義を始める。六一年、「死と死ぬことについて」の講義では終末期の患者にインタビューし、いまどんなことを望んでいるのか、直接に話を聴いた。この末期患者へのインタビュー形式の講義はライフ誌に取り上げられて、大変な反響を呼ぶことになる。そして、一連の講義をもとにまとめられた彼女の最初の本『死ぬ瞬間』は、全米だけでなく全世界で大ベストセラーとなり、以降、ロスは「死の研究者」としてその名を知られていくのである。

……ところが、この後のロスの人生は波乱万丈だ。

とにかく彼女は働いた。二人の子供を流産しながら二人の子供をもうけ、家庭でもよい主婦であり母親であろうと努力した。アメリカ中、いや全世界から呼ばれて、たくさんの講義と講演とワークショップをこなし、医療従事者に「人が死んでいくときに人は何を感じ、どんなサポートが必要か」を教育し、大切な家族を亡くして哀しむ人たちと抱き合い、死にゆく人の手を取って話を聞いた。この時代はまだ「死」というものが、忌むものとして扱われており、死を語ることはタブー視されていた。その、死のイメージをロスは変えようとしたのだ。

死とは忌むべきものではない。私たちは死にゆく者から学ぶと同時に、死は誰にとっても人生を完結させるための大切なレッスンである。彼女は通俗的な死の価値観を打ち砕いていった。彼女の努力と研究によって、今日に至るホスピスケアへの道筋ができたと言えるだろう。

だが、新しい価値観を警戒する人がいるのは常で、ロスに対しても保守的な人々の誹謗中傷が相次いだ。たくさんの人がロスを「死にたかるハイエナ」などと呼んだ。もちろん、ロスはそんなことにはひるまない。彼女は常に患者の側に立ち、彼らが最期の瞬間まで生きることをサポートしようとした。そして、死と死にゆくことの向こうにある、科学にとって前人未到の領域「死後の世界」にまで、果敢に踏み込んで行ったのだ。

四〇代になったロスは、ある霊媒師と出会うことによってスピリチュアルな経験をするようになる。また、この時期から心霊現象を数多く体験し、死後の世界の存在と人間の魂の不滅について確信を深めていく。

死は終わりではない。人間は蛹から蝶になるように、肉体を脱ぎ捨てて魂となって別の次元に入っていく。マイダネク収容所で見つけた蝶は、魂の再生のイメージであるとロスは理解する。人間にとっての死は、新しい自分＝蝶になること。だから死を怖れることはない。ロスはそう説いて歩いた。

多くの科学的な思考をする人々にとって、この時期のロスはたいへん受け入れ難かったろう。いまでもロスのスピリチュアルな面だけを崇拝する者もおり、またロスに対してオカルト的なイメージをもっている者もいる。日本の医療関係者がロスについて積極的に語らないのも、ロスが「死後の世界」の存在を、霊的な体験に基づいて肯定しているからだと思われる。

死後の世界を語ってはならない。科学者はそう思っている。そんなことは宗教の領域であり科学の領域ではない。霊媒に肩入れし、心霊体験を語るロスを「頭がおかしい」と科学者たちは思った。だが、ロスはどんな偏見にも屈しなかった。とにかく、彼女は自分が正しいと信じた道を突き進んでいく。

ロスが霊媒師や心霊現象に傾倒していくのを、精神科医の夫マニー・ロスはたいへんに嫌がった。そのような気持ちの行き違いや、ロスの多忙から家庭生活はしだいに崩壊。夫からの提案によってロスは離婚を余儀なくされる。離婚後、ロスは家族と離れて一人でひたすら仕事に没頭する。

さらに、ロスは当時まだ原因が解明されていなかったエイズ患者が、世間の差別のなかでみじめな死を迎えることに心を傷め、エイズ患者救済のために働いた。親から見捨てられたエイズ患者の子供たちのために私財を投じて、子供たちを引き取る施設を建設しようとするが、それはエイズを怖れる近隣住人たちの反対によって達成されなかった。原因は不明であるが、ロスの家と施設は火事で焼失。ロスはこの火事はいやがらせのために近隣住民が放火したものと確信していた。

世界中を飛び回り働き続け、ついに晩年には、脳卒中の発作を繰り返し左半身麻痺になり、アリゾナ州の砂漠のなかの一軒家で一人暮らしをする。近所には息子のケネスが住んでいたけれども、彼女はヘルパーの介助だけで自活することを望んだ。病院への入院も拒否し、歩くこともままならない状態で、ただ、日々、外の景色を眺めて鳥やコヨーテの鳴き声に耳をすまして生きた。どんなに医師に止められても、大好きなタバコとチョコレートを手放すことはなかった。だって私の人生だもの。それがロスの言い分だ。二〇〇四年没。享年七八歳。

## 3　ヒトラーとは何者か？

ポーランドのマイダネクは彼女にとって思い出の地だ。

そこで、ロスはゴルダという一人のユダヤ人少女と出会う。彼女は収容所の生存者だった。家族はみんなガス室で殺されゴルダだけが奇跡的に助かったのだ。そのゴルダから、ロスはこう言われる。

ナチス・ドイツで育ったら、あなたも平気でこんなことをする人になれるのよ。ヒトラーは私たち全員のなかにいるの（キュー

ブラー・ロス、二〇〇三、一二二頁）

ゴルダの言葉は正義感の強かった少女時代のロスに衝撃を与えた。さらにゴルダは言った。

せっかく救われたいのちを、憎しみのたねをまきちらすことに使ったとしたら、わたしもヒトラーと変らなくなる。（中略）平和への道を探すためには、過去は過去に返すしかないのよ（同、一二五頁）。

ロスはこのとき、マイダネクの収容所のなかで人間の残虐性と人間の神聖を同時に見ることになる。そして、どちらもが人間の裡に存在することに驚愕するのだ。

ロスの体験を追体験すること、そしてロスが後に人間の死のイメージとして使う「蝶」の絵を探すことを目的として、私はマイダネクの博物館に向かった。この収容所は旧ソ連軍によって一番最初に解放されており、なんと一九四五年から博物館として一般公開され始めたのだ。たぶんロスがマイダネクを訪れたのは四七─四八年。収容所はまだ血の匂いが生々しかったことだろう。

強制収容所は、当時のまま補修されながら残っており、ロスが見たという貨車に積まれた無数の靴の山や、木造のバラックも見学することができた。しかし、このバラック内の壁に刻まれていたという蝶の絵は見当たらなかったし、博物館の職員に聞いても蝶を見た者はいないという返事だった。

ロスは四〇代頃にスピリチュアルな体験をしてから、蝶にこだわるようになった。マイダネクの壁に蝶の絵が描かれたのは、囚人たちが死後の生を予感したからだ、とロスは考えた。人間の魂は、蛹から出て飛び立つ蝶のように、死ぬことによって全く新しい存在となる。わざわざ自分で蛹から蝶が出てくるぬいぐるみを作って、彼女は死にゆく人たちに死後の生を提示したのだ。そして、ロスのこの死生観は多くの病者、また愛する者を失った人たちの心に平安を与えた。

ロスの蝶を探し求めながら、マイダネクからアウシュヴィッツへと収容所を見学した私は、アウシュヴィッツで一枚の絵を見つける。

囚人が囚人を虐待している絵だった。

ガイドの説明によって収容所のなかに囚人同士の差別があったことを知った。収容者のなかには、細かいヒエラルキーがあり、幾重にも差別が存在したのだ。驚いた。からくり箱のように際限なく、差別の構造がある。なんだろうこれはと思った。まるでフラクタルのように、小さな形を変えた差別が無数に存在する。

いみじくもゴルダが言ったように、平和のために過去は過去に返すしかないはずなのだが、アウシュヴィッツではたくさんのイスラエル人観光客とすれ違った。彼らは学校単位で見学に来ており、ガイドの説明ではイスラエルの学校ではアウシュヴィッツ見学を学校のカリキュラムとして義務づけているそうだ。

ここに来て、子供たちが自分たちを絶滅させようとした世界に憎しみを感じるということはないのかしら？

すると、ガイドの女性は少し悲しそうに言ったのだ。

それは、あると思います。たぶん。

イスラエルはいま、パレスチナとの抗争に明け暮れている。イスラエル人の心のなかには常にアウシュヴィッツでの被害者として「民族的トラウマ」があるのだろうか。それによってパレスチナに対する攻撃は正当化されてしまうのだろうか。

アメリカは広島と長崎に原爆を落とした。そこに生きる人々を「生きるに値しない人間」として消滅させた。日本人はアメリカを憎んでいないが、それは過去は過去へ返したということなのか。そうではないような気がした。ただ私たちはその残虐性に目を覆っているだけなのではないか。

広島・長崎の被爆者を苦しめたのは、苦しみを知っているはずの日本人からの差別だ。被爆者同士のなかにも被爆者健康手帳をめぐる差別があり、人種をめぐる差別があり、差別はどこにでも存在する。あらゆる場所に「生きる価値のない者」が簡単に生み出されていく。いったいそれはなぜか。

晩年、ロスはＮＨＫのインタビューに答えて不思議なことを語っている。

神はヒトラーだ。神様が甘いパイだけくれると思ったら大間違いよ。

キリスト教徒とは思えない暴言だが、ロスは何度もこの言葉を繰り返していたそうだ。九八年五月の月刊『文藝春秋』「特別対談　『死ぬ瞬間』と死後の世界」における河合隼雄氏と柳田邦男氏の対談の前文に、ドイツの雑誌にインタビューを受けた時の晩年のロスの様子が記されている。

ターミナル・ケアの研究家であり、世界的ベストセラー『死ぬ瞬間』の著者として著名な女医、エリザベス・キューブラー・ロス（七一）はこの二、三年、脳卒中の発作に何度も見舞われ、再発作の危険にさらされている。昨年秋、ドイツの週刊誌

『DER SPIEGL』の取材を受け、インタビューが掲載されたが(一九九七年三九号)、そこには驚くべきロスの現在があった。「この二年半というもの、毎晩、今夜死ねれば、と願ってきました。そうであればどんなに嬉しいことか。今、私の状態は生きているわけでもなければ、死んでいるわけでもない。私にはわかっている。私が自分自身を愛するようになれたとき、はじめて死ねるのだということを。でも、それが出来ないのです。それが嫌でたまりません。」死に逝く患者の心理研究を行ってきたことが、今のロス自身に対して役に立っているのかとの質問には、「そんなことは時間とお金のムダでした。精神分析が私に役に立ったことといえば、あまり臆病にならなくなったことぐらいです。職業や職業上の成功は、私自身を愛することと何の関係もありません。(ファンからの手紙も)気分が悪くなるだけです」と答えている。

死にゆく人の心理状態は、拒否、怒り、取り引き、抑鬱、受容、の五段階を経て最期を迎える、というのがロスの説である。彼女は「私は非常に長い間『怒り』の段階におりました。いまは『抑鬱』と『受容』の中間あたりでしょうか」と自らを分析している。人生を振り返って何が足りなかったか、という問いかけには、「愛です。うそいつわりのない、本物の愛。真実の、無条件の愛というのは(亡き夫が与えてくれた愛などとは)まったく別のものです」と強調し、死後の世界については、「自分の死を考えない日はありません。私は長年、死の研究をしてきました。死がすばらしいものであろうことをこれっぽっちも疑っていません。痛みもなく、怒りもなく、もはや孤独ですらない。そこは安らぎと愛があるだけです。死後の世界で私が愛していたすべての人と逢えると確信している。それが待ち遠しくてたまりません」と、答えている。

晩年のロスは、聖女のイメージからほど遠かった。一人、アリゾナの砂漠のなかに住み、自分宛てに届く読者からの手紙など読むのもイヤだと語った。精神分析は役に立たず、神様はヒトラーで、人生における成功など無意味だと笑った。このようなロスの言動は、それまでロスを慕い尊敬してきた人々にショックを与えた。ロスの社会的評価が低いのも、晩年のロスの発言が影響しているかもしれない。

なぜ、ロスはこのような言動を繰り返したのだろうか。

彼女が「神はヒトラーだ」と言うところの意味はなにか。

脳卒中で倒れて左半身麻痺になったことから、ロスの老い（障害）は劇的に始まった。ロスは生涯を通して人のために働き、末期の患者たちを看取り、愛する者の死に鬱ぐ家族たちを慰めてきた。でも、彼女の人生の最後に与えられたのは思い通りにならない老いぼれた身体をもてあます忍耐の日々だったのだ。

半身麻痺したロスに対して、保険の支払い期間が終了したことを理由に治療を打ち切った理学療法士の態度に彼女は憤慨する。

（私は）戦争の犠牲者たちを治療することに名誉を感じた。絶望的といわれた患者たちのケアをしてきた。医師やナースにケアと慈悲のこころをもってもらうための教育に、生涯の大半を捧げてきた。三五年間、ひとりの患者からも治療費を受けとったことはなかった。（中略）価値観が完全に狂っている（キューブラー・ロス、二〇〇三、五〇三頁）。

身体の自由を奪われなにも出来ない自分に対する、この社会の仕打ちこそが、ヒトラーという神のなせるわざだ、ということだろうか。

しかし、だからと言って彼女は設備のよい病院を探すわけでもなく、家族に頼るわけでもなく（頼ろうと思えばいくらでも頼れたのだろうが）、一人で暮らす道を選択するのである。その姿は意固地なほどだった。時には倒れたまま一昼夜起き上がれずに床に寝ていたこともあったという。

なぜ、ロスはそのような生活をあえて自分から選んだのだろうか。

辛辣で、怒りっぽく、病気を愚痴る態度を捨て、この「いのちの終わり」にただ「イエス」といいさえすれば、からだを離れ、もっとましな世界で、もっとましな暮らしができるようになることはわかっている。しかし、あまりにも頑固で反抗的なわたしは、まだこのような最後の教訓を学ばなければならない。すべての人と同じように（キューブラー・ロス、二〇〇三、五〇五―

五〇六頁)。

どうやら、ロスは死までの過程を、自分にとって最後の学びの場として考えていたようだ。ロスほどの人なら「自分がすでに学び終えたそぶり」をすることも可能だったろう。穏やかに死を受け入れる聖人を演じることもできたろう。あんがいと日本人男性の多くは自分の見栄や体裁でもって、聖人を装って大往生をするのではないかと、私は常々邪推してきた。

でも、ロスはあえてそれをしなかった。自分の苦悩をありのままに表現し、障害や痛みを受け入れられない苦しみ、怒りをテレビカメラの前にぶちまけたのだ。

なぜならロスは、たくさんの人たちの看取りの経験から学んでいた。自分の裡なる怒りの感情を外に出してしまわないかぎり、ありのままの自分を受け入れることなどできない、と。他人を騙せても、自分を騙すことはできない。人間は簡単に死の受容などできない。そのことを熟知していたのだ。

彼女はすべての人がそうであるように、老いることも、障害をもつこともイヤだったのだ。老いて障害をもつ自分を役立たずと感じ、無能な自分に対して怒りと憎しみを感じたのだ。そして自分をこんな目にあわせた神を呪った。彼女はついに、自分のなかのヒトラー、自分を「生きるに値しない者」と感じる自分自身と対峙したのだ。正義感に満ち、ヒトラーを憎む少女だったロスの裡にも、ヒトラーはやはりいたのである。

ロスの生き様は、私にある示唆を与えてくれた。

私の心にも人を差別し「生きる価値のあるものと、ないもの」を分けようとする衝動がある。これはいかんともしがたい。あることを認めよう。ロスにすらあったのだ。私にないわけがない。人にはそのような心がある。あるのだ。

あっていいのだ。

でも、その反面、ユダヤ人の少女ゴルダのように憎しみの連鎖を断ち切り赦そうとする心もある。どちらの心に添って生きるか、それは自由だ。誰でも自分の運命は選択できるのだ。二つの心は常にある。どちらに添って生きても、反対の心の囁きが聞こえる。その声に耳を塞いではいけない。ヒトラーの囁きを聞く者だけが、同じ囁きを聞いて罪を犯した者を理解し、赦すことができるのだから。

医療の現場で、いや、あらゆる場面で「生きる価値のあるものと、生きる価値のないもの」という選別が行われたし、これからも続くだろう。遺伝子に病気の因子があったら出産するべきではない、という考え方は、まさに「生きる価値」というふるいでもって人間を識別している。それを批判する私のなかにも、同じ声が聞こえているのだ。だとすれば、私はなにを選択するか。生き方として、どちらの声を選択するか。それだけだ。

私は三八歳のとき高齢出産で第一子を産んだ。そのとき、たいへん仲の良かった女友達から「羊水検査」をすすめられた。「高齢出産はダウン症児を出産するリスクが高くなるから、羊水検査を受けるべきだ」と彼女は言った。「もし、子供がダウン症の可能性があったら産むなということなの？　そんなことできない」と私が言うと、彼女は怒った。

それは親の身勝手な言い分だ。障害をもって生まれてくる子供の身になったらどうなの？

私はそのとき、たいへんに怒って彼女と口論になりその場を去った。命と障害は関係ない。あらゆる命には価値がある。私はそう思いたかった。羊水検査は受けなかった。たとえ重い障害をもっていても産むという選択をしたのだが、その反面、心のなかには常に「障害児を自信をもって育てられるのだろうか？　もし生まれたら後悔するかもしれない」という思いがあり、街で障害児を連れたお母さんを見るといたたまれない気持ちになってしまうのだった。やっぱり障害児の母親になるのは嫌だったのだ。

私には「差別したい衝動がある」あるいは「いかんともしがたく差別しようとしてしまう」「違和を感じると拒絶する衝動がある」これはどうしようもない。これが私という人間の限界だ。そのことを諦めて認めるしかなかった。ただ、私はその声には従わない。できうる限り、命を分けない選択をし続ける。

たとえ他人が別の声に従っていても、それも私の一部なのであるから、憎むことはできない。私はただ、私の選択の責任を負うだけだ。すべての生命に生きる価値を認めるならば、その生命を見守り、看取る責任があるのだ。たぶん、キューブラー・ロスはそれを誠実に実行したのだろう。

そして最後の最後に、自らの老いという場面において、初めて彼女は自分の老いを受け入れられずヒトラーの声に従って自分を価値のないものと感じた。それを克服するための時間が与えられ、それもまた全うしたのだ。

どんなに他人の命の価値を認める選択をしてきても、自分のこととなれば別だ。まったく利用価値のないと思われる自分を、無価値だと思わずに死ぬ瞬間までわがままを言い、自己主張し、卑下せず、良い子ぶらず、自分らしく生き切れるだろうか。自信はないが、ロスの生き様を見ていると、勇気が湧いてくるのだ。

## 4　ありのままに生きて死ぬこと

死後の世界について、私にはロスのような確信はない。

ロスは臨死体験者の多くが、似通ったイメージを語ることに興味をもった。

日本でも経営学の学者である飯田史彦氏が「死後の世界」をかいま見た体験者たちからの証言をもとに書いた『生

きがいの創造』（一九九九）は大ベストセラーになった。ロスの死生観と飯田氏の死生観はたいへんに似ている。二人はともに、人間の人生におけるさまざまな苦難、病気、障害はすべて、魂の成長のために用意されたもので、人生とは魂が学ぶための「学校」のようなものだと説いている。死後、魂は肉体という殻を脱ぎ捨てて、別の次元へと飛翔し、まだ学ぶべき課題をもっている魂は、再び別の人間として人生に再入学してくるのだそうだ。

飯田氏とロスの大きな違いは、飯田氏があくまで「他者の体験の調査研究」をもとにしているのに対し、ロスは常に「自分の実感と体験」を重視していることだ。ある時、大学の催眠術の授業で、ロスは退行催眠をかけられて前世に飛んでしまう。そしてネイティブアメリカンの女性だった自分が、カヌーの上で男から川に落とされる映像を見る。まったく同じ授業で、隣の教室で催眠術実習をしていたグループの男子学生が、退行催眠によってネイティブの女性を川に突き落とす映像を見ていた。

実習終了後の報告会で、二人はお互いが同じシーンを別の立場から見ていたことがわかり、ロスは「これはどういうことですか？」と教授に詰め寄り質問するが答えは得られなかったというエピソードが、伝記に掲載されている。

ロスは度々、ネイティブアメリカンのイメージを見る。そして、それが自分の前世であることを確信していく。彼女が晩年にアリゾナに住んだのも、そこがネイティブの保留地に近かったからかもしれない。そのような実体験を通して、ロスは死後の世界に触れ、また死者の霊から自分の進むべき道を示される。このような霊的体験は個人にとって衝撃的で、しかも他者から理解され難く「自分は気が狂ってしまったのではないか？」と感じ、その体験自体を否定してしまう人も多い。

科学者だったロスが、自らの身に起こる奇妙な出来事を、非常に冷静にかつ、ニュートラルに受け入れていったことは、きわめて稀なことだ。同じ体験をしたらほとんどの人が自分のアイデンティティの揺らぎを感じ、平常心ではいられないだろう。結果的には宗教家になっていく場合も多い。

しかし、ロスは違った。彼女は一人の医師として活動することを辞めなかった。世界的な名声を手に入れたあと、彼女を信奉するたくさんの人々がロスの周りに集まり、ロスに救いを求めて来た。あるいはロスを讃え、名誉を与えた。ロスを知る人たちは、ロスのカリスマ性を認めている。一六〇センチの小さな身体のロスが、患者の前に立つと「岩のように感じた」と語るのは、ロスの晩年を取材したＮＨＫのディレクターだった。

どう言ったらいいんでしょうか。あの人は、他人のどんな悲惨な話を聴いても動じないんです。岩のように、動かない。だから、話しても大丈夫だと感じるんです。

脳卒中で倒れる前のロスは、そのカリスマ性により「ある種の神聖さ」を醸し出していたという。多くの人は、ロスは死ぬまで神聖であり続けると信じていた。でも違ったのだった。ロスは人々の聖女であり続けることから降りてしまった。神聖なイメージをかなぐり捨て、自分の惨めさを露呈し、毒舌で神を批判する意固地な老女としておよそ九年間を生きて死んだのだった。最後にロスが家族に語った言葉。

これから銀河とダンスに行くわ。

「死とはなにか。人は死んだらどうなるか。死にゆく人にとって、どんな援助が必要か？」ロスはこの問題に、きっちりと自分なりの答えを出した。頭ではなく、自分の全人生でもって解答した。そのメッセージを私たちはまだ受け取り損ねている。ロスの著書は多いが、ロスの思想はその生と死に最も表わされているように思う。私自身、まだロスの最晩年の言動の数々について疑問をもち考えあぐねているところだ。ロスが見たという蝶は、どうしても見つからない。

でも、あの変人のロスのことだから、そう簡単に解ける宿題を残してはいかないのだろう。

ロスの残した業績はガンジーやマザー・テレサにも価するものだ。医療に携わる多くの人たちが、エリザベス・キューブラー・ロスについて興味をもち、改めて研究し、光を当ててくれることを望んでやまない。

**文献**


ギル、デレク、一九八五、『「死ぬ瞬間」の誕生――キューブラー・ロスの50年』(貴島操子訳) 読売新聞社。

飯田史彦、一九九九、『生きがいの創造』PHP研究所。

飯田史彦、一九九九、『生きがいの本質』PHP研究所。

キューブラー・ロス、エリザベス、一九七一、『死ぬ瞬間』(川口正吉訳) 読売新聞社。

キューブラー・ロス、エリザベス、一九八五、『新・死ぬ瞬間』(秋山剛・早川東作訳) 読売新聞社。

キューブラー・ロス、エリザベス、一九九五、『死後の真実』(伊藤ちぐさ訳) 日本教文社。

キューブラー・ロス、エリザベス、二〇〇三、『人生は廻る輪のように』(上野圭一訳) 角川文庫。

キューブラー・ロス、エリザベス／デーヴィッド・ケスラー、二〇〇一、『ライフ・レッスン』(上野圭一訳) 角川書店。

キューブラー・ロス、エリザベス／デーヴィッド・ケスラー、二〇〇七、『永遠の別れ』(上野圭一訳) 日本教文社。

# 9章 「自分の死」を死ぬとは

大井　玄

## 1 「自分」とは

普通「自分」というと自明のことだと思っているのではないか。今朝ご飯を食べたのは自分だし、こうやって文章を書いているのも自分、まわりにいる人たちに対し自分はやはり自分である。つまり意識の統体であり、自分の同一性を意識している「自分」である。

しかし臨床医として人々の悩みに耳を傾け、人生の最後を歩みつつある人々と接していると、「自分」とは通常思っているほど単純明快で固定された、つまり実体的な存在ではないと感ずる。実際「自分」がどんな自分であると意識するかによって、世界が別に見えたりする。死の体験ががらりと違うことも観察できる。

たとえば、ある病棟に働くナースから相談を受けたことがあった。その病棟にはもっぱら認知能力の低下した人々が収容されている。彼女の訴えはその患者の一人から「セクハラ」を受けているというものだった。患者は七〇歳前後の車椅子に乗っている男性だが、奥さんも子どもも見舞いに来ない。いわばその病棟に「棄てられている」印象が強かった。彼女によればセクハラを受けるのはもう一人だけで、そういわれれば、二人ともぽっちゃりとした豊かな胸の持ち主である。どう対応すべきか。

「それは全くあなたが自分をどう見なしているかによるのではないだろうか」と私は答えた。もし彼女が自分を「看護に従事する労働者」と見なしているのなら、たとえナースとはいえ、そのようなセクハラを受けない権利があるだろう。すぐ病棟主任に訴えるがいい。受け持ちを変えてもらい、その患者をできるだけ早く退院させるよう働きかけることも考えられよう。しかし彼女が看護職を選んだとき志したように、病める者のために何かをしてあげたいという慈悲の気持ちを強く持っているならば、その権化として観音菩薩がある。たとえば私がかつて一緒に働いた佐久市の保健婦は、半身不随の寝たきり男性が動く方の手で彼女の胸に触っても平然としていたのだった。私たちは彼女が観音様みたいだと話しあった。であるから病棟の彼女も、自分が「看護労働者」と思うか、「観音菩薩」と意識するのかで採るべき道は大きく変わってくるだろう。むろん現実にはその両方の間にいろいろ選択肢があるはずである。

しばらく経ってから彼女と遭ったとき彼女は頬をすこし赤くして言った。「私、観音様になります」。「自分」が「看護に従事する労働者」として観る世界と、「観音菩薩」と自覚して観る世界とには、質的な断絶がある。であるとすれば、「自分」は菩薩でも労働者でも、その望ましい姿に自身を重ね合わせ得ることにより、別の世界を生きる可能性を持つ。また看護労働者としての死か、菩薩としての死かでまったく別の様相を帯びるであろう。したがってそのことは、「自分」という概念に一義的に実体的意味づけを行うことを困難にする。「自分」が帯びる人格的内容は可変的である。とすれば「自分の死」を死ぬなどという命題は、そもそも成立しない怖れがある。しかしそれでは此処で話が終わってしまうので、医師としての経験を踏まえてしばらく「自分」を考えてみよう。

## 2　終末期に現れる「自分」

人は通常、自分あるいは自己が一生同じ人格を持つ実体的な存在だと思っている。しかし虚心坦懐に広義の終末期に足を踏み入れた人々を観察するならば、「自分」なるものがそんな確固たる「実体的存在」ではないことに気付く。実体とは、言うまでもなく、独自の性質があり、他者とは関係なく永久に存続するものである。

たとえば認知能力の落ちた人々を注意深く観察するがいい。アルツハイマー病など認知症の人に現れる「夕暮れ症候群」はよく知られているが、「自分のうち」に帰るのだと言い張る老母に、介護する娘がここは彼女が半世紀住んできた彼女自身の家だと説明しても納得しない。彼女の家は自分が生まれ育った田舎の家なのだ。この時介護者が、「自分」というものは基本的に記憶の集合により構成されていることをわきまえていれば、母が子どものときの人格に半分戻っているのを理解するはずである。

さらに終末に近づき、認知能力がもっと衰えた人々では、自分の娘を母や姉妹だと誤解したりする現象が広く認められている。つまり、そのときの「自分」は、子どもの頃の「自分」に帰っている可能性がつよい。それは「回帰人格」とでも称すべき人格である。またその頃になると、すでに亡くなった肉親と話をしているような現象が見られることがある。それは通常終末期の幻覚、幻視として片付けられる。

だが死に赴く人が幽明境で昔親しくしていた人たちと話したり頷いたりする情景は、終末医療に携わる私にとって慰藉を感ずるものである。これは後述するように、患者がすでにご先祖様たちと交流し、つながっていると解釈できるからである。

たとえば八〇歳前後の患者がいた。軽い脳梗塞の後、徐々に食事が取れなくなっていったが、美しい面影が残っている女性であった。彼女は横浜の商家に生まれたが、父親が放蕩者で女癖が悪く、財産を蕩尽してしまった。小学校に上がる前に、さる家に「養女」という名目で遣られた。しかし実際には女中として働かされた。その後父親と離婚した母親と二人暮しを始め、小学校も出た。そんなだらしのない父親だったのに、彼女が結婚した相手は父親に似ており、女好きで散々苦労させられた。「お母さんはお人好しなんです」と介護者である娘が嘆いたことがあった。だんだん衰弱がひどくなり食べることも、水を飲むこともしなくなってきた頃、娘は「母が自分の親に会っているみたいです」と気味悪げに言う。「ご両親に会われるそうですね」と患者に聞くと、「ええそこにいます」と私の頭の右後の虚空を指さした。

実は、老人施設で注意深く観察する人ならば、老人の誰かが「この世」と「あの世」が相互に浸透しあう「あわい」の世界にいるという印象を受けるのは珍しくないはずである。終末の道行きを歩む者の「自分」は、現実世界に住む私たちと違っている可能性がある。それは「自分」が解け始めていると言ってもよい。ふつう私たちが理解する「自分」は、だれそれという名前を持ち、妻や子どもがいて、会社員のような職を持つ、属性や社会関係、交友や過去の歴史がつながるいわば「結節点」のような存在である。それらの要素をつなぐのは、当然、記憶の働きである。しかし記憶というつながりの働きによって結ばれた「自分」は、この世とあの世の入り混じった幽明境では解け、ほどけていくかに見える。

京都大学大学院で臨床心理を専攻していた久保田美法氏は、老人病棟や老人ホームでの観察から次のように述べている。

自分が生きてきた歴史や馴染み深い人々、ときには自分の名前さえ忘れていかれる痴呆では、その言葉も、物語のような筋は失われ、断片となっていく。それはちょうど、人が生を受け、名前を与えられ、言葉を覚え、「他ならぬこの私」の人生をつくっていくのとは反対の方向にあると言えるだろう。一つのまとまりのあった形が解体され散らばっていく方向に、痴呆の方の言葉はある。それは文字通り、ゆっくりと「土に還っていく」自然な過程の一つとも言えるのではないだろうか（久保田、二〇〇五）。

以上の過程において「自分」はもはや固く結ばれた結節点ではない。解けつつあの世とこの世の双方につながりを持つかに見える。

## 3 いまの自分は「自分」か

認知能力が落ちたから不可解な人格が現れるのではない。ごくふつうの人間であっても、似たような現象は起こりうる。一九世紀になり、いわゆる多重人格の人間の事例がいくつも報告されるようになると、現在の自分がかならずしもすべての「自分」を代表するのか否かについて確言できない可能性が生じてきた。それをもっとも明快に言い切ったのがハーバード大学で心理学と哲学の教授であったウィリアム・ジェームスである。彼は麻酔にも使われる亜酸化窒素（笑気）による「中毒」を観察し、次のように結論した。

それは、私たちが合理的意識と呼んでいる意識、つまり私たちの正常な、目ざめているときの意識というものは、意識の一特殊型にすぎないのであって、この意識のまわりをぐるっととりまき、きわめて薄い膜でそれと隔てられて、それとはまったく違った潜在的ないろいろな形態の意識がある、という結論である。私たちはこのような形態の意識が存在することに気づかずに生涯を送ることもあろう。しかし必要な刺激を与えると、一瞬にしてそういう形態の意識がまったく完全な姿で現われてくる。それは恐らくどこかにその適用と適応の場を持つ明確な型の心的状態なのである。この普通とは別の形の意識をまったく無視するような宇宙全体の説明は、終局的なものでありえない（ジェームス、一九七〇、一九四―一九五頁）。

ちょっと信じがたいと思うのが普通だろう。しかし催眠術をかけると別人格が出てくる現象はよく知られている。ジキル博士とハイド氏の二重人格はよく知られているが、「二四人のビリー・ミリガン」の例からも推察できるように、主人格のみが「自分」だと断定することは到底できない。ビリーの場合はそれぞれの別人格は年齢、人種、国籍、性格、才能、関心事などが異なっており、役割分担が単純化されている。つまりそれぞれの人格はその役割に応じた単純さを示しているが、それぞれが一つの小さな「自分」を主張しうるのである。

副人格の方が主人格よりも才気煥発で、頭の回転が速いという例は、たとえば一九世紀にペンシルベニアで報告されたメアリ・レイノルズの場合がそうである（エレンベルガー、一九八〇、一五二―一五三頁）。彼女は一九歳のとき原野で失神したような状態で倒れているのが見つけられ、覚醒したときは記憶を失い言葉さえ使えなかった。しかし急速に学習して第二人格が完成された。第一と第二の人格交代がその後何度か起こったが、三五歳以降は死ぬまで第二人格に留まった。第一人格のメアリは物静かで思慮深く、メランコリックで頭の回転の鈍い人だった。ところが第二人格では、にぎやかで快活、突飛で冗談好きである。一方の人格は他の人格について知っていたものの、第二人格の彼女は、第一人格の自分を鈍感で愚かだと看做していたという。

さて「必要な刺激」はかならずしも笑気や催眠術だけではない。おそらく一番ふつうの化学的刺激はアルコールであろう。しらふのときは虫も殺さぬ優しく気の弱い人が、一旦酒が入ると攻撃的で執拗に絡んできたりする。しかも酔っ払っているときの「自分」をしらふの「自分」が覚えていないというのが通常である。

## 4　過去の記憶に基づく「世界」

ハーバード大学の神経生理学教授スティーヴン・コスリンはかつて「われわれは周囲の事物に応じて世界を構成していると考えるが、我々の脳は記憶に基づいて世界を構成している」と語った（Kosslyn, 2005）。その意味は、われわれは眼前にある事物の名前、機能、性状を（記憶に基づいて）知っているから、その事物として認識しているということである。もし、その事物の名前、機能、性状についての記憶、したがって対応する言葉がまったく存在しなければ、事物を事物として認識することは不可能になる。それは「自分」という対象についても言える。換言すれば、われわれは、自分を含む事物をその名前はもとより、それがどんな働き、形状、性質を持つかを、記憶の網目の中の「結節点」として捉えているらしい。認知能力低下とは、新しい事物を「網目」に取り入れる働きが衰えるばかりでなく、記憶の網目自体がぼろぼろになっていく過程であるかのような印象を受ける。

たとえばイギリスの小説家アイリス・マードックはアルツハイマー病になったが、検査を受けたときテニスのラケットを見せられてその名前を言えなかった。しかし「それはテニスのもの」と答えたから、ラケットの機能に関しては記憶の網目がわずかに残っていたのだろう。

また認知能力が衰えてしまい、現在自分がいるところ、日時はおろか事物の名前や機能などを忘れてしまっている、つまり自分の置かれた環境とのつながりを失った人たちを継続的によく観察していると、自分の古い記憶に基づいて自分の周りに仮想現実的世界を構築しているのではないかと思わせる場合がある。たとえば精神科医石井毅氏は、かつて九州で芸者置屋を経営していた女性が意識は完全に清明であるのに、病棟を自分の店だと思っていて、ナースに「コーヒー五人分すぐ持ってきて頂戴」とか「日本間を掃除しておいて頂戴」と命令する例を報告している。氏はその状態を「仮想現実症候群」と名づけた（石井、二〇〇三）。

北海道医療大学の阿保順子氏は、青森のある精神病院の痴呆病棟で、患者たちを文化人類学的に長期観察を行った。その結果見出されたことは、やはり仮想現実に生きる人たちがいるということだった。たとえば、ある八〇代の寡婦は、集会室の畳を敷いた場所を「村の公会堂」と思っていたが、廊下のリノリウムの色が違うところを彼女の過去に住んでいた部落のある「地区」だと思っていたし、消火器の所在を示す赤いランプのある場所は「駅」であると云うのであった。

彼女の仮想現実は場所に限らない。ある男性患者を自分の「夫」であると信じていた。ある時、彼女は「夫」がわけのわからぬことを呟くのに傍で耳を傾けていたが、突然近くにいた他の男性の腕を引っ張って「夫」のところに連れて行こうとした。腕を引っ張られた男が抵抗したことは言うまでもない。阿保氏が引っ張った理由を尋ねると、「夫」が「首を振っている大工を連れてこい」と、言ったという。腕を引っ張られた男性は、おそらく何かの神経疾患のせいでいつも首を前後に振っているのであった（阿保、二〇〇四）。

しかし認知能力が保たれている人であっても、周囲の事物の何を見てどういう意味付けを行うかは、各人によって異なる。つまり人は、自分の見たいものしか見ないし、聞きたいことしか聞かないのである。たとえば、アメリカのイラク侵攻後二年ほど経って、アメリカ人兵士の死者が二〇〇〇人に達した時、イギリスのテレビＢＢＣは戦死した兵士の父親にインタビューを行った。父親は沈痛な面持ちで、息子の死は悲しいが、「九月一一日事件を起こしたサダム・フセイン」をやっつけるという大義に殉じた名誉の死を誇りに思う、という趣旨の発言をした。当時は、すでにイラク侵攻の口実になった大量破壊兵器も存在しないし、九・一一事件を起こしたのはアルカイダであって、フセインは何の関係もないことが判ってから相当な時が経っての話である。戦死した兵士の父親が新聞やテレビでその事実を聞いたり読んだりする機会は多くあったはずだ。

同様な例に、第二次大戦後ブラジルで、日本が戦争に勝ったと主張する「勝ち組」の存在が伝えられたことがある。敗戦の現実に喘いでいた本国の日本人にとり、それは不可解なニュースであった。しかし現在ならそのような現象が起こったことは、十分理解できる。つまり痴呆であろうとなかろうと、基本的に、自分の見たいこと聞きたいことだけを見聞きしていること、そしてそれに対する解釈が自分の記憶に基づいた多分に恣意的なものであることにおいては、両者に違いはないのである。

## 5 つながりを感じない「自分」

日常を事もなく生きるわれわれは、存在の「つながり」を感じないのが普通である。たとえば健康人は空気とのつながりを感じないが、肺気腫などで呼吸困難を感じて初めてそれを意識するようになる。つまり「つながり」が重要であればあるほど、その存在を忘れている状態が当然だと思っている。「つながり」の存在を忘れるのは適応のお蔭だが、いったん適応してしまうと、その呪縛から免れることは、不適応つまりつながりの不在を苦痛とともに体験しない限りほとんど不可能なのだ。

食事を例に挙げよう。何気なく海老のてんぷら丼に舌鼓している時、そこにどんなつながりが働いているかに思いをはせる人は稀であろう。ご飯は稲作に従事するお百姓が田植えし、除草し、収穫し、精米し、出荷する。それを運ぶ人、料理する人がいる。稲は適当な温度、水分、土壌の養分、太陽エネルギーなどの条件がなければ育たない。そこにはきらめく太陽、白い雲、雨、働く人々、世界を構成するすべての要因がバランスよく存在し、関係しあっているから、眼前のご飯がある。「一粒の米に宇宙がある」というフレーズは事実である。これらの要因のどれ一つが欠けてもご飯はそこにない。その事実がすぐピンとくるのは、実際に飢えた経験のある人にかぎられよう。

海老は、バングラデシュから来たものという。しかし、日本から同国を訪れる結核の専門家によると、現地の漁夫が換金性のある海老を食べることは無い。農夫は動物性蛋白を取るゆとりさえない。彼が常宿とするホテルの朝食は、卵料理が付く。百数十円ほどでしごく安価だが、農民の日収はそれにも達しないという。栄養のバランスが取れないから、いったん結核に感染すると、戦前の日本人がそうであったように、病気の進行は速い。海老に舌鼓を打つ者は、バングラデシュに滞在した経験でもなければ、自分が巨大な物流の向こう側と、海老を介してこのようにつながっているとは想像できないだろう。つながりの実感は体験の裏付けに頼らざるを得ない。

そんな判りきったことをと、あざ笑うことはたやすい。流通の発達した便利で豊かな世界では、しかるべき代金を払えば、自分のほしいものを手に入れるのは当然だと信じており、そのようなつながりを意識できないのである。しかし流通の正当性のみを信じるのは、自分が実は現実世界から切り離されていることに気付かないことでもある。残念ながら、自分で直接稲作に従事し、あるいは途上国に行き、現地の人々と生活を共にした経験でもなければ、いま食べているものを介して自分が何とつながっているかを実感することは不可能なのである。

しかし体験を通じて、自分が世界とつながっている事実を体感的に認知し、そのつながりによって「生かされている」という感覚が生ずるならば、「死」という次の段階、次の体験への心構えが違ってくる。たとえば万死に一生を得て帰還した兵士たちがある。戦友の大部分は戦闘で、あるいは絶望的な行進の途中で死んでいった。戦後帰国しての感慨は、自分のいまの生は人生の付録であるというものだった。彼らはすでになくなった戦友たちとのつながりの感覚を拭い去ることが出来ない。終末期医療に携わる私が、いまや老いて病む元日本軍兵士たちの話を聞く限り、このつながりの感覚を持つ者は、生から死へと移ることをすでに受容しているように見える。

## 6　死を自然と感じること

現在の日本においては、死は日常から隠されている。まず、第二次大戦後の平和の持続により戦死はなくなった。また八割以上の人が病院で死ぬ現状では、終末期のみとりを体験することがほとんど無くなった。これに加えて、ここ半世紀を越える医療技術の進歩により、かつては致死的だった病気を患う人の延命ばかりか治癒さえ可能にした。肺炎、結核、ペスト、コレラ、赤痢などの感染症や尿毒症、さらにさまざまな悪性腫瘍がこのグループに入る。

疾病の有効治療は、心理的に、人間が永久機関（実体）とは言わないまでも、きわめて長持ちする機械であるという印象と期待を生じさせる。病気の臓器には有効な薬剤を投与する。あるいは腫瘍であれば切除したり放射線・化学物質で除去する。臓器が機能しなくなるならば、移植という手さえある。医療に対する期待は時として激しいものがあり、病気が治らないのは治療者のせいだ、という感覚さえ生ずる。死の非日常化と人間の実体視化のもたらす最終の心理効果は、皮肉なことに、死の抽象化と同時に死への恐怖を激しくすることである。

ではどのようにして死に慣れるか。このことについては、いつか日本経済新聞に載った作家の坂東眞砂子氏のエッセイは示唆的である。それは私の記憶に間違いがなければ、おおよそ以下のごとくだった。

彼女はタヒチに在住するが、車で島を回ると野生の鶏が車にはねられて死んでいるのにしばしば遭遇する。調べて新鮮なものなら夕食のおかずにする。すこし傷んでいるなら犬の餌にする。鶏だけではなく、野生の犬や猫なども死んでいる。犬は四肢を宙に上げていたり、ねずみはまるで道の染みみたいにぺちゃんこになっている。つまりタヒチの自然では、草木が芽生え、茂り、落葉するように、動物も誕生、成長、老化、死の過程をたどっていく。そういう世界に暮らすうちに彼女は自分の変化に気付いた。猫好きの彼女はかつては猫の死を見ると悲しみ胸ふたいだが、今ではごく自然な現象として受け入れるようになったのだ。また彼女自身もかつてはたとえようなく死ぬことが怖かった。その恐怖がタヒチの自然の中で薄らいだのを感じたのである。彼女は悟る、死を受け入れるのは本で読んだり考えたりすることでは為し得ない。死体を見、腐臭をかぎ、肉が解けていくのを見ることを繰り返すうちに慣れていくものなのだ。

結局、彼女の経験が示すことは、死に慣れることは、言語化できず論理で説明できないが情動には影響する、つまり恐怖を強く感じなくなるというプロセスである。これは深層意識において起こるプロセスである。そうならば、表層意識で営まれる論理や思考とは関係なく、実生活において動植物の誕生・成長・老化・死をあるべき自然として情動的に受け入れている人たちは、死をも「自然」として受け入れているであろう。

それは換言するならば、世界（自然）とのつながりを感じている状態といってよい。その状態にある時、人間は世界と対峙する関係にはない。その世界での自分は、自然に包まれ、自然の中で現れ消える一員であり、自分の先祖たちがそうであったように、死んで世界に還元されるのは当然と感じられるのである。

## 7　自己観と死

死に対する関係は、自己を他者と切り離された存在と感ずるかつながった存在と認識しているかによって異なるように見える。文化心理学の過去四半世紀にわたる知見によれば、世界の諸文化において自己観には二種類あるという。マーカスとキタヤマはそれぞれに「相互独立的自己観」、「相互協調的自己観」と名づけた（Markus and Kitayama, 1991)。

「相互独立的自己観」とは、自己を思考、判断、意思決定、行動の独立した主体と看做すものであって、他者とは完全に分離したいわば独自の「宇宙」と認識する。また他者をも自己と同様の独立した「宇宙」と看做しているから、社会はお互いにばらばらなアトム的存在の集合として理解されている（「相互独立的自己」という名称は生硬で、直感に訴えないから、ここでは「アトム的自己」と呼ぼう）。

面白いことに、大乗仏教は古代すでに深層心理学とも言うべき唯識を発達させているが、そこで凡夫と看做される人間は「アトム的自己」である。すなわち凡夫は、その深層意識（マナ識）において、自分は永久に存続する「実体」であると認識し（我見）、それに執着し（我愛）、自分本位に思ってしまう（我慢）し、しかもその事実に気付かない（無明）という。これらは「根本煩悩」と呼ばれるが、深い瞑想によって得られた洞察である。

もう一方の自己観は「相互協調的自己観」と呼ばれるが、同様の理由で「つながりの自己観」と呼ぼう。この自己観では自己は他者と切り離すことができない。したがって、思考、判断、意思決定、行動において、他者の意向が「関係項」として必然的に入ってくる。

これらの自己観の違いは、それぞれの「自己実現」に如実に現れている。「アトム的自己」にとっては自己の才能、性向、素質、野心などを具現化することである。つまり意思決定や行動において、他者は考慮すべき関係項として含まれていない。対照的に、「つながりの自己」にとっては、他者に期待されている「役割」を良く果たすことにより、感謝され尊敬されることで生じるのが自己実現の感覚である。他者は自分の意思決定や行動において、自分の意向に等しく、場合によってはそれにも増して重要な関係項である。世界の諸文化において、「アトム的自己観」は北米、西欧、北欧などで優勢であり、「つながりの自己観」はアジア、アフリカ、南米、東欧などで支配的という。

死に対する態度の違いは、単純化して言えば、自己という独立した「宇宙」の消滅として感ずるか否かにかかってくる。「アトム的自己観」には、いわば天動説のような自己中心的心理の力動がある。「つながりの自己」では、死に際しても、そのような存在の根源的無化は感じない。百年ほど前森鷗外は、この違いをその短編「妄想」で鋭敏に指摘している。


自分は小さい時から小説が好きなので、外国語を学んでからも、暇があれば外国の小説を読んでいる。どれを読んでみてもこの自我がなくなるということは最も大いなる最も深い苦痛だと云ってある。ところが自分には単に我が無くなるということだけならば、苦痛とは思われない。（中略）病や薬で死んだら、それぞれの病症薬性に相応して、窒息するとか痙攣するとかいう苦しみを覚えるだろうと思うのである。自我が無くなる為の苦痛は無い。

この違いは、がんのように致死的疾病にかかる場合にも現れる。カガワ＝シンガーは、カリフォルニアでいずれも進行がんにかかった日系二世二五人とアングロ・アメリカン二五人を医療人類学的に調査した（Kagawa-Singer, 1994）。アングロ・アメリカンでは、がんにかかることは、あたかも悪意ある外来者が自分を攻撃していると感ぜられるのである。したがって、友人たちに自分の窮状を訴え、応援を請うことになる。しかし日系二世では、自分ががんにかかっていることを知りながらも、あたかもがんではないかのごとき言動をしたりする場合がある。そしてその家族も患者の「誤り」を訂正したりしないのである。

この奇妙な態度は、徳川時代を通じて日本人の大部分を占めた農民の強固なつながりを通じた生き方と倫理意識を想起すれば説明できる。母国の歴史・文化により形成された倫理意識の変わりがたさは、移民社会アメリカにおいて観察されている。つまり彼は、カリフォルニアにおいて当時なお、伝統的日本農民の倫理意識を保持していたと解釈できる。彼は農村の働き手として自他共に受け入れられているのに、がんにより働き手としての資格を奪われることは死よりも辛い。なぜならがんを認めるのは、彼の周囲の人たちとのつながりが絶たれ、属する集団から追放されることを意味する。したがって彼はがんの告知を受けながらも、聞きたくない情報を無視しているのだ、と解釈すれば説明できるのである。つまりがんをわずらっているにもかかわらず、その事実を認めない限りは、自分は働き手の一員として他者との「つながり」を維持できるのである。この点、前述の戦死した米兵の父親が、事実であるかないかに無関係に、自分の欲する情報にしがみついていたのとまったく同一の心理作用が働いていることに注目すべきだろう。この心理的ダイナミズムはさらに、自分が社会的に有用な役割を果たしている限りは、たとえ進行がんがあっても「健康だ」という意識を持ちうる現象につながるのである。

## 8 死への態度——「アトム的自己」と「つながりの自己」

「アトム的自己」が進行がんのように致死的疾病にかかっていることを知った時、どのような心理的経過を経てその事実を受け入れていくか。エリザベス・キュブラー・ロスの『死ぬ瞬間』は日本でもベストセラーになったが、彼女の調べた患者たちは「アトム的自己」であった。それは彼女の以下の人間と死の関係についての考察からも明らかである。

そのような考え方がどこから生まれるかといえば、私たちは無意識のうちに「自分に限って死ぬことは絶対にありえない」という基本認識を持っているからだ。私たちの無意識は、自分の命が本当にこの世で終わるとは思っていない。自分の命が終わらなければならないとするなら、それは常に他人による外部からの悪意ある干渉のせいだ。簡単にいえば、私たちの無意識にとっては、死ぬのは殺されるときだけであり、自然現象や老齢のために死ぬなんて考えられないのだ。そのために、死は、それ自体が報いや罰をまねくような悪い行い、恐ろしい出来事を連想させるのである(キュブラー・ロス、二〇〇五、一四頁)。

以上のキュブラー・ロスの人間観(つまり自己観)では、自己が独立した一つの宇宙として、しかも実体的宇宙として深層意識(彼女の無意識)において捉えられていることが明瞭であろう。それは紛れもない「アトム的自己」である。手遅れのがんにかかっていることを知ったとき、それは悪意ある外来者が自分を攻撃していると感じる自己である。したがってキュブラー・ロスの終末期患者観察から得られた結論は「アトム的自己」に関しては広く妥当性があるものの、「つながりの自己」については当てはまらないことも多い。彼女の観た患者たちは、自分の病気の致死性を告げられてからその事実を受け入れるまで、一言で言うと「じたばた」するのである。その過程は、まず事実の否定があり自己の孤立の悲哀を感ずることから始まる。ついで「怒り」のステージが始まる。怒りの感情は、「アトム的自己」では「つながりの自己」に比べ長く強く続き、身体表現としても顕かであることがすでに知られている（Kitayama and Masuda, 1995）。

それは、なぜ他の人間はうまくやっているのに自分だけがこんな目に遭わなければならないのか、という実存認識から出発する。したがって、怒りの向けられる方向は恣意的で決まったものではない。しかしナースがその目標になることがいちばん多いのが普通である。絶え間なくナースを呼び出し、用事を命じるが、それで気に入ることがない。ベッドを上げさせるかと思うと下げさせ、サイドレールが上がっていると怒り、下がっているとまた文句を言う。背中を撫でさせ、痛み止めを要求する。ナースが用事を終えて、次のシフトのチームに引継ぎをしようとすると、間髪をいれずナースコールの灯りが点灯するのである。またすぐ想像がつくように、ひとの上で指示する位置にある者がこの段階では怒りを爆発させることも多い。強固な実体として捉えられている「自己・自我」が崩壊するのを受け入れることは大変な事業である。

結局、二番目の「怒り」のステージは、後に続く「うつ」や「受け入れ」の段階を抑えて、キュブラー・ロスが設定した五段階のうち最も長く最も精彩に溢れた記述になっており、全段階の約三分の一の量を占める。このような激しく強い怒りは、筆者が終末期の臨床にここ半世紀近く従事して観察した「つながりの自己」である日本人には極めて少ないのであった。

カリフォルニアの日系二世の例からも窺われるが、「つながりの自己」である家族は患者に「死にゆく者」というはっきりしたレッテルを貼ることに強い嫌悪感を憶える。それは今後生き延びていく者と死に赴く者とのつながりを明確に切断し、患者を家族集団から追い出すからである。現在日本で家族が主治医に、がんがすでに手遅れであることを直接患者に告げないよう求める事例は、ごく普通に見られる。また患者が自分の病気の性質を知っても、あたかも知らない振りをする場合さえあるのだ。昭和天皇は、生物学者として自分が膵臓がんであることを承知しながらも、最後まで知らないかのごとき態度でおられた。以下の「病者」という詩は、東京大学医学部解剖学の細川宏教授も同様の配慮をしていたことを示す。その一部を長いが引用しよう。

病者はある日死者と語った
生前敬愛する先輩であったその死者は
己れの体験した死とその実感を含めて
病者のもろもろの問いに快く答えた
死に伴う肉体的苦痛は
医薬品の進歩が著しく軽減してくれたこと
また死そのものの不安にもまして
遺族の将来に関するさまざまな不安が
大きな心理的負担になる事実など
その率直な感想は示唆に富んでいた
「ところであなたは死の直前まで
早く癒ってあれこれ仕事をしたいと
いつも語っていられましたが
自分の病が悪性不治のものであることを
本当に全くご存知なかったのですか?」と
病者は前々からの疑問を質してみた
死者は瞑想するかのごとく

暫し黙して後　静かに口を開いた
「そう　このことは　僕も
一度誰かに話したいと思っていました
実はもう大分以前
ふとした機会に
僕は僕の病気の正体と予後の見込みを
ちゃんと聞き知っていたのです
一、二の例外を別として
僕がこのことを誰にも話さなかったのは
まあいわば
僕のささやかなプライドだったでしょうか
もしかりに僕が
おれはもうすぐ死ぬんだぞと
会う人ごとに言ったとしてみてごらんなさい
当人の気持ちは無理からぬとしても
返答に窮して困惑するのは
そういうのっぴきならぬことを告げられた人達
つまり僕の親しい周囲の人々に他ならないでしょう
そんな身勝手を
僕のささやかなプライドが
どうしても己れに許す気にならなかったのです
もっとも一面では

そのような返答のしようのない宣言によって
周囲の人々と僕との間の
すべての会話が断絶してしまうことに
この僕自身が
耐えられなかったのかもしれませんが」

（細川、一九九七、二〇―二二頁）

細川教授の「つながりの自己」たる所以は、末期がん患者としての言動において、すでに周囲の人たちの気持ちが関係項として織り込まれていることにある。自分さえ病気の性質を知っている事実を胸のうちに秘めていれば、周囲の人たちを狼狽させることなく、いままでどおりの「つながり」を維持できるのである。「アトム的自己」には見られない克己と配慮がつながりの維持に払われている。それは優れた死に赴く芸当といってもよい。

## 9 つながりを感じている死

終末期医療に関わりあったこの半世紀、日本においては、死への恐怖が強くなっているとの印象がある。それは前述のごとく、死が隠され、人間を実体化して考える傾向が強くなってきたからかもしれない。いずれにせよそこに働く基本的心理力動はつながりの喪失である。逆に、子孫であれ、神仏であれ、同胞や国家であれ、世界であれ、自己を超越した存在とのつながりを感じている場合には、死の恐怖が露骨に観察されることは少ないように見える。

たとえば自然とのつながりを感じる度合いは、都市生活よりも農耕生活のほうが強いだろう。それはまた伝統的に狩猟採集や半農半狩猟といった生活をしている場合にはさらに濃密であろう。いずれにせよ、死の文化的伝統が保たれた世界では、死は「自我・自己」の無化としてよりも、感覚的には「回帰」のプロセスとして受け止められているように見える。

作家のジェラルド・ダレルは、少年時代を過ごしたギリシャのコルフ島の農村で、ある老人の最期を見ている。死も間近であるのを悟った老人は、子や孫や親類縁者を病床に呼んで、それぞれに短い別れを告げるのだった。それは同時に自分が後代に残したつながりの確認の儀式である。その老人は以前子ども時代、成人として働いていた時代、先に死に赴く人たちと、同様の別れを体験したであろう。彼の脳裡には、地中海の明るい日差し、オリーブやブドウの畑、きらめく群青の海からなる世界があり、そこでは今生きるものもすでに死んだものも、断絶してはいないのである。

文化人類学者原ひろ子氏は極北のヘヤー・インディアンと足かけ三年生活を共にし、インディアンとして受け入れられたが、彼らの生への執着の少なさを観察している。

彼らは、自分の守護霊が「生きよ」といっている間は、生への意志を棄てない。しかし、守護霊が「お前はもう死ぬぞ」というと、あっさりと生への執着を棄ててしまう。そして、よい死に顔で死ねるようにと守護霊に助けを求め、周りの人間たちにすがるのである（原、一九八九、三六六頁）。

彼らは一人ひとりが自分の守護霊を持っていて、それはオオカミやテンやクズリなど森の動物である。守護霊は夢に現れさまざまなお告げをしてくれ、危難の時に導いてくれるのである。

自身もアバナギ・インディアンの血を引く文化人類学者ジョセフ・ブルチャックによれば、アメリカ・インディアンの部族の宗教には死の恐怖がないという（ブルチャック、一九九八、七九頁）。かれらの残した詩を読むとそれもむべなるかなと感ずる。

命とはなにか。
それは、夜の闇にまたたく
ホタルのきらめき。
凍てつく冬の空気に
バッファローの吐く白い息。
草原を走りまわり
日没とともに消えてしまう小さな影
（ブルチャック、一九九八、七三頁）

死から隔離され、生まれたものは必ず育ち、八〇年九〇年長生きするのが当然だと思う者にとっては、この詩は、はかなすぎて受け入れがたいと感じるかもしれない。しかしそれは、八〇年九〇年という人生を、闇夜のホタルの命よりも断然長いという感覚があり、死に対する強い恐怖を伴っているからである。恐怖は、繰り返すが、死に慣れていないから、そして死を自然から排除しようとするから強くなる。キュブラー・ロスが指摘するように、自己は実体であって、死という現象は起こりえないと錯覚しているから憤慨するのだ。ところがこの詩の視点は、人間を含む生物が誕生し、成長し、老化し、死ぬことをまったく自然なプロセスとして受け入れているのである。

自然とまったく違和感なくつながり、包まれていると感じるならば、生きる自然と同様、死ぬ自然にさえも満足する感覚が生じる。次の詩が多くの人間に慰藉となるのは、この詩が、いそがしい生活のよろいを脱がしてくれ、われわれの生活にわずかに残る恩寵ともいうべきその感覚を、思い出させてくれるからではないか。

今日は死ぬのにもってこいの日だ
生きているものすべてが、私と呼吸を合わせている。

すべての声が、わたしの中で合唱している。
すべての美が、私の目の中で休もうとしてやって来た。
あらゆる悪い考えは、わたしから立ち去っていった。
今日は死ぬのにもってこいの日だ。
わたしの土地は、わたしを静かに取り巻いている。
わたしの畑は、もう耕されることはない。
わたしの家は、笑い声に満ちている。
子どもたちは、うちに帰ってきた。
そう、今日は死ぬのにもってこいの日だ。

（ウッド、一九九五、三九頁）

生きる者としての「役割」を終え、まさに永遠の休息を取ろうとする感謝の気持ちが顕かだが、そこには世界にしっかりつながった一員としての感覚があるのが読み取られよう。

## 10 宇宙とつながり

現代科学が明らかにした世界は、結局、般若心経が説いてきた世界に他ならないように見える。それは世界には実体はなく、物質的現象があるだけである。現象は無数の縁《えにし》（関係性）というつながりによって現前している。私がいるのは両親がいたからであり、これは絶対に確実な事実である。両親もまたその両親から命を与えられたことも確実である。この生命の連鎖は三十数億年前の原始生命体にまでたどることができるという。生命体とは自身を維持する代謝を行い、自身を複製する存在である。この三十数億年の間に、原始生命体は遺伝という形式を通じ生命を伝え、動植物からウィルスにいたるあらゆる生物に分化してきた。赤ん坊の誕生を祝うのは、母の胎内に一年足らずいたのが現れたからでもあるが、先祖代々伝えられてきたいのちが世に現れ、次の世にいのちを伝えるからであろう。それを祝う自分とは、永劫の時の中でいのちを紡ぎ次代へつなげる一つの輪であり、他者とともに世界を織る糸である。

物質のつながりを考えると、時間の奥行きはさらに延びる。一三七億年前にビッグ・バンによって宇宙はできたというが、最初にできた物質水素の分布が不均等で、重力などいくつかの力があったから、星が誕生し、成長し、老化し、爆発して死に、その過程で他の諸々の元素が生成した。われわれの身体には星の死によって初めてできた必須元素もあるから、われわれは星の死ともつながっている。さらに身体の三分の二を占める水の水素の原子核、陽子の寿命は千億年の千億倍の百億倍というから、われわれは宇宙誕生の時にできた元素を繰り返し再利用しているのだ。アレキサンダー大王や、織田信長の身体を構成していた水素原子を私は再利用しているかもしれない。しかも私の体内では、一呼吸、一呼吸、炭酸ガスと水が生産され、吐く息とともに出され拡散し、そばの人や生物によって吸われてその構成物質になる。宇宙の中の私は、限りある宇宙の物質を他の生物無生物と共用し、リサイクルしている。その事実に気付かないのは、海老とご飯を食べながら、無数のつながりの結果それらを食べるという現象があることに気付かぬことと同一である。

「自分の死」というときの「自分」には、必然的に実体性が生じるが、その錯覚が起こる理由の一つは「自分」の人格的可変性に気付かないからであろう。キュブラー・ロスは「アトム的自己」が人間に普遍的な自己だと考えていたが、それは「つながりの自己」の存在を知らなかったからである。それは無理もないが、唯識の深層心理学から言えば、実体的自己とは無明という根本煩悩の姿に過ぎない。無明とは、前述したとおり、自己が実体であると思い込みながら、しかもそれが仮構である事実に気付かないという状態である。しかし自己は、二五〇〇年前すでにゴータマ・ブッダが指摘したとおり、いろいろな気付かないつながりにより「現象」しているのである。その事実に気付くならば、たとえどのような死であっても「自分の死」であることが理解されよう。「自分の死」は、実体的自己の死ではなく、大海に屹立していた波の一つが、もう一度海に回帰する過程なのである。

**文献**


阿保順子、二〇〇四、『痴呆老人が創造する世界』岩波書店。

ブルチャック、J編、一九九八、『それでもあなたの道を行け』(中沢新一・石川雄午訳)めるくまーる。

エレンベルガー、H、一九八〇、『無意識の発見——力動精神医学発達史』(上)(木村敏・中井久夫監訳)弘文堂。

原ひろ子、一九八九、『ヘヤー・インディアンとその世界』平凡社。

細川宏、一九七七、『病者・花——細川宏遺稿詩集』現代社。

石井毅、二〇〇三、「仮想現実症候群」『老年精神医学雑誌』一四、三四七—三五三頁。

ジェームス、W、一九七〇、『宗教的経験の諸相』(下)(桝田啓三郎訳)岩波文庫。

Kagawa-Singer, M., 1994, "Redefining Health: living with cancer," *Soc Sci Med*, 39: 983-990.

Kitayama, S. and T. Masuda, 1995, "Reappraising cognitive appraisal from a cultural perspective," *Psychol Inquiry*, 6: 217-223.

Kosslyn, S., 2005, "How hypnosis is gaining respect in Health Science," *IHT*, Nov. 24, 2005.

久保田美法、二〇〇五、「痴呆老人から受けとるもの」『心理学研究』二三、四四—五五頁。

キュブラー・ロス、E、二〇〇五、『死ぬ瞬間——死とその過程について』(鈴木晶訳)読売新聞社。

Markus, H. R. and S. Kitayama, 1991, "Culture and the Self: Implication for Cognition, Emotion and Motivation," *Psychological Review*, 98: 224-253.

ウッド、ナンシー、一九九五、『今日は死ぬのにもってこいの日』(金関寿夫訳)めるくまーる。

# 10章 死の臨床と死生観

竹内 整一

## 1「死を考える」ということ

「死を考える」とはどういうことだろうか。

たとえば、宮沢賢治は最愛の妹・トシに死なれたとき、しばらくの間は何も考えられず、また考えないようにしているが、やがて半年ほどたって、今度は何としても、その死、トシが死んだという出来事をそれ自体として「かんがへだ」してやろうとする。

かんがへださなければならないことは／どうしてもかんがへださなければならない／とし子はみんなが死ぬとなづける／そのやりかたを通って行き／それからさきどこへ行ったかわからない／それはおれたちの空間の方向ではかられない／感ぜられない方向を感じようとするときは／たれだってみんなぐるぐるする（「青森挽歌」）

それは、「みんなが死ぬとなづける／そのやりかた」として、通り一遍に死の〝概念〟を考えることではない。

――「感ずることのあまり新鮮にすぎるとき／それをがいねん化することは／きちがひにならないための／生物体の一つの自衛作用だけれども／いつでもまもつてばかりゐてはいけない」(同)。今あらためて死を「かんがへだ」すということは、賢治にとっては、こうした必死の覚悟において求められた営みであった。他ならぬ、あのトシが「死ぬ」ということにおいて「通って行」ったという「そのやりかた」、その「さき」を、他ならぬ、この自分が何としても「かんがへだ」してやろうとしたのである。

またそれは、たんに頭のなかで「かんがへだ」すものではなく、懸命の願いや祈りをふくめて、感情や意思や信仰、夢や幻想、そうしたもののすべてを動員して、こちら側の「空間の方向」とは異なる次元に向かって営まれるものである。それゆえそれは当然、「たれだってみんなぐるぐるする」。「ぐるぐる」しながら、ともかくその死を「かんがへだ」そうとしたのである。

具体的には、青森・北海道・オホーツクへと旅をしながら、一連の挽歌を作ることで「かんがへだ」そうとしている。その具体的な中身については、ここでは踏み込むことはできないが、ともあれ、賢治にとって、こうした一連の挽歌としての詩群や『銀河鉄道の夜』といった文学作品は、トシの「死を考える」ということにおいてつくり出されていたということは確認しておきたいと思う。

もうひとつ、西田幾多郎の例をとりあげておこう。

西田の最初の本は『善の研究』であるが、これを出版する少し前に、彼は四歳のかわいいさかりの娘を亡くしている。そのことに関して、ある人に宛てた手紙のなかでこう言っている。

今まで愛らしく話したり、歌ったり、遊んだりした者が、忽ち消えて壺中の白骨になると云ふのは、如何なる訳であらうか。もし人生がこれまでのものであるといふならば、人生ほどつまらぬものはない。此処《ここ》には深き意味がなくてはならぬ（『思索と体験』)。

かわいい娘が死んで焼かれて白骨になってしまったと、しかし西田は、人生とは「これまでのもの」だとは決してやり過ごさず(「がいねん化」せず)、その死、その悲しみというものを見つめていくことのなかに、そこにどうしてもなくてはならないとする「深い意味」といったものを考えようとする。そうしたことが『善の研究』という本を、あるいはそれ以後の西田哲学と呼ばれる哲学思想をつくりあげていく主要な動因の一つとなっていったのである。

人生の悲哀、その自己矛盾といふことは、古来言ひふるされた常套語である。しかし多くの人は深くこの事実を見つめていない。どこまでもこの事実をみつめて行く時、我々に宗教の問題といふものが起つてこなければならないのである。(哲学の問題といふものも実はここから起るのである)(『場所的論理と宗教的世界観』)。

自身の死の二ケ月前に書かれた『場所的論理と宗教的世界観』のなかでもこう言っている。死と生の「人生の悲哀」という、この深い事実というものをどこまでも見つめていくところに、「宗教」という問題、あるいは「哲学」という問題が起こってくるのだということである。西田哲学もまた、まさにそうしたところで考えられ、つくり上げられてきたということである。

賢治の場合には、「死を考える」ということは、端的に、死者、それもどうにも置き換えのきかない二人称のそれを考えることであったが、西田の場合には、そうした問題でもありながら、さらにはみずから(一人称として)の死をふくめて、広く人生・人間の死 - 生をそれとして考えようとしたということができる。二人称の死を考えるということと、一人称の死、ましてや広く三人称までふくめた死一般を考えることでは大きく異なる——この点についてはあとでもふれる――が、ともあれ、「死を考える」というところに、彼らの文学や哲学が展開されていたということはそのこととして確認しておきたいと思う。

## 2 死の物語（1）――「死を創る」

死が見えにくくなった現代、あらためて「死を考える」ということが求められている。「はじめに」でもふれたように、日本では今ほとんどの人が病院のベッドの上で死を迎えており、それは、いわゆる「畳の上で死ぬ」ということが意味していた〝尋常〟な死を迎えることができなくなったということでもある。つまり、これまで共有されてきた共同体やそれが支えてきた文化や慣習のなかでの死に方では死ぬということができなくなってきたということである。

死にたいように死なせてあげたい。ホスピスの医者としてはそう考えるのですがね。こういう死に方をしたいというイメージがない人ばかりなんです。生き方ばかりじゃ最後は役に立たないんですけれどね（永、一九九四）。

むろん死のイメージとはいつの時代においてもきわめて大変なこととして思い描かれてきたのではあるが、現代においては、それがそもそも「ない」というのである。はやくから「死の医学」を提唱してきた柳田邦男さんは、現代は「自分の死を創る時代」だと、次のように言っている。

いまや闘病とは、病気そのものと闘うだけでなく、自分で、あるいは家族とともに、自らの人生の集約の仕方に見極めをつけ、その達成を可能にする闘病のスタイルを見つけなければならない時代になっている。(中略) 自分で自分の死を創らなければ、よりよき死を手にするのが難しくなっている時代なのだ。その意味で、私は日本の現状を「自分の死を創る時代」と呼んでいる(柳田、一九九九)。

たとえば、よく闘病記などが書かれるが、そこにあるのは、ただ病気そのものに立ち向かうために書いているというよりは、自分や家族で「自らの人生の集約の仕方に見極めをつけ」、「よりよき死を手に」入れようとしているのだ、と。たとえば、そうしたことが柳田さんの言う「自分で自分の死を創る」ということの意味である。

つまり、「自分の死を創る」とは、死というものを前にして、自分自身の生を、何らかのかたちで集約し、完成・完結させるということであり、そのことによって、自分自身の死というものと折り合いをつけ、それを受け入れやすくする、ということである。

闘病記というのはそのほんの一例で、まさにその最期の一頁を書くということではあるが、必ずしもそういうふうに書きまとめなくとも、たとえば、石仏の写真を撮ってきた人が、あと撮りたかった何枚かを撮って写真集を完成させたとか、乗馬が趣味の人が自分の愛馬に最後にもう一度乗れたとか、——それらは、むろんまわりの人の協力なしにはありえないことであるが、そうしたことで自分の人生を集約・完結させるということである。あるいは、傾聴ボランティアの人が、死にゆく人のこれまでの人生に起きたあれこれを聴いてあげることによって、当人が自分の人生に納得していったというような例もあげられている。納得とは、そのことによって死が受容しやすくなるということである。

キュブラー・ロスの『死ぬ瞬間』は、死に当面した人の心の動きを五段階に分けてくわしくレポートしたものであるが、あとでこれにつけ加えて、やり残した仕事 unfinished business という段階をつけ加えている(キュブラー・

ロス、一九八二)。「まだこのことを終わらせていない」finishしていない、「し残している」ものごとを抱えたままでは、死を受けとめられないということである。ただ、それはとくに、家族など親しい者との関係でのやり残した仕事というところに特徴があるが、自分の人生をやり残さない、完結させ、納得するというところでは、柳田さんの考え方と基本的に同じだと言っていいように思う。

「自分の死を創る」というのは、以上のように、自分の人生を完結・完成させて死を迎えるという意味であるが、柳田さんは、それには「物語《ナラティブ》の知」ということが必要だと言う。「人間には物語を生きている側面がある」(柳田、一九九九)という認識に基づいているが、それは、精神医学でのユングや河合隼雄さんらの考え方を学びながらこう論じられているものである。

科学者は、因果律という狭い枠組みのなかで、出来事の相互関係を見るのに対し、ユングは出来事を全体論的(ホリスティック)に見ようとした。そういうユングの発想を象徴的に示すのは、コンステレーション(星座)という見方である。天にきらめく無数の星は、ただ見ているだけでは何の意味も持たないが、古代人はいくつかの星をつないで、双子座やオリオン座や獅子座などを描いて、物語を創り、一つ一つの星に意味を持たせた。ユングは、それと同じように、人間が人生において出会う様々な出来事を、それぞれに意味あることとしてつなぎ合わせ、その人なりの物語を創るという方法で、精神的に葛藤を起こしている人の心のなかを整理して治療に役立てた。(中略)死という過酷な試練をどう受容するかという問題を考えるとき、私はまさにコンステレーションというものの見方が必要だと考える(柳田、一九九九)。

「科学 science の知」とは、基本的に要素還元的な知である。〝科学〟とは、面白い翻訳語だと思う。循環器内科・呼吸器内科・消化器内科……といった、それぞれの「科」に分けて、人体を診察するのが近代医学という科-学である。言ってみれば、砂浜とは何かということを砂粒の一粒一粒を明らかにすることによって知ろうとすることである。

たしかに、そうした仕方で、これまでにはわからなかった現象がいろいろわかってきたし、われわれはその恩恵を十分に受けている。しかし、どれだけその一粒一粒を明らかにしようとも、ついぞその全体が何であるかはわからない。明らかになった砂粒の一粒一粒を繫げて、砂浜の全体（「ホリスティック」）におよぼすことは、すでに「科学の知」ではない。それを補おうとする考えの一つが、ここで言う「物語の知」ということであろう。

星を見るにしても、一つ一つの星をバラバラに見るのではなく、ひとまとまりの全体の物語のうちにおいて見ることによって、それぞれの星に意味が持ちうるように見ることである。同じように、人生のバラバラな出来事を一つのまとまった物語として語ることによって、心の葛藤をまとめて、それを死の受容ということに応用しようというのである。

さきの傾聴ボランティアの話も、聴いてもらうことによって、「自分の人生を一つの物語として総まとめをすることができ、それによって楽しかったことも辛かったこともすべてを含んだ自分の人生に納得し、死の受容へと進んだ」（同）と考えられているものである。

## 3 死の物語（2）——死後の世界

じつは、この「死の臨床と死生観」というテーマは、二〇〇四年の六月に、東京大学人文社会系研究科の「応用倫理教育プログラム」と二一世紀ＣＯＥ「死生学の構築」との共催で開かれたシンポジウムに基づいている。柳田さんは、そこにパネリストとして参加され、以上のようなことをふくめて『物語を生きる人間』医学」という提題をした（『シンポジウム報告集「死の臨床と死生観」』、二〇〇五）。

そこには、本巻に「生と死の時間」を書いてもらった千葉大学の広井良典さんも参加され、広井さんもまた、今の時代にはあらためて「死の物語」が必要だと提言している。

しかし、その意味は大きく違う。広井さんが問題にしたのは、いわゆる死生観のレベル、死やあるいは死後をふくめた大きな物語、という意味のものであった。現在のわれわれは、「死んだら無になる」「死ねばそれきり」といった、その意味での「死生観の空洞化」した時代を生き死んでいっている(「こういう死に方をしたいというイメージがない人ばかりなんです」!)が、今こそわれわれは、かつて祖先たちの死生観の持っていた中身を吟味し掘り起こし、その大切な実質を現代に見合ったかたちでとりもどさなければならないのではないか、と。

これまた、すぐれて「物語の知」において営まれるべき課題である。具体的には、たとえば、これまでにもそれぞれの宗教において、死や死後には、何かしら「たましいの帰っていく場所」みたいなものが――それは「もとの世界」とも「あの世」「あちら側の世界」とも言われてきた物語でもある――前提されていたが、そうしたものを今の時代にあらためて語りうるとしたらどう語りうるか、というような問題として、である。

それゆえ、広井さんは、ターミナルケアに関しても、こう本質的な疑義を提出している。

……わが国でのターミナルケアに関する議論は、技術的な話が先行しすぎ、「死」とはそもそも何か、という、ある意味でターミナルケアの本質とも言える点についての対応が遅れがちになっているのではないだろうか。技術的な話というのは、たとえば安楽死と尊厳死との関係をどう考えるかとか、いわゆる延命医療のあり方はどうあるべきか等々といった話題である。(中略)しかしこれらは最終的には「生の終わりの最後の数日間~数時間」をどう過ごすか、という、いわば生の内側に完結した話であり、「死」そのものをどう理解し、あるいは死ということを生の全体との関係でどうとらえるか、ということに直接関わるものではない。けれどもターミナルケアにとってもっとも本質的なのは、まさにそうした「死」そのものをどう理解するか、ということなのではないか(広井、二〇〇一)。

あるいは、「ターミナルケアは、その者の死において、単純に『終わる』のではない、（中略）その者の死は、ケアのひとつの終わりでありまた、ひとつの始まりなのである」、「私たちが『ケア』ということを考えまた実践していく場合には、同時に『死者へのケア』ということを念頭に置く必要がある」（広井、一九九七）、とも。死ははたして医療のものか、という、こうした本質的な問いかけは、それ自体主題的に論じる必要がある大きなテーマではあるが、それはそれとして、ここでは、同じ「死の物語」と言いながら、柳田さんの言うそれとは異なる意味で用いられていることに注目しておきたい。

つまり、死のこちら側で、人生をその終わりにおいて完結させるという意味での「死の物語」と、死あるいは死後のあちら側の世界、大きな枠組としての自然・宇宙とか、たましいのゆくえといった「死後の物語」をふくむ、大きな「死の物語」と、二つの「死の物語」が問われていること自体について、である。この二つの「死の物語」の考え方は、いま述べたように、それぞれ大事なテーマとしてそれぞれにおいて十分に考えられるべき課題ではあるが、それとともに、この二つがどう関係するのかということも問題になってくるように思う。

つまり、死のこちら側で、人生を集約・完結させることによって死を受容するということと、死後をふくめての死生観・宇宙観を思い描くことによって死を受容するということとは、どう繫がるのか、あるいは、繫がらないのか、という問題である。

## 4　こちら側とあちら側

シンポジウムでは、私はこの問題を問うた。その際、いささか唐突ながら、『平家物語』の最後に近い部分、平家の大将・平知盛の、こういう言葉をとりあげた。

見るべき程の事は見つ、今は自害せん。

つまり問題は、知盛の、この「見るべき程の事は見つ」とは、何を〝見た〟のかということである。一つの理解は、平家の大将として、一門の行末・運命というものを全部見た・見極めたというものである。むろん敗れて死んでいくのであるが、それでも自分は大将として、やるべきことはやった、これでよし、これでお終いだ！　といった、こちらの世界での完結を見た、という解釈である。

これがふつうの理解の仕方かと思われるが、それに対して、こういう解釈もある。それは、全部見た、見極めたということは、見切るということでもあり、此岸、こちらの世界の有限なあり方を見切った・見限ったということなのだと、ゆえにここには、彼岸、あちらの世界への視線・希求が込められている、という解釈である。

「見るべき程の事は見つ」をめぐっての、こういう二つの解釈、こちらの世界の完成・完結という理解と、あちらの世界への眺望・期待という理解と、こうした二つながらの解釈が可能なところに、この「知盛最期」の面白さがあると言ってもいいように思う。

およそ以上のようなことを話したうえで、柳田さんに、こちらの世界の完成・完結ということだけでいいのか、あちらの世界への眼差しみたいなものはどう考えるのか、ということを問うたのである。

柳田さんは、この点に関して、基本的に二つのことを言われた。

一つは、二人称の死を経験することで「あの世」の考え方が変わったということ、もう一つは、『１００万回生きたねこ』の死‐生の意味について、である。

後者から見ておくと、これはさきの問いに直接答えたものではなく、私が勝手に結びつけてそう解釈しているのであるが、佐野洋子さんの絵本『100万回生きたねこ』の死‐生の意味についての話と「色即是空」のイメージの話はきわめて示唆的であった。

――自分は小さい時から「色即是空」という言葉がずっと気になって、その言葉にとらえられてきた、と。『般若心経』のなかの言葉で、漠然と死んであの世に行くのは「空なる世界に戻っていくんだ」というようなものとして気になっていたが、それがたとえば、この『100万回生きたねこ』を見ることによってある種の納得が得られた、というのである。

『100万回生きたねこ』とはこういう話である。――ある雄ねこがいて、そのねこは一〇〇万回死んで一〇〇万回生き返ってきたと、ところが最後、ある雌ねこを愛して、そしていっぱいの子供をつくる。しかし、その雌ねこに死なれて泣きに泣いて、自分も泣き明かして結局死んでしまうが、今度は生き返らなかった、と。

絵本は最後、名もない野の花と草むらの自然のありふれた風景の場面で終わっているが、柳田さんは、その最後の風景が、自分にとっての「色即是空」のイメージに重なって捉えられたと言うのである。ここには、さきの問いへの一つの答えがあるように思う。柳田さんは、雄ねこは、本当に愛するということを知り、真にいのちあるものとなったがゆえに、いのちあるものに平等に訪れる死を受け入れたのではないか、という言い方をしているが、つまり言ってみれば、その雄ねこはこちらでの生をまっとうしたということなのだろう。だからもうふたたび生き返らなかったということなのだろう。

そして、そのまっとうするというあり方が、そこですべて消えて終わるというのでなく、それはすでに「現世に生きる者の目には見えない純化された精神（それこそ魂と呼ぶべきもの）が棲む空間」（柳田、二〇〇六）に移行していった受けとめ方がそこにはあるということである。つまり、「空」とは、最後の名もない野の花と草むらの自然のありふれた風景が象徴するものであり、それは、こちら側の完結・まっとうする場であると同時に、すでにあちら側への一歩がそこで踏み出されているというような場でもあるということである。
ついでに引いておけば、柳田さんの『「死の医学」への序章』のなかにはルターのこういう言葉が使われている。

明日、地球が終わりであっても、私はリンゴの木を植える。

自分や地球が終わりになろうとも、こちらの世界の営みを続け成就させるために、自分はリンゴの木を植える、ということであり、それはそのままルターにとってはあちら側の世界に繋がる営みでもあったのだということもできるように思う。
すべてその種において完全なものはその種を超越するというゲーテの言い方にも似て、こちら側の完結・完成というのは、もうあちら側への第一歩であり、あちら側がどういう世界であるかはわからないままに、あちら側に繋がっているのだ、という考え方もできるということである。

## 5 正宗白鳥の死の臨床と死生観

柳田さんのもう一つの答え（と言うより、さきの問いには直接的にはこちらが答えであったが）は、二人称の死を経験することで「あの世」という考え方は変わってくるのではないか、ということであるが、この点についてはあとでまとめて考えてみることにしたい。ここではその前に、以上のような問題関心から、正宗白鳥（一八七九―一九六二年）の死の臨床と死生観の問題をとりあげておこう。白鳥については、私はこれまでにも何度も言及してきたが、ここでの問題関心に直接かかわるものとして、また、そこに典型的に見られる日本人の死生観の、ある基本傾向の問題として、あらためて確認しておきたいからである。

正宗白鳥という文学者こそ、「死を考える」ということを主題にした文学者である。死とは何か、人は死んだらどうなるのか、また、そうした死をいやおうなく引きうけざるをえない人の生とは何か、なぜ生きるのか、といったようなことだけを（と言っていいほど）考え続けた作家である。『正宗白鳥全集』という、全三〇巻におよぶ浩瀚な全集は、その飽くことない探求の痕跡である。

トルストイの「イワン・イリッチの死」をめぐって書いた彼の随想のなかで使っていた言い方で言えば、白鳥が求めたものは、死という問題を正面に据えて、その「真実を追求して本当の所に達した揚句の思想」（「文学における『解決』是非」）である。まやかしやごまかし、なぐさめごとではなくして、死の「真実」「本当の所」に達した、その「揚句の思想」を獲得したいのだ、と。

その過激なほどの「真実」なり「本当」なりを追求する態度で、あれも「つまらん」、これも「つまらん」「嘘っぱちだ」「ごまかしだ」と冷徹に否定を重ねる仕方から、「ニヒリスト」とも言われていたのであるが、その白鳥が、死を前にして、「アーメン」と祈って死んでいったと伝えられ当時の人々に大きな驚きを与えている。「脳細胞の障害を起し、脳軟化症のような症状で『アーメン』と祈った」（船橋聖一「イエスマンと白鳥」）というような批判のあるゆえんであるが、しかしそれは決して、そうしたまったくの思想文脈のとぎれた事態としてあったわけではない。そこに白鳥なりの、ある行きついた〝死生観〟の表現があるからである。

晩年にいたって、白鳥はこういうことを言い出している。

どの方面においても、真実に徹して知り尽すことは人間の幸福であらうか。今日このさわやかな秋びよりに浸りながら快く生きてゐるのも、明日を知らないためでもあるともいはれよう。「明日の事を思ひ煩ふなかれ。一日の苦労は一日にて足れり。」といふ聖語も消極的な処世態度であるが、この言葉も意味深長である（「秋風記」）。

明らかにこれは、「真実を追求して本当の所に達した揚句の思想」ではない。「真実に徹して知り尽くすことは人間の幸福であ」るかどうかは保留されている。これより少し前に書かれた「内村鑑三雑感」という長編評論でも、この「明日の事を思ひ煩ふなかれ。一日の苦労は一日にて足れり」という聖書の言葉は引用されているのであるが、それは、こういう文脈において、である。――かつて内村鑑三が、重病に臥したときに、他の信者らは、大先生は人生の事はことごとくご存じであるから、我々ごときものが精神上の慰めなどを言うのは無礼であると思っているらしく、誰一人として慰めてくれるものがいなかった、と、そうした淋しい思いをしていたところ、ある老姉妹が訪問して慰めてくれたと、それが本当にありがたかったと、内村が日記に書きつけていたのを読んで、そうした内村に対して、「預言者としてでもなく先覚者としてでもなく、凡人内村として親しみを覚えるやうになつた」として、その内村論をこう閉じている。

人間は誰しも自分の経過しないことは分らない。死に到る道は、死に到つてから分るので、どんな大先生にも予め分つてゐる訳ではないのである。内村全集を読み、日記の終りにおいてかういふ感想の告白に接し、私は新たに人生の不可解に思ひを馳せたのである。人生の教師としての内村鑑三先生も、古稀の歳まで、かういふ平凡な真理に気づかなかつたのである。……自分の経験しない事は、つまりは不可解なのである（「内村鑑三雑感」）。

ここでも白鳥は、「真実を追求して本当の所に達した揚句の思想」を求めてはいない。それを求めることは、所詮さかしらごと、傲慢なことではないか、と。「死に到る道は、死に到つてから分る」「自分の経験しない事は、つまりは不可解なのである」。ただそれだけのことなのだ、と。それはいたって「平凡な真理」なのだ、と。

それは一つの「あきらめ」である。しかしむろんそれは、語義本来の意味での「明らめ」ではない。「明らめられない」という断念、仕方がないという「あきらめ」である。しかし同時にそれは、言わば、われわれにはこれ以上「明らめられない」ということを「明らめた」という「あきらめ」でもある。いやおうない自己の、あるいは人間の、能力の限界の承認でもある。

それは、さきほどの内村論の言葉で言えば、「凡人」認識として現れてくる。そして、そこにはじめて、次のようなことが語られるのである。死の直前の講演で、白鳥はこう言っている。


しかしまあ、いま生きてゐる、今日を生きてゐると、明日はもう一つの光がさすんぢやないか。(中略) つまり世界はこのまゝでいゝんぢやないか、といふやうなことに、よく没頭しさうになるんです。自分で偉そうな考へをもたないで、そこらの凡人と同じやうな身になつたところに、ほんたうの天国の光がくるんぢやないかといふことを感じることがあるんです(「文学生活の六十年」)。


「自分で偉そうな考へをもたないで、そこらの凡人と同じやうな身になつたところ」においてはじめて可能になった、正宗白鳥最大の肯定の言葉である。「明日」とは、端的に死および死後のことである。経験しないことはわからない、わからないことはわからない、という「凡人」を引き受けたところで、そのうえで、「今日を生きてゐると、明日はもう一つの光がさすんぢやないか」という信仰なり期待なりをそれとして語りえたのである。臨終帰依と言われた、死の直前の「アーメン」がここに発せられているのは言うまでもない。

白鳥と同じ植村正久に洗礼を受け、後に棄教していた国木田独歩が、死を直前にひかえ、その植村に救いを求めたことは周知の事実である。独歩は結局、「氏は唯祈れと云ふ。祈れば一切の事解決すべしと云ふ。極めて容易なる事なり。然れども余は祈ること能はず」。「祈りの文句は極めて簡易なれど祈りの心は難し、得難し」と泣いて拒絶している（『病床録』）。

この、独歩臨終の祈りの拒否については、白鳥も何度か言及している。そしてかつては白鳥自身、「私か。私も多分祈れまい」としていた（「欲望は死より強し」）のであるが、ここにはすでにそうした独歩的な躊《ため》らいはない。まさに「不可解」を「不可解」のままに、たとえ「衷心に湧かざる祈禱」であろうと、ともあれ「アーメン」と祈りながら、「今日」を快く生き「明日の微光」を夢見て死んでいこうとしたということである。それがそのいわゆる「凡人の死」「凡人のあきらめ」というものである。

加藤周一（一九七七）は、こうした白鳥の死を「大衆におけるあきらめの受容」の一典型と見、それを「甘えの死」として、こう述べている。「死における白鳥の甘えの感情は、現代の日本人の大多数が共有しているものだということに注意すべきである。彼はみずから願ったとおり、その生においても死においてもひとしく、現代日本の鏡であった」。その死‐生のあり方は、日本人の「大衆」の大多数の問題だということである。

## 6「さようなら」の含意

ところで、死において「明日」をエポケーしつつ「今日」を「今日」として生きようとする発想は、遡ってみれば万葉の昔から、日本人の死生観には底流してきたものである（以下、この項のくわしくは、竹内（二〇〇四）参照）。たとえば、『万葉集』巻三の有名な「酒を讃むる歌」（大伴旅人）はこう歌っている。

この世にし楽しくあらば 来む世には虫に鳥にも吾はなりなむ
生ける者つひにも死ぬる者にあればこの世なる間は楽しくをあらな

まずは「この世なる間」の「楽しみ」がそれ自体として求められている。むろんとはいえそれは、手放しの現世主義ではない。丸山眞男も言うように、決して「真淵や宣長が上代に想定したような『おほらかな』現世肯定そのものではな」(丸山、一九七二)く、盛者必滅の無常思想や因果応報の輪廻思想と摩擦・牽引しながらの、今・ここを肯定しようとする、そうした意味での現世主義である。

しかしやがて、時代が中古から中世になって無常思想・輪廻思想が優勢となってくると、「この世」の「楽」は、ひたすら「あの世」の「楽」(極楽)へと移し変えられてくる。

色は匂へど散りぬるを　わが世誰ぞ常ならむ
有為の奥山今日越えて　浅き夢見じ酔ひもせず

厭離穢土《おんりえど》・欣求浄土《ごんぐじょうど》の思想を背景に持つここでは、「今日」は、もっぱら「越え」られるべき「明日」への通過点でしかない。――「ちはやぶる神なび山のもみぢ葉に思ひはかけじ移ろふものを」(詠人知らず『古今集』)、「生死無常の有様を思ふに、この世の事はとてもかくても候。なう後世をたすけたまへ」(『一言芳談』)、云々と、眼差しはひたすら「明日」(あちら側)に向けられている。「明日」の「楽」への憧れが、「今日」のことは「とてもかくても」と言わせ「思ひはかけじ」と言わせているのである。

しかしかと言ってそこで、言葉通りほんとうに「今日」のことがまったく無視されるわけではない。もしほんとうに「今日」のことは「とてもかくても」と感じ、それに「思ひ」をかけることもなくなったとするならば、そのときはこうした訴えそれ自体も消えてしまうであろう。

問題は、どこまでも「うき世とは厭ひながらもいかでかは　この世のことを思ひすつべき」(『和泉式部集』)、といった思いを引きずるところに、すなわち「明日」への憧れと「今日」を愛《いと》おしむ思いとの摩擦・牽引するありようにこそあると言うべきであろう。無常感は、たんに否定のニヒリズムではない。

中世も終盤になって「あの世」のリアリティが薄れてくると、ふたたび「明日」は積極的にエポケーされ、「今日」は「今日」として「楽」しまれ、愛しまれるようになってくる。――「いまだ誠の道を知らずとも、縁をはなれて身を閑かにし、ことにあづからずして心をやすくせむこそ、暫く楽しぶともいひつべけれ」(『徒然草』)、「ただ人は情あれ　夢の夢の夢の　昨日は今日の古へ　今日は明日の昔」(『閑吟集』)、と。

ここから近世の儒教世界へはほんの一歩である。儒教とは、その根本に「未だ生を知らず、焉《いず》くんぞ死を知らんや」という死へのエポケーを内包した教えである。

ところで、日本語の「さようなら」という別れ言葉は、以上のような問題関心からすれば、きわめて興味深い言葉である。われわれは、なぜ、「さらば」「さようであるならば」といった、本来は接続詞の言葉で別れているのだろうか。

日本人の思想や行動を言葉から考えてきた荒木博之さんは、こう解説している。――「さらば」というのは本来、先行の事柄を受けて後続の事柄が起こることを示す順態の仮定条件を示す語であって、いままでの「こと」が終わって、自分はこれから新しい「こと」に立ち向かうのだという心のかまえを示す特別ないい方である。日本人が、その別れに際して「さらば」「そうであるならば」といういい方を使ってきたのは、われわれがいかに古い「こと」から新しい「こと」に移っていく場合に、必ず一旦立ち止まり、古い「こと」と訣別しながら、新しい「こと」に立ち向かう強い傾向を保持してきたかの証拠である、と(荒木、一九八五)。

日本人は、古い「こと」から新しい「こと」に移るに「必ず一旦立ち止ま」って確認し総括する。それが「さらば」「さようであるならば」という言い方になっているというのである。確認・総括とは、さきに使っていた用語で言えば、そこに何ほどかは集約・完結への意思がふくまれているであろう。古い「こと」の確認・集約において、新しい「こと」へと立ち向かうということである。

つまり、これまでの問題関心にひきつけて言えば、「今日」というこちら側の確認・集約には、「明日」というあちら側への一歩がすでにふくまれ、踏み出されているということである。「今日」が「さようであるならば」、「明日」もまた何とかなる、だいじょうぶだ、と。——「いま生きてゐる、今日を生きてゐると、明日はもう一つの光がさすんぢやないか」という白鳥の「アーメン」は、その意味での「さようならば」である。

むろん、「今日」の「こと」の確認・集約と「明日」への志向とは、本来それぞれ異なる事柄ではある。さきに概観したように、そのことは、あらためて確認しておかなければならない。しかし、そうした相異なる二つの「こと」が、別れ言葉や白鳥などの死生観のなかには、ともあれ並存しているという事実もまたあらためて確認しておく必要があるということである。つまり、そうした、両様の死‐生の受けとめ方が可能であるところに、日本人の、それも「そこらの凡人と同じやうな身になつたところ」での死生観の、ある基本傾向を見出すことができるということである。

## 7 死の人称性と「あの世」

さて最後に、保留してきたもう一つの考え方、すなわち、二人称の死を経験すると「あの世」観が変わってくるのではないか、という柳田さんの考え方について見ておきたい。

柳田さんは、一人称の死では、自分がどこへ行くのか、というエゴイスティックな感覚で、そこには自分自身しかいない。しかし、二人称の死を経験して、自分のなかに溶け込んできた二人称の存在感の大きさからいろいろ気づかされた。死んでいった息子や父がどこにいるかというと、自分のなかにいる。つまり、自分が「あの世」になってしまうのだ、ふすまを開けたら、そこは私であったという感じだ、と述べている（前出『シンポジウム報告集』）。

こうした指摘を受けてあらためて考えてみれば、さきに見た、宮沢賢治が、トシの死を、一般的な「みんなが死ぬとなづける／そのやりかた」でないものとして「ぐるぐる」しながらも「かんがへだ」してやろうとしたのも、また西田幾多郎が、娘の死に何としても「深き意味」を考えようとしたのも、言ってみれば、二人称の存在は、その考え出した意味や世界へと死んでいくほかないからだとも言うこともできるように思う。

賢治の場合で少し具体的に言えば、トシの死の世界が、「あたらしくさはやかな感官をかんじ／……かがやいてほのかにわらひながら／……大循環の風よりもさはやかにのぼつて行つた」ものか、あるいは、「亜硫酸や笑気のにほひ／……あいつはその中にまつ青になつて立ち／立つてゐるともよろめいてゐるともわからず／……ひとりなげくかもしれない……」かは、すべて賢治の、その「かんがへだ」しにかかっているということである。彼は、「まつ青になつて立ち……」というような「こんなさびしい考は／みんなよるのためにできるのだ」と反問・自責しながら、何とか「いいとこに行けばいい」と祈り、それを「かんがへだ」そうとしているのである（以上、「青森挽歌」、傍点引用者）[1]。

「弔う」とは、「問う」ことであり、「訪う」ことである。つまり、死者の世界を訪問して、死者の思いをあれこれ問うことである。通夜などで、あの人はこれこれこういう人だったとか、こんな事を言っていたとか、こんな一面もあったとか、さまざまに思い起こしながら、話題にするということ自体にも、そのような意味合いが込められているように思う。「弔い」は、その後何回かに重ねてある法事などでも繰り返されるのであるが、それらは、さきの柳田さんの言い方で言えば、死にゆく者なり、死者なりの話を聴きとめ、それをまとまった「物語」へとつくり上げてやるということになるのかもしれない。

能という、日本を代表する芸能があるが、そこにも同じようなことが見出すことができる。能の場合、その多くは、生前どうにもならない悲しみや苦しみを抱いたまま死んで成仏できずに亡霊となった者が主人公であるが、そうした亡霊のところに、ワキの僧が訪ねて行くことによって、その思いが聞き届けられ、再現されるというスタイルとなっている。その再現は、ふつうワキの夢のなかでの出来事として表現される。ワキが夢見る、その夢においてその世界がくり広げられる。そのこともまた、柳田さんの言うように、死者の「あの世」は、「弔う」者のなかにあると言っていいのかもしれない。

同じシンポジウムのパネリストであった森岡正博さんは、柳田さんのさきほどの発言を、「自分より先にいとしい人が死んでしまったという経験は、悲しい出来事であるが、だけどそれが、自分が死んでいくときに救いになる、ブーメランのように戻ってくるということですね」と受けている（同『シンポジウム報告集』）。それは、三木清が『人生論ノート』のなかで次のように述べていたことと対応して、あらためて問題の深度を確認させるものである。

私にとって死の恐怖は如何にして薄らいでいったか。自分の親しかった者と死別することが次第に多くなったためである。もし私が彼等と再会することができる――これは私の最大の希望である――とすれば、それは私の死においてのほか不可能であろう。

（中略）私はもちろん私の死において彼等に会い得ることを確実に知っていない。しかしそのプロバビリティが零であるとは誰も断言し得ないであろう。（中略）私のいおうと欲するのは、死者の生命を考えることは生者の生命を考えることよりも論理的に一層困難であることはあり得ないということである。死は観念である。それだから観念の力に頼って人生を生きようとするものは死の思想を摑むことから出発するのがつねである。すべての宗教がそうである（「死について」（三木、一九四五））。

二人称の死が自分（一人称）に向かってあるということは、今度自分の「死を考える」にあたっても、その二人称の死者のゆくえぬきには考えられないということでもある。いずれの意味においても、「死者の生命」をいかに考えるか、その意味で、いかに「死の思想を摑む」か、「死を考える」か、が、なおわれわれの問いの核心にあるということである。

## 註

（1）ただ、この、トシが「いいとこに行けばいい」という賢治の祈りは、「（みんなむかしからのきやうだいなのだから／けつしてひとりをいのつてはいけない）／ああ　わたくしはけっしてさうしませんでした／あいつがなくなつてからあとのよるひる／わたくしはただの一どたりと／あいつだけがいいとこに行けばいいと／さういのりはしなかつたとおもひます」（「青森挽歌」）といった微妙な弁明のうちになされている。賢治にとっては、トシという個別二人称の「死を考える」ことが、「みんなむかしからのきやうだい」という宗教的真理と背馳するように感じられたからである。以下、彼の懸命の努力は、トシの死を大いなる連なりのなかに、それから切り離さずに位置づけようとするところに傾注されていく。

## 文献

荒木博之、一九八五、『やまとことばの人類学』朝日選書。

永六輔、一九九四、『大往生』岩波新書。

広井良典、一九九七、『ケアを問いなおす』ちくま新書。

広井良典、二〇〇一、『死生観を問いなおす』ちくま新書。

加藤周一ほか、一九七七、『日本人の死生観』岩波新書。

キュブラー・ロス、エリザベス、一九八二、『死ぬ瞬間の子供たち』（川口正吉訳）読売新聞社。

『国木田独歩全集』、一九六四、学習研究社。

丸山眞男、一九七二、「歴史意識の『古層』」丸山眞男編『日本の思想6　歴史思想集』筑摩書房。

『正宗白鳥全集』、一九八三、福武書店。

三木清、一九四五、『人生論ノート』新潮文庫。

『宮沢賢治全集』、一九八五、ちくま文庫。

『日本古典文学全集　謡曲集』、一九七三、小学館。

『日本古典文学全集　万葉集』、一九七一、小学館。

『西田幾多郎全集』、一九八九、岩波書店。

佐野洋子、一九七七、『100万回生きたねこ』講談社。

芹沢俊介、二〇〇三、『経験としての死』雲母書房。

『シンポジウム報告集「死の臨床と死生観」』、二〇〇五、東京大学大学院人文社会系研究科。

竹内整一、一九八八、『自己超越の思想』ぺりかん社。

竹内整一、二〇〇四、『「おのずから」と「みずから」』春秋社。

竹内整一、二〇〇七a、『「はかなさ」と日本人』平凡社新書。

竹内整一、二〇〇七b、『〈かなしみ〉と日本人』（NHK『こころをよむ』）日本放送出版協会。

柳田邦男、一九九〇、『「死の医学」への序章』新潮文庫。

柳田邦男、一九九九、『「死の医学」への日記』新潮文庫。

柳田邦男、二〇〇六、『「人生の答」の出し方』新潮文庫。

## 執筆者紹介（執筆順）


島薗　　進（しまぞの・すすむ）

編者．左頁参照．

竹内　整一（たけうち・せいいち）

編者．左頁参照．

安藤　泰至（あんどう・やすのり）

鳥取大学医学部准教授

**[主要著作]**『「いのちの思想」を掘り起こす』（編著，岩波書店，2011 年），『安楽死・尊厳死を語る前に知っておきたいこと』（岩波書店，2019 年）

大谷いづみ（おおたに・いづみ）

立命館大学産業社会学部教授

**[主要著作]**『はじめて出会う生命倫理』（共著，有斐閣，2011 年），「患者および一般市民のための生命倫理教育」（伴信太郎・藤野昭宏編『シリーズ生命倫理学 19　医療倫理教育』丸善出版，2012 年）

カール・ベッカー（Carl Becker）

京都大学こころの未来研究センター教授

**[主要著作]**『愛する者の死とどう向き合うか』（編著，晃洋書房，2009 年），『愛する者は死なない』（編著，晃洋書房，2015 年）

グレニス・ハワース（Glennys Howarth）

バース大学死と社会研究センター長

**[主要著作]** *Death and Dying*（Polity Press, 2006），『死を考える事典』（共編，東洋書林，2007 年）

広井　良典（ひろい・よしのり）

京都大学こころの未来研究センター教授

**[主要著作]**『コミュニティを問いなおす』（ちくま新書，2009 年），『ポスト資本主義』（岩波新書，2015 年）

芹沢　俊介（せりざわ・しゅんすけ）

評論家

**[主要著作]**『経験としての死』（雲母書房，2003 年），『死のありか』（晶文社，2004 年）

田口ランディ（たぐち・らんでぃ）

作家

**[主要著作]**『キュア』『指鬘物語』（春秋社，2016 年），『逆さに吊るされた男』（河出書房新社，2017 年）

大井　　玄（おおい・げん）

東京大学名誉教授

**[主要著作]**『いのちをもてなす』（みすず書房，2005 年），『老年という海をゆく』（みすず書房，2018 年）

**[翻訳者]**

伊達　聖伸（だて・きよのぶ）

東京大学大学院総合文化研究科准教授

伊達　史恵（だて・ふみえ）

リール第三大学大学院修士課程（マステール）（哲学科）中退

**編者紹介**

島薗　進　（しまぞの・すすむ）
上智大学グリーフケア研究所所長・東京大学名誉教授（宗教学）
1948 年生．東京大学文学部卒．
**主要著作**
『日本人の死生観を読む』（朝日新聞出版，2012 年）
『日本仏教の社会倫理』（岩波書店，2013 年）
『いのちを“つくって”もいいですか？』（NHK 出版，2016 年）
『宗教ってなんだろう？』（平凡社，2017 年）
『ともに悲嘆を生きる』（朝日新聞出版，2019 年）

竹内　整一　（たけうち・せいいち）
東京大学名誉教授（倫理学）
1946 年生．東京大学文学部卒．
**主要著作**
『日本人はなぜ「さようなら」と別れるのか』（ちくま新書，2009 年）
『「かなしみ」の哲学』（NHK ブックス，2009 年）
『花びらは散る　花は散らない』（角川選書，2011 年）
『ありてなければ』（角川ソフィア文庫，2015 年）
『魂と無常』（春秋社，2019 年）

死生学　1
死生学とは何か

---

2008 年 5 月 21 日　初　版
2020 年 7 月 15 日　8　刷

［検印廃止］

編　者　島薗進・竹内整一

発行所　一般財団法人　東京大学出版会
代表者　吉見俊哉
153-0041 東京都目黒区駒場 4-5-29
http://www.utp.or.jp/
電話　03-6407-1069　Fax　03-6407-1991
振替　00160-6-59964

印刷所　株式会社理想社
製本所　誠製本株式会社

---


ISBN 978-4-13-014121-5　Printed in Japan